周蓓 主編

『民國專題史』叢書

吴希庸 著

河南人民出版社

人口思想史

敘述古今各國不同時期的人口思想及人口政策，『誠空前巨制也』，力圖通過討論人口問題，爲國家治理提供政策參考

圖書在版編目(CIP)數據

人口思想史 / 吴希庸著. —鄭州 : 河南人民出版社, 2016.4(2017.1 重印)
(民國專題史叢書 / 周蓓主編)
ISBN 978-7-215-10041-1

Ⅰ. ①人… Ⅱ. ①吴… Ⅲ. ①人口學-思想史 Ⅳ. ①C92

中國版本圖書館 CIP 數據核字(2016)第 077653 號

河南人民出版社出版發行
(地址:鄭州市經五路 66 號　郵政編碼:450002　電話:65788063)
新華書店經銷　　河南新華印刷集團有限公司印刷
開本 710 毫米×1000 毫米　1/16　印張 19.25
字數 290 千字
2016 年 4 月第 1 版　　2017 年 1 月第 3 次印刷

定價 : 127.00 圓

出版前言

中國現代學術體系是在晚清西學東漸的大潮中逐步形成的。至民國初建，中央政治權威進一步分散和削弱，加之新文化運動帶給國人思想上的空前解放，新學的啓蒙，新知識分子的產生，民國學術如草長鶯飛，進入一個自由而蓬勃的時代。中國傳統學科乃中國學術之根基與菁華所在，民國學人采用『取今復古，别立新宗』之方法，引入西方的學術觀念，積極改造，使史學、文學等學科向現代學術方向轉型。此外，大力推介西方社會科學的新學科和自然科學，在學習、借鑒乃至移植西方現代學術話語和研究範式的過程中，逐漸建立中國現代學科，使中國的學科門類迅速擴展。一時間，新舊更迭，中西交流，百花齊放，萬壑争流，開創了中國現代學術的源頭。

伴隨知識轉型和研究範式轉换而來的，還有學術著作撰寫方式的創新。中國古代的著作向來以單篇流傳，經後人整理匯編後，方以成册成集的面目出現并持續傳播。直到十九世紀末，東西方的歷史編撰體裁不外乎多卷本的編年體、紀傳體和紀事本末體等，章節體的出現標志着近代西方學術規範的產生和新史學的興起。章節體具有依時間順序，按章節編排；因事立題，分篇綜論；既分門别類，又綜合通貫的特點。以章、節搭建起論述之框架，結構分明，邏輯清晰，較傳統的撰寫體裁容量大、系統性强。它的傳入，使中國現代學術體系從内容到形式被納入了全球化的軌道。民國時期專題史的研究、譯介、編纂、出版恰恰是在這樣的背景下欣欣而發，是學術的實驗場，也是歷史的記録儀。編選『民國專題史』叢書的初衷正是爲了從一個側面展示中國學術從傳統向現代過渡的歷史進程。

專題史是對一個學科歷史的總結，是學科入門的必備和學科研究的基礎，也是對一個時代艱深新鋭問題的解答，是學術研究的高點。民國專題史著作中，既包含通論某一學科全部或一時代（區域、國别）的變化過程的，又囊括對一時代或一問題作特殊研究的，還有少部分是對某一專題的史料進行收集的。原創與翻譯并重，翻譯的底本大多選擇該學科的代表著作或歐美大學普及教本，兼顧權威性和流行性，其中日本學者的論著占據了相當比重。日本與中國同屬東亞儒家文化圈，他們在接納西方學術思想和研究模式時，已作了某種消化與調適，從思維轉换的角度看，更便于中國借鑒和利用，他們的著作因而被時人廣泛引進。

與當代學術研究日趨專業化、專門化、專家化的「窄化」道路迥乎不同的是，中國傳統學術崇尚「學問主通不主專，貫通人不尚專家」的通識型治學門徑，處于過渡轉型期的民國學術在不同程度上保留了這種特徵。民國學術大師諸學科貫通一脉、上千年縱横捭闔之功力自不待冗言，外交家著倫理政治史、文學家著哲學史、化學家著戰争史等亦不乏其人，民國專題史研究呈現出開放、融通、跨界撰述的特點。與此同時必須看到，自晚清以來，中國的命運就在外侮屢犯、内亂頻仍的窘境中跌宕彷徨，民族存亡仿若命懸一綫。這股以創建學科、總結經驗、解决問題爲指歸的專題史出版風潮背後，包裹着民國學人企望以西學爲工具拯民族于衰微的探索精神，及以學術救亡的愛國之心。梁任公曾言：「史學者，學問之最博大而最切要者也，國民之明鏡也，愛國心之源泉也。」這種位卑未敢忘憂國的歷史使命感和國民意識是今人無法漠視和遺忘的。

「民國專題史」叢書收録的範圍包括現代各個學科，不僅限于人文社會科學，學科分類以《民國總書目》的分科爲標準，計有哲學、宗教、社會、政治、法律、軍事、經濟、文化、藝術、教育、語言文字、中國文學、外國文學、中國歷史、西方史、自然科學、醫學、工業、交通共19個學科門類。本叢書分輯整理出版，内不分科，單本發行，方便讀者按需索驥。既可作爲大專院校圖書館、學術研究機構館藏之必備資源，也可滿足個人研讀或興趣之收藏。

與目前市場已有的一些專題史叢書相比，「民國專題史」叢書具有規模大、學科全、選本精、原版影印的特點。本叢書選目首重作者的首創、權威和著作影響力，尤其注重選本的稀見性。所謂稀見，即建國後没有再版，且多數圖書館没有收藏，或即便有收藏，也是歸于非公開的珍本之列予以保存，普通讀者難以借閲。部分圖書雖有電子版，但作爲學術研究的經典原著讀本，紙質版本更利于記憶和研究之用。本叢書精揀版本最早、品相最佳的原版圖書作爲底本，因而還具有很高的版本收藏價值。

「民國專題史」的著作是民國學者對于那個時代諸問題之探究，往往有獨到之處，無論其資料、觀點短長得失如何，要之在中國現代學術史的構建與發展進程中，自有其開宗立論之地位。

人口思想史略目

第三篇　自馬爾塞斯至現代……一七〇—二七八

李光忠先生序

昔管仲嘗謂「人衆而不理」爲「人滿」，與「地大而不爲」之「土滿」及「兵威而不止」之「武滿」，同爲致敗招亡之由。其書中言治國者所應「問」之事，細大不遺，蓋無往而不與「理人」之旨有關。吾先民之重視人口問題，於此可見。其後韓非更謂「古者丈夫不耕，草木之實足食也。婦人不織，禽獸之皮足衣也。不事力而養足。人民少而財有餘。故民不爭。是以厚賞不行，重罰不用，而民自治。今人有五子不爲多，子又有五子，大父未死而有二十五孫。是以人民衆而貨財寡，事力勞而供養薄。故民爭。雖倍賞累罰而不免於亂」。其說直與二千年後馬爾薩士之論暗合。吾先民對於人口問題之觀察，又何其銳敏也。後世罕講此道。若葉適洪亮吉之儔，恒累數十百年而不一遇。於是吾國歷史所表現者，乃聽人口之自生自滅，而形成一治一亂之循環局面。歐洲自馬爾薩士之學說傳播以來，有識之士咸怵於人口過庶之危。由「量」的討論而企進於「質」的改善。其理人之政亦日臻完密。故十九世紀百年間人口倍蓰，轉以成其富强。而學者間對於人口問題之研究亦日進無窮。在吾國則關於此問題尚鮮專書。吳君希庸以東北大學高材留法治經濟，成人口思想史一書，取甘納教授之分期法，參考重要著作數十種，羅列東西各家見解爲一有系統之敘述。誠空前鉅製也。前年出以見示。不佞爲就質於吳柳隅先生。先生讀之，大爲激賞，遂陸續發表於正風雜誌。惜全稿尙未畢登而柳隅先生已歸道山。今吳君梓版爲單行本；讀者得窺全豹，從人口問題之討論而企進於吾國「理人」之政之促誠，其爲幸豈祇學術界增一新著而已哉。

李光忠序於北平　廿五年五月

自序

關於人口思想史的系統著作，在中國，尙未曾有；在歐美，則首推美國斯坦格蘭（Stangeland）及法國甘納（Gonnard）二教授之書。斯坦格蘭之書截至馬爾塞斯以前而止；甘納之書則貫通古今，堪稱完備著作。此外，只限於一代、一國、一人的人口思想，散見於小冊雜誌者，其數已甚可觀，且每多有價值的貢獻，亦爲治斯學者所不能忽視。到了現在，歐西人口思想的歷史，已因彼邦學者不斷的努力，其體系業經完成，我們儘可遵尋既成體系，加以探討，惟須依自己的觀點，稍稍加以批評整理，以期更臻完備；其最新之人口學說，而爲上舉專書所未曾採入者，也一併補足。

至於中國人口思想史，仍爲一未曾開闢的園地，歐美學者因缺乏中國學識，根本得不到研究途徑，例如斯坦格蘭及甘納之書，雖以講述世界各國人口思想之歷史爲目的，然而關於中國人口思想，不過佔前書的半頁，後書的三五文句而已。再反觀我國，近年關於此項研究，固然不能說毫無成績，但是只有點滴的論述，尙無系統之可言。著者欲在此點有所貢獻，曾盡力從古今文獻中從事探採，結果草成六章，約四萬言，佔本書五分之一。關於中國古今人口思想的敍述，雖覺稍稍完備，然自知距離完成時期尙極遼遠。

近來國內關於人口問題的著作，在量的方面既已可觀，在質的方面亦有長足的進步，一般人對於人口問題更感覺十分趣味，大學校中復有設人口問題專科者。研究既如此熱烈，現象亦甚可喜。在這種環境下，一本講述古今各國人口思想歷史的著作，似乎不無需要了。著者私心冥想，如果研究人口問題的人士，能够在這本書中，得到一些有益的材料和啓示，著者的目的便算達到了。

這本書是在二年工餘之暇寫成的，時間太匆忙了，而且自知學識淺陋，其中錯誤欠妥之處，當然很多；切望同道中的高明，予以不嗇吝的補充，不客氣的指正！

一九三五，四，一五　希庸序於北平。

本書成於一九三五年初夏，承經濟學界前輩　李孝同先生介紹，在　吳柳隅先生主編之正風，連續發表多次。每次刊出，著者即加以修改，計書成之後，又修改兩次。當時與　吳先生約，俟拙稿在正風刊畢，再印發單行本。不幸　吳先生病歿，不克繼續登載，原有計劃亦成泡影。著者爲免稿件佚散起見，遂勉强印成此冊，亦藉此以紀念　柳隅先生也。

著者是亡省遺民，數年飄流，空有奮發之心，實際却一事無成，靈魂中的痛楚與時俱增，浸淫於新書舊籍，以偸度時光，雖不無幽然之樂，亦難逃夙夜之悲！

本書付梓後，又承　李孝同先生於百忙中爲之作序，　姜文淵先生爲提封面，著者非常感激。

一九三六，五，二六，補識。

人口思想史

吳希庸著

前言

甘納教授（René Gonnard）研究歐洲人口思想史，劃分三大時期，各期所佔時日則頗參差不等。

第一期最長，包括古代及中世紀。在此期中，人口問題被視為一種宗教的，道德的，以及政治的問題。無疑的，經濟條件對於人口方面的思索亦未嘗毫無影響，可是這時候的人口思想乃在超乎經濟外的（extra-economic）觀點結晶起來的。

第二期始於中世紀沒落後，一直延長至十八世紀末年，或截至馬爾塞斯發表人口論時（一七九八年）為止。到了這個時期，已經開始在經濟的立場討論人口問題了。經濟和人口問題的關係，一天一天的在思想家的腦海中密結起來。及至此期的末葉，人口方面的研究，漸有採用科學方法的趨勢，並且準備了馬爾塞斯的路綫。

最後，馬爾塞斯發表他的人口論，轟動了全人類，在人口思想史中造成了另一新時期的紀元。到了此時，人口問題不但是經濟學和社會學上的問題，並且是世界上最大的問題了。馬爾塞斯以後，一方面造成許多馬爾塞斯主義的人口學說，他方面造成許多反對學說和修正學說——他們的總和便是近代及現代的人口思想。十九世紀以來，人口統計的進步，以及社會學，經濟學，生物學，心理學的進步，同時增添了人口研究的材料和工具，在人口思想方面當然不免發生複雜的轉變和細密的派別。

以上乃就歐洲人口思想而言。現在要把東方的——尤其是中國的——人口思想加入，又當如何安排呢？最簡單的方法是各成一部：講完這些，再講那些。但此法有兩項壞處：第一，不便於把東西兩方面同代思想比較念讀；第二，有時體系反不得貫串，如現代中國及日本的人口思想所受本國人口思想的影響遠不及受歐西之大，所以礙難置於『東方古代人口思想』等章節的後面。那末，只有把東方和西方的思想穿插在一起，把同時期的思想，統歸在一部分來講。但照此種辦法要有兩層顧慮：欲穿插，如何穿插？穿插後，是否自然，而不見勉强造作？以下是我們的具體方案：

第一，我們保持甘納教授的分期法，因爲這種分期對於歐洲是很合理的，很自然的；對於中國也可設法應用；如果我們拋棄這種分期，再難找到一種對於歐洲適當的分期了。至於如『中世紀』等用語，對於東方固不適用，然於今世以西曆爲公曆之時，亦不妨應用，好在是紀年的東西——著者本有以『中古』代替『中世紀』的擬議，但因中國史書中，『中古』二字所指的時代不一，所以放棄了這個擬議。

現在要說穿插的方法了。

第一期的古代及中世紀，在年代上，包括自有史以來直至十五世紀中葉（一四五三年）：此期末年正當中國明朝景帝時代（一四五三年爲明景帝景泰四年）。所以自殷周而至宋元，諸代思想皆可併入此期。史家有謂明朝以前爲中古，秦朝以前爲上古者，尚可與所謂『古代及中世紀』相合，而不覺勉强。

第一期中首述東方古國，次述中國，述中國至三通與蘇軾葉適而止，至此以後，據著者所知，直至洪亮吉以前，並沒有成體系的人口思想，其結果不免空擱五百年之久。洪亮吉的意言成書於一七九三年，按其時間及性質，置於第二期之末。至於現代東方人口思想，除述中國外，兼述日本，二者皆爲歐美近代及現代人口思想與兩國人口現象的混合物，所以把他放在本書的最後。

第一篇　古代及中世紀

第一章　東方古代民族的人口觀念

獎勵多子的動機

古代東方民族一般獎勵多子的。父母多生兒子在社會上是一種光榮。他們獎勵多子的動機，可由經濟，戰爭，及宗教三方面探討出來。

在一個地廣人稀的時代，土地是營生的唯一富源，人工的需要異常急迫。當時，父親對於子女的權威是絕對的，萬能的，可以奴役子女，使從事勞作。那末，生子，對於父親，對於人群，都可視爲一種資本的增加。生殖不是浪費的，反是有經濟意義的生產行爲。所以，『在初期的民族社會裏，社會之階級很廣泛的以子女及附庸的數目而確定………。』(註一)但是古代民族的經濟觀念薄弱，這種經濟的動機，並不如我們想像的那樣重要。

戰爭也是古代主要致富的手段之一。戰爭的結果，不是貨物及奴隸的獲得，便是貨物及奴隸的損失；只視其勝負如何而定。欲得戰爭上的優勢或欲操勝利的把握，必須廣聚戰士，以計攻守。國家(或部落)爲滿足其廣聚戰士的需要，又必須獎勵多子。因此，有子的家主，比較獨身者，是一個良好的公民；因爲他能够驅使他的兒子們從事戰鬥。無子的人，便被視爲不完全的公民。波斯『依其好戰之道德立場，多子是最大的光榮。波斯每年都獎勵多子的人們，他們知道大數目的人口，便是力量。』(註二)

崇拜祖先之宗教的動機為最有力量

但是，多子的心理，更有比上面二種更重要的動機存在：我們叫他做宗教的動機。一氏族中，子女後輩視家長及祖先為神聖，是古代東方宗教的特徵。中國的崇敬祖先，是人人深知的事，我們暫不講它。關於雅利安人（Aryas或Aryans，乃印度歐人氏族有史的祖先）崇拜祖先的義務及其對於人口消長的影響，馬爾塞斯及非斯泰爾（Fustel de Coulange）都曾道及。（註三）

古猶太人

崇拜祖先的宗教意識不但在古代遠東如此，色米梯人（Semites乃指近東一切操阿拉伯，阿拉米等言語的氏族——國家——成員而言，即古猶太人）更是熱烈。古猶太人以為結婚是一種宗教的義務——在他們的典籍上，差不多未曾提過獨身這回事（註四）。今日猶太人還流行一句諺語說：

『沒有妻子的人，不算一個男子』。

巴比倫人

在另一個強盛的色米梯國家——巴比倫——以多子為美的意見，同等風行。哈木哈比大帝（Hamourabi為巴比倫國王，生於公元前二十三世紀）於其頒布之法律中，強迫為父者為其成年子女結婚。他的法令中又說：

『苟於父死之時，某一子尚未結婚；其結婚費須其他弟兄共同相認。因此，由遺產中，須提出一份必要的款額。』

雅利安人

然而，迷信祖先最利害的，還算古雅利安人。好些歷史家認為雅利安氏族及都市的基礎，建設在已故先人的宗教上面。拉馬丁（Lamartine）詩中有云：

『死人的棺槨，創造了祖國。』

雅利安人的歷史，證實了這大詩人的詞句。

印度古代宗教

印度由遠古以來的思想，除順世派（羅迦耶派Lkagat）以外，莫不富於宗教的意識。吠陀（Veda）神話時代以後，婆羅門教成立，其時間不能確定，約在西歷紀元前一千年至五百年之間，此後雖有諸種教派及佛教的興起，婆羅門教又於公元五百年後一度復興，至公元一千年以後，始成立印度教，後來回耶二教始侵入印度（註五）。可見欲知印度古代的人口思想，必從婆羅門教義（Brahminism）中探採。吠陀歌者時常表示出來他們自己血肉傳嗣的志願。最普通的祈禱詞，是使結婚的男女多生孩兒。

婆羅門教與多子

波羅門教義十分注重男嗣，由子而孫，孫又生子，子又生孫，以繼承一族的男子世系。對於先祖的週期祭祀（Straddba）應由男嗣主祭，否則，一切死去的祖先，將要由快樂之岸墮入苦海。婦女被視為兩性中不潔之人，但生育繁茂則無時不視為可慶可喜之現象。多妻制認為正當，有許多妻妾的人甚且可誇耀於社會，引以自豪。生殖能力在本質上被認為是神聖的。固然，婆羅門教中任何宗派，皆主張苦行主義，認獨身是高尚的榮譽，守童貞亦置於宗教義務之列，但此僅對社會中超衆分子（如僧侶）而言，對於一般人士則仍從俗獎勵子嗣（註六），『印士諸宗所嚮向，一方對世間為解脫生死，一方出世為獨存……獨存者即歸復清淨本體之謂……』（註七），然此豈能希望人人如此，教門中自可孤高出世，一般人只可從俗。

罕奴大法

是以，根據婆羅門教義所制定的罕奴大法（Laws of Manu）（註八），極端顯示獎勵多育，及子嗣觀念。大法中以肯定之言辭，指示為父者的神聖義務，以及克盡此義務的好處與不盡義務的危險等等，今舉其最顯著的幾條於下，以見一般：

第九十六條——天生女子在世留後，天生男子延續種族，故夫妻能共盡其天職者，其名將註於吠陀聖典。

第一百〇六條──長子出生之日，其人即爲一子之父，則其對於罕奴人之一切債務，亦即淸償；此長子亦有享受國產全部之份。

第一百〇七條──某人因其子償淸其債務，成其不朽，此子即爲嫡子（義務子），其他兒子爲次子（愛情子）。

第一百三十七條──因有一子可由地獄解放其父，地獄名 Paut，婆羅瑪（Brahma 爲印度三頭六臂佛，傳爲人類始祖）遂名其子爲 Pautra（地獄回憶者）。

第一百三十九條──一子之子與一女之子之間，並無區別；蓋因，彼女之子，亦能在另一世界拯救其母之先人，一如其子之子。

這是何等獎勵多子的宗教精神！於是生子遂成爲人民最要緊的天職了。

佛教的思想，以現代名詞代表，可叫做『形而上的悲觀主義』。釋伽見生老病死等現象，感生活之苦，幻想解脫。佛祖思想的要旨，是說人生所以苦惱憂傷的，乃因貪慾所至。人類的貪慾有三種：（一）滿足肉體慾望，（二）求不死的慾望，（三）求富貴的慾望，這三種慾望都是惡慾，換言之，慾望是不應有的，應該銷滅了它，銷滅了以後，『我』之一念已不存，於是乃能達到更高的智慧，即入『涅槃』（Nirvana）。『涅槃』，即謂靈魂恬靜，謂爲『寂滅』亦無不可，爲佛教最高理想。是以，人須免除肉慾，生存慾，所以不要結婚，不必求壽，至於生子延嗣當然更不在其心目中了。

由此看來，佛教似乎是東方古代衆民主義大思潮的反動，其實不然。佛門中人，主『獨善其身』，修行之人固不能娶妻生子，至於俗人則不必前來效仿，即後世的佛門亦不若基督教徒之殷殷勸道，善男信女知敬佛亦足，不必苦行修鍊，因此佛教對於人口思想的影響極端微渺，後世僧寺漸多，遂常爲人口思想家所注意，或視僧人獨身爲人口增加的『預防的妨礙』，或以爲僧寺遍地足以增加人口壓力（如洪亮吉），然非關佛教的人口思想，不能混爲一談。

古埃及人

最古的埃及神叫埃西（Isis）和奧賽烈司（Osiris）。埃西是女身，她是奧賽烈司的姊妹，又是他的妻子；埃西的形像是一個懷抱嬰兒的女子，她又是司婚之神。由此可見，古埃及人的信仰充分的表示出性能的崇拜，把生殖一事視爲宗教的可尊敬的行爲。復次，古埃及人已知葬其死者，在未葬之先，切尸爲塊，食其肉之一部分，此種風俗似含有尊敬死者之意，如皮特里（Flinders Petrie）所謂『食死者以尊之』也（註九）。這就是尊祖的風俗；而大凡尊祖的民族無不獎勵生育。

Renouf說過：『埃及人與印度歐人（Indo-European）的結婚必要之說，二者之間並無歷史的關連，並且，一切宗教獨身之說也的確在歷史上彼此都是獨立發生的。』（註十）

古波斯人

古波斯教的始祖瑣羅亞斯德（Zoroaster or Zorothoustra）以爲：『栽植一棵樹木，耕種一塊田地，與生殖子孫，是三種值得贊美的行爲。』他所著的聖典名爲 Zend-Avesta（註十一），其中有一段宗教式的忠告語，勸青年人結婚：

『結婚吧，青年人！因爲你的兒子接續你，你知道人類的長練是永遠接連不斷的。』

Zend-Avesta 聖典極端獎勵結婚，並促進民族多育。『Zend-Avesta 中結婚歌都是一種生殖力及其特用之贊詞。瑣羅亞斯德全部之教訓毫無疑意的用力獎勵人口增加，並反抗一切阻礙增加的事事物物。兒女是人的勢力及榮譽，兒女是成功及眞實愉快的必要條件』（註十二）。今日的波斯人仍以不育子女爲極端可怕的惡運。

回教與多育

可蘭經的時代雖較晚，然於此處似有一述的必要。默罕謨德本人就是多妻主義的實行者，在可蘭經第四章中認多妻制爲合法、後來有人以爲多妻制不若一夫一妻制之多育者，因謂回教教義能間接阻礙人口增加。但在事實上，回教教義影響之所及，促進人口增加之力頗强。根據 Lady W. Montague 之說法，『此教中的婦女，爲人諄諄教導，令她們相信，將來幸福之最好的保證，便是生產年幼的回教徒，那些未生子女而即死去之人必沉淪於永刧。』(註十三)

以上我們已經把古代東方民族獎勵多子的觀念大致闡明了。尤其是獎勵多子之宗教的動機，我們覺得最佔重要地位，所以叙述的也最詳細——關於多子觀念的具體化，也在上面略加說明了。此外，誠如威特馬屈(Westermarch)所指出的：部落中人，往往目獨身者爲危險份子，同時亦視爲缺乏男性，甚至不以『男子』一詞名獨身者——這也可以略見當時多子觀念的一般了。

兩性關係的不潔觀念

不過，一時代一地域的觀念，决不能全體一致：在獎勵人口的大思潮裏，亦不無若干的反動思想。即在最獎勵多子的雅利安民族中，很古就有『兩性關係——結婚也包括在內——爲不潔』的觀念。也許是人類的本能吧？民族學者在今日野蠻民族中，古代史家在古代民族中，都曾證明了這種觀念普遍的存在。觀念的殘餘還存留在世界各地：如墨西哥，秘魯，巴塔哥尼亞(Patagonia)，及西藏等地是。在中國內地，兩性關係不潔的觀念仍然潛伏在人的下意識之中。我們都知道，用做犧牲的男女，須是童貞者，大概由這種觀念而起：中國有的地方曾有以童男童女祭神的惡俗，便是明顯的例子。有的希臘女教士，波斯太陽教的女教士，及兎色衲島中女教士皆一生守貞至死。

這樣，由兩性關係不潔的觀念所起的反動思想，與獎勵多子的巨潮，又將如何調和呢？無疑的，當時的人並未曾想到這個問題。一般說起，古代東方人雖以兩性關係爲不潔，但是却認生育爲神聖，因此不潔之念對於社會人口未曾發生何等影響。

結語

總之，古代東方民族的人口思想是獎勵多子，其結果利於人口增殖，『他們以爲獨身是一種禍害，一種羞恥；結婚是一種義務，是人的正當歸宿；生育繁庶是大的好處；做了父母便是幸福，便是皇天保佑的象徵』。(註十四)

(註一)見：Stangeland, Prenalthusian Doctrines of Population, P.40.

(註二)見：Clio, CXXXVI.; Gonnard, Histoire des Doctrines de la Population, P.16.

(註三)見：Cité antique.

(註四)參看：M. Westermarch, Origine dans l'espèce humaine.

(註五)參看：姚寶賢著印度思想之梗概及其評價，文載申報月刊第三卷第十一期。

(註六)見：Stangeland, op. cit. PP 44—46.

(註七)見：梁漱溟著印度哲學概論，第三百頁。

(註八)摩奴大法的產生年代，各家主張頗不一致——有的主張在公元前一五〇〇至一二〇〇年之間；有的主張在公元前五〇〇年，三〇〇年，或二〇〇年左右；甚至有主張在公元後五〇〇年左右的。然該法爲一古老的聖典，則無疑問。

(註九)見：漢譯世界史綱，第一百十七頁。

(註十)見：Renouf, Origin and Growth of Religion as illustrated by the Religion of Ancient Egypt, PP. 150—151; Stangeland, op. cit. P.50.

（註十一）Zend是印度歐洲文（Indo-european）的簡稱，Avesta乃古波斯聖經名，因此聖經係用 Zend 所寫，故又名爲Zend-Avesta.

（註十二）見：Stangeland, op. cit. PP.48—49.

（註十三）見：ibid. P. 49.

（註十四）見：Gonnard, op.cit.P.11.

第二章　中國先秦人口思想

中國歷史，姑依近人之說，以殷代為開幕——至少古代史的研究不能遠溯商殷以上（註一）。而確定史實，宜以詩三百篇為出發點：詩三百篇的時代，可名為『詩人時代』（註二）。

商殷還是牧畜時代，農業尚未發明，及其末葉，農業雖已發明，但未普遍實行。牧畜時代的人民是游動的，無有餘暇的，所以思想生活尚不能到胚胎時期，沒有什麼思想可言。

殷代的人祭風俗

但是研究古代思想時，對於古代的風俗亦須略加注意，以明其史的初期變革。在殷代時，有所謂人祭的風俗，對於遠古人口觀念上不無關係。殷代人祭的風俗，已被人忘卻數千餘年，最近吳其昌先生為它做一篇考証，名為殷代人祭考（載第三七卷清華週刊文史專號），根據殷虛甲骨詳述此種殺人為祭的殘酷風俗。

殷人以人為犧牲，然所用之人究為何等之人？春秋有『邾人執鄫子，用之；』又『冬十有一月，丁酉，楚師滅蔡，執蔡世子有以歸，用之；』又左傳有『秋七月，平子伐莒，取郠，獻俘，始用於亳社，』等等記載（『用』即是殺人以為祭的意思）。由這些殷代遺族與夷人的記載，可見當做犧牲的，幾全為戰爭俘虜。

古代俘虜有兩種用處：一曰使為奴婢，一曰供祭神靈。在殷代游牧社會，人工的需要並不急迫，居住無定，生活資料又較難得，所以多蓄奴婢，不但無所用，且不易統治，並須分出一部分的食料供給奴婢生活。因此，寧殺之祭神，而不奴役之。彼時人口多寡，並不為人重視。

殷人的子嗣觀念

在社會制度方面講，商殷時代，盛行『以弟及兄』的制度，『弟及』爲主，『子繼』爲輔，是原始的家長制和原始的身份繼承制；在這種制度下，子嗣觀念似乎不易發生。但是，在當時父死子繼的事實，未嘗不能存在，那末子嗣的觀念也就不能不萌芽了。在卜辭中，可找到一點證據——王國維殷虛書契後編卷下十四葉一斷片下面一條，文曰：

『多子孫甲』

可見當時未嘗不以多子多孫爲福。不過這點證據太不够了，而且依照思想發生史的通理，商殷時代還不會有什麼思想呢。

周代以來

及周代殷有天下，周人爲農業部落，農業已有相當發展（註三），人民生活已漸固定，城市及封建國家已成雛形，所以不但人祭風俗大行滅殺，並且人民漸有餘暇，以從事思想。

在古文獻中，詩經已含若干人口思想，而且，很奇怪的；有些思想到現在還存在着。至春秋戰國之際，儒墨法諸家皆有更較完全的人口思想。但至此以後，思想界的進步，則極端滯鈍，漢唐漢唐以後，不過偶有一二特出的人口思想家而已。

× × × ×

由詩中所見的人口思想

詩三百篇的年代很久，大概從西周起，一直到春秋時代，約佔紀元前七八兩世紀（胡適註曰：三百篇中以株林一篇爲最後，株林大概作於陳靈公末年）。這時期的詩人，很像古希臘的神話家，歌頌聖王君子的多子多孫。國風中樛木、螽斯兩章相傳爲歌頌文王后妃子孫衆多而作（其實也許泛頌好人的歌詞）：

南有樛木，葛藟纍之，樂只君子，福履綏之；
南有樛木，葛藟荒之，樂只君子，福履將之；
南有樛木，葛藟縈之，樂只君子，福履成之。

以滿繫葛藟的樛木比擬君子，言其多子多孫也。接着有螽斯一章，寓意越見明顯：

螽斯羽，詵詵兮，宜爾子孫，振振兮；
螽斯羽，薨薨兮，宜爾子孫，繩繩兮；
螽斯羽，揖揖兮，宜爾子孫，蟄蟄兮。

又，詩大雅思齊章相傳咏文王大姒（即后妃）之德美子繁：

思齊（音齋）太任，文王之母，思媚周姜，京室之婦；大姒嗣徽音，則百斯男。

註曰：『百男，舉成數而言多也。』

神話中，言文王百子，其說雖不足還，亦可略見古代的人口觀念。那時候的人以為生子及多子是一種上天畀佑的象徵，或天所以報善人者。世上之君子淑女，都應該是多子的父母。

桃夭之詩更足以見出重視生殖的一般：

桃之夭夭，灼灼其華，之子于歸，宜其室家；
桃之夭夭，有蕡有實，之子于歸，宜其家室；
桃之夭夭，其葉蓁蓁，之子于歸，宜其家人。

女子出閣以後，所賴以宜室宜家的，無非是開花結實枝葉茂盛多子多孫一個條件。

多有男孩比多有女孩更好，因爲男强似女，這便是初期重男輕女的觀念。詩斯干章曰：

大人占之：維熊維羆，男子之祥；維虺維蛇，女子之祥；

乃生男子，載寢之牀，載衣之裳，載弄之璋，其泣喤喤，朱芾斯皇，室家君王；

乃生女子，載寢之地，載衣之裼，載弄之瓦，唯酒食是議，無父母詒罹。

未生之前，便以壯健的熊羆爲男子之兆，以弱伏的虺蛇爲女子之兆；既生之後，養育又不平等；生男，便希望他有室有家爲君爲王！生女，只希望她生性順從，調和五味，不要貽害父母就算了！這不但視女子爲無用或無大用，並認爲不祥之物，偶一不愼，即有貽害父母的危險。這種思想種下數千年重男輕女的因子；結果不但女子地位愈賤，又使中國兩性分配失調（中國男多於女，重男輕女的觀念至少爲一重要原因）。

此外詩中小星章，很像媵妾自悲或詩人替媵妾發怨的語調，由此可以斷定那時已存在多妻制或納妾制。但此章解說不一，尚不能算做有力的證據。不過在殷周之際，多妻制度已經成立，當時多妻者亦多以君王諸侯爲最著。禮記昏議說：『古者天子后立六宮，三夫人，九嬪，二十七世婦，八十一御妻』，這個數目較之後代『後宮佳麗三千人』固然相差遠甚，但究竟是多妻了。至於古代平民是否行多妻制，古書記載雖不多見。但是除詩經的小星外，尚有孟子的齊人有一妻一妾的證據。有人以爲齊人有一妻一妾章不足證明平民多妻制的普通，其實寓言中的材料多半是普通的事實啊（註四）！

總之，詩中的人口思想是頌揚多子的，而多子更勝於多女；詩中的人口思想還是詩歌的，還沒有比較具體的主張。

× × × ×

講中國古代哲學史或政治史的人，無不述老聃之說，但在講人口思想史時，我們以爲無述老聃的必要。老子中雖有『小國寡民』之說，然苟據此，謂老聃有何人口上的主張，未免牽强過甚。所以原們越老過聃而研究孔孟的人口思想。

儒家的獎人口勵論

孔孟的人口思想，如同其他學說一樣，統治了中國二千餘年；一直到近十數年前，可以說無人反對過，間或有人持異說，亦不爲人注意。儒家的人口思想既有此悠遠强大的勢力，因此對於中國的人口進展，有了莫大的作用。

孔丘（周靈王二十一年至周敬王四十一年，即公元前五五一年至四七九年）的人口思想只成立了基本原則，經孟軻（據孟子譜：生於周烈王四年，即公元前三七二年，死於赧王二十六年，即公元前二八九年）的發揮光大，形成了一種相當完備的人口學說。孔孟的人口思想是一貫的，都佔在倫理及政治的立塲討論人口。二人除贊成——甚至贊嘆——人口增加，對於人民的敎養，人口品質的改良上，也有顯明的主張。

在我們研究古代東方民族的人口觀念時，已經指出信仰祖先的觀念與人口思想的關係，而中國古代這種觀念更佔重要勢力。孔丘論孝，有生前的孝和死後的孝，後者的重要並不亞於前者：

『孟懿子問孝，子曰：「無違」。

樊遲御——子告之曰：『孟孫問孝於我，我對曰：「無違」。樊遲曰：『何謂也？』子曰：『

『生事之以禮，死葬之以禮，祭之以禮』。（論語）

這『孝』字又分爲『事』，『葬』，『祭』；而葬祭祖先又是古代氏族最重要的儀式，又是它的維繫線。孔丘特別注重這種祭禮，看他：

祭如在，祭神如神在。子曰：『吾不與祭，如不祭。』

神，即是自己的祖先或他人的祖先。祭祀祖先的時節，就像祖先在上一般，必須誠敬。偶因有事在外，不能與祭，雖別人代祭，心中總覺不安，就如同不祭祖先一樣，這是何等重視祭祀！因爲祭祀祖先是孝，孝又是立身的根本，那末子孫的天職便是不廢祖祭。而不廢祖祭的唯一方法，即是人人留嗣，世世有所繼承。孟軻根據這種道理，遂說：

不孝有三，無後爲大。

後儒註曰：『不娶無子，絕先祖祀，爲大不孝。』孟軻因舉他的理想聖人爲例說：『舜恐怕父母不讓他娶妻，遂不徵求他父母的同意，便娶了妻，是爲留後打算。君子人不應該以舜的行爲算錯，應該視爲他已經徵求父母同意了一樣』（註五）。留傳子嗣以承祖祀，既然是再要緊不過的事，不告而娶自可原諒，甚至無子納妾，既不可厚非，而『女子無子，爲七出之一』了。孔門有一派把一個『孝』字看得太重了，後來的結果，便把個人埋沒在家庭倫理之中。『我』竟不是一個『我』，只是『我的父母的兒子』（註六）。到了大學中庸始有注意個人的趨向。孟軻的政治哲學遂非常尊重個人，但是孟軻在他的人口思想上，仍把『我』當做『我的父母的兒子』看待，所以才有『不孝有三，無後爲大』的話。這句格言，一直流傳到現在，歷二千年而不衰，時時爲人道誦，其促進中國人口增加，實有不可思憶的力量！

以上可見孔孟在倫理的立場，是人口獎勵論者；現在再看他們在政治的立場是怎麼樣？他們認爲人口對於國家是一種絕大的力量；正如 J. Bodin 的名言：『除掉人的富和力而外，再沒有什麼是富或力了』(Il n'est richesse ni force que d'homme)。孔孟生於春秋戰國時代，都希望各國諸侯行仁政以王天下。行仁政的效果是天下歸心，百姓引領歸來，君有其民，便能無往不利，統天下於一。論語中說：

子適衛，冉有僕。子曰：『庶矣哉！』……

這分明是孔丘贊嘆人口繁庶的意思。又，

葉公問政？子曰，『近者說，遠者來。』

這已經說政治的理想是使本國的人能安居祖國，外國的人亦願遠來其國而居。如此，則人口日漸增加，國力也同時日漸增加。後來孟軻更發揮這種道理，不但更詳細的說明，並且提出『民歸』的益處：

孟子曰：『天時不如地利，地利不如人和。』

宇宙間的力沒大於人力，人的力能勝過一切。又曰：

『……則下天之民，引領而望之矣。誠如是也，民歸之，猶水之就下，沛然誰能禦之？

『……雞鳴犬吠相聞，而達乎四境，而齊有其民矣。地不改辟，民不改聚矣，行仁政而王，莫之能禦也。』

以上第一段是假定行仁政，民必歸之；第二段是說地大人稠已有王天下的資格。當無其民時，須行仁政以求其民；既有其民，王天下的條件已具：這是何等重視民數的意見！可是『民歸』的實際益處究竟安在？孟軻在公孫丑篇中有一段話，說的最切實：

『尊賢使能，俊傑在位，則天下之士皆悅，而願立於其朝矣。市，廛而不征，法而不廛，則天下之商皆悅，而願藏於其市也。關，譏而不征，則天下之旅皆悅，而願出於其路矣。耕者，助而不稅，則天下之農皆悅，而願耕於其野矣。廛，無夫里之布，則天下之民皆悅，而願爲之氓矣。……』

這不但說盡了吸引人民的方法，並且說出了『民歸』的益處，士能來歸，則人才濟濟；商能來歸，則市鎮繁榮；旅出其路，其國便成交通中樞；農耕其野，其地利得以盡用。——以上幾種利益，事實上尤以後者爲最重要。在戰國時代，土地尚未充分開闢，況且連年戰爭，壯丁多半担負兵役，已開墾的土地也不免荒廢；所以人口稀少的國家有絕大的危險，人口稠密的國家佔絕大的優勢。——一國有人才，有繁榮的商業，有發達的農業，自然臻於富强了。上面的一段話只枚舉了各種『民歸』的利益，於是又結論說：

『信能行此五者，則鄰國之民，仰之若父母矣。率其子弟，攻其父母，自生民以來，未有能濟者也。如此，則無敵於天下。無敵於天下者，天吏也；然而不王者，未之有也。』

『民歸』的結局效果是統一天下！

孔孟既以民爲國寶，主張人口繁庶，但是對於當時的災害、貧乏、愚蒙，亦未嘗漠視。救濟災害貧乏的辦法是休養生息和救貧兩種；救濟愚蒙的辦法，便是教育。在孔孟的思想中，貧愚有連帶的關係：孔丘已有庶而後富之，富而後教之的話：

子適衛，冉有僕。子曰：『庶矣哉！』冉有曰：『既庶矣，又何加焉？』曰：『富之。』曰：『既富矣，又何加焉？』曰：『教之。』

孔丘雖有『民可使由之，不可使知之』的話，須是教育專制的主張，或專指政治而言，決不能說是反對教育的主張。

孟軻亦有同樣的意見，可是詳盡的多了。在孟子七篇中，能夠找到許多的例子；因爲是人人都知道的，不去一一舉出研究了。

總上以觀，孔孟以人口衆多是可欲的——無論對於個人或是國家（註七）。他們的人口思想在中國影響很大；如果說他們的倫理的人口思想深入了後世的民間，他們的政治的人口思想曾策動了後代的人口政策。

× × × ×

荀卿兼人之說

荀卿（公元前三一〇至二三〇？）在人口思想方面似與孔孟不甚一致。他不贊成以土地財物招徠他國人民，却願他國人民舉地誠服，他說：

『凡兼人者有三術：有以德兼人者，有以力兼人者，有以富兼人者。彼貴我聲名，美我德行，欲爲我民，故辟門除塗以近吾人，因其門，襲其處，而百姓皆安，立法施令，莫不順比，是故得地而權彌重，兼人而兵愈强，是以德兼人者也。非貴我名聲也，非美我德行也，彼畏我威，刦我勢，故民雖有離心，不敢有畔慮，若是則戎甲愈衆，奉食必費，是故得地而權彌輕，兼人而兵愈弱，是以力兼人者也。非貴我名聲也，非美我德行也，用貧求富，用飢求飽，虛腹張口，來歸我食，若是則必發夫掌窌之粟以食之，委之財貨以富之，立良有司以接之，已朞三年，然後民可信也，故得地而權彌輕，兼人而國愈貧，是以富兼人者也。故曰：以德兼人者王，以力兼人者弱，以富兼人者貧，古今一也。』（議兵）。

徠民兼人未嘗不可，只不可以力行之，尤不可以財富爲代價。人口固然有可貴處，但是以戰爭或富財爲代價便不上算了。可見荀卿對於人口不若孔孟諸人之重視。

墨翟的衆民

墨翟的生死年限不甚可考，大概生於周定王元年至十年間，即公元前四六八至四五九年間；大概死於周安王十二年至二十年間，即公元前三九〇至三八二年間。他的生命介於孔孟之間。

墨子的思想對於後世的影響不大，但其人口思想足爲中國式人口思想的代表。墨子最重人口蕃殖，謂『一年之計，莫如樹穀；十年之計，莫如樹木；終身之計，莫如樹人。一樹一獲者，穀也；一樹十獲者，木也；一樹百獲者，人也。』可見『樹人』爲莫大之利益。所以『即欲民之衆而惡其寡。』（辭過）墨子痛詆當時國君的滅民政治，名爲『寡人之道』；同時提出增加人口的辦法，即所謂『衆之』之方。

他以爲當時的國政使人口日漸減少，其原因如次：

甲、晚婚——當時國君對於人民結婚年齡，不加限制，結果『其欲蚤處家者，有所二十年處家；其欲晚處家者，有所四十年處家；以其蚤晚相踐，後聖王之法十年，若純三年而字，生子可以二三人矣』。晚婚能躭誤生殖期，生子必較少。

乙、民貧——民貧乃爲政者剝削過重之結果。『今天下爲政者，其使民勞，其藉斂厚，民財不足，凍餓死者不可勝數。』（節用）

丙、戰爭——戰爭不但死亡無數，且壯丁遠去，男女時誤佳期，無形中減少許多人口：『大人惟毋（毋同貫）興師以攻伐鄰國，久者終年，速者數月，男女久不相見，此所以寡人之道也。與居處不安，飲食不時，作疾病死者，有與侵就援橐攻城野戰死者，不可勝數……。』

丁、蓄妾——蓄妾足使平民男子鰥居無妻，對於人口的增加亦頗有礙。『當今之君，其蓄妾也，大國拘女累千，小國累百，是以天下之男多寡無妻，女多拘無夫，男女失時，故民少。』（辭過）

戊、久喪——久喪足以使死亡增加而男女失時，他說：『上士操喪，必扶而能起，杖而能行，以此共三年，是故百姓冬不仞寒，夏不仞暑，作疾病死者，不可勝計也！此其爲敗之交多矣；以此求衆民，譬猶使人負劍而求其壽也。』（節葬下）

人口減少的原因既明，應以何法使其增加？墨子首言人口不易增加，所謂『唯人難倍』是也。可是人雖難倍，亦有倍之之法。　既然認識了人口減少的原因，便想對症下藥，主張早婚，節用，非攻，節蓄，節葬。

（一）早婚——早婚爲墨子對於人口問題最重要的主張，也是特別提出來的主張。他以男子須二十而娶，女子須十五而嫁。墨子首謂『……唯人難倍，然人有可倍也』，隨卽接續說：『昔者先王爲法曰：丈夫年二十，毋敢不處家；女子年十五，毋敢不事人；此聖王之法也』。當時流行的男子結婚年齡不一，由二十到四十歲，平均爲三十歲，比『聖王之法』晚十年，應恢該復(?)昔時的結婚年齡。

(二)節用——民之所以貧，乃因上用之奢。如果爲政者能節用，如果『諸加費，不加于民利者，……弗爲』，那末民必不貧，甚至轉富，人口亦隨而無減少之虞。這是認爲財富既不增，須免去無益的奢侈，留財以養衆民。墨子少談『開源』，而堅持『節流』！

(三)非攻——非攻爲墨翟重大主張，與增加人口亦有關係：非攻所以消滅戰爭，間接免除人口增加的妨礙。

(四)節蓄——他說：『內無拘女，外無寡夫，故天下之民衆。(中段與上面『蓄妾』條下所引者同)君實欲民之衆而惡其寡，當蓄私不可不節。』蓄妾即使不能根本免除，也須節制。

(五)節葬——三年之喪，爲儒家的主張，墨翟極不贊成。久喪既爲人口減少的原因，故當實行薄葬制度。

人口繁衆以後，問題是否解決？墨翟以爲人口既衆之後，有發生擾亂的危險。那末，只好『人民寡則從事乎衆之，衆而亂則從事乎治之。』此二事合富民爲『三務』，要以節用爲前題，所謂富民云者，只是不多取於民的意思。至於治民之道，則爲教以愛人，所以墨翟倡『兼愛』之說，以期消滅社會的擾亂。

但是，但是墨翟爲什麼主張衆民呢？他是一位著名的和平運動家，難道人口一多，不怕發生戰亂嗎？難道教人兼愛，就能免除一切的生存鬥爭嗎？難道他當眞這樣想嗎？陳達教授以爲『墨翟魯人，魯雖文物之邦，但其人口密度在各國中不算甚高，至少較低於齊國，因此墨翟主張鼓勵生育。』(註八)陳先生以他祖國的人口狀態說明他人口思想之背景，固不失研究學問之道，但是把墨翟視爲一國家主義之徒，似覺不當。我以爲墨翟所以力主衆民的原因，不外(一)受宗法或子嗣觀念的無形中的影響——相信人口增加是一件可喜可慶的現象；(二)因當時各國諸侯一方好爭伐，務奢侈，一面又絜人民衆多，墨翟拿衆民之說，加强『非攻』『節用』等等學說的力量，令他們相信；(三)以衆民之說攻擊儒家『久喪』的主張。

× × × ×

韓非的反動思想

中國古代衆民主義思想也遇見到一個小小的反動，這便是韓非的學說。

戰國韓非(死於公元前二三三年)是法家的代表，注重實行，攻擊儒墨的學說。趙用賢序韓非子曰：『非子書，大抵薄仁義，厲刑禁，斥堯舜禹湯孔子，而兼取申商慘刻之說……』。高子略亦謂韓非『薄仁義，厲刑名；背詩書，課名實。』可見韓非是當時的(也可說中國的)正統學派的反動者：他的思想因可名爲反動的思想。韓非固非津津於人口問題的人，但是也曾偶爾論及，而所論者又與當時正統派的思想相反足成一派(自然是不佔勢力的一派)的代表。然則，是否如司馬遷之言，韓非的思想出於老子？『小國寡民』的思想演化而成韓非的人口思想了嗎？此則似較附會，不敢斷言。

韓非以爲：上古人口稀少，財富有餘；今日(戰國時)人口過庶，財富不足；所以生存競爭劇烈，社會易生擾亂。人民道德非眞今不如古，實因古今人口及財富情形不同所致。現在引出韓非子書中幾段話，可以證明我們的斷語：

『古者，丈夫不耕，草木之實足食；婦女不織，禽獸之皮足衣也。人民少而財有餘，故民不爭。是以厚賞不行，重罰不用，而民自治。今人有五子不為多，子又有五子，大父未死，而有二十五孫。是以人民衆而貨財寡，事力勞而供養薄，故民爭。雖倍賞累罰而不免於亂……故饑歲之春，幼弟不饟；穰歲之秋，疏客必食，非疏骨肉愛過客也，多少之實異也。是以古之易財，非仁也，財多也。今之爭奪，非鄙也，財寡也。』(五蠹)

『古者，人寡而相親，物多而輕利易讓：故有揖讓而傳天下者。……』(八說)

『父母之於子女也，產男則相賀，產女則殺之，此俱出於父母之懷衽，然男子之受賀，女子殺之者，慮其後便計之長利也。故父母之於子也，猶以計算之心以相待，而況無父母之澤乎？……』(六反)

後一段，於隨述重男輕女之緣故中，說出人口過庶則生活苦艱的情形來。

韓非反對以人民多寡定强弱之傳統意見，他說：『存亡在虛實，而不在衆寡』。這是韓非本其一貫主張所應有的結論。虛則亡，實則存，韓非所謂『實』者，大概是脩明內政的意思，因為他說過『强，不可責於外，內政之脩也』的話。

關於韓非人口思想，已經有人評價過。胡漢民先生以為：『韓非子的見解恍惚是一短篇馬爾塞斯的人口論』。而陳長蘅先生以為胡先生評語極有見地！(註九)但是我們平心而論，胡先生的話不免有誇張之嫌，雖加『恍惚』二字，仍較太過。蓋總觀韓非之書，其所述人口思想皆為深述其『嚴刑名』的主張而起，況語焉不詳，只能算當時正統人口思想之微弱的反動罷了。如果加以誇張的解釋，便是斷章取義了。

(註一)郭沫若先生根據殷虛甲骨，以商代為中國歷史的起頭，其理因有三：

(一)中國古物只到商代，是石器，骨器，銅器，青銅器……

(二)商代已有文字……

(三)商代的末年還是以牧畜為主要的生產……

(見：中國古代社會研究，導論2)

(註二)胡適先生說：『從前第八世紀到前第七世紀，這兩百年的思潮，除了一部詩經別無可考，我們可把他叫做詩人時代。』(見：中國哲學史大綱上卷第四十二頁)。

(註三)后稷的傳說，如果是假的，也必是周民族抬出來維繫帝系的。周拿一位農業始祖為祖先，不能說沒有緣故。(見：詩大雅生民)。

(註四)參看：蔡獻榮著中國多妻制度的起源，文載新社會科學第一卷第二期。

(註五)原文是：『舜不告而娶，為無後也，君子以為猶告也。』

(註六)見：胡適中國哲學史大綱上卷第二八三頁。

(註七)儒家固未嘗漠視民生的飢苦情形。孟子梁惠王章中說：『今也制民之產，仰不足以事父母，俯不足以畜妻子，樂年終身苦，凶年不免於死亡……』；又說：『凶年飢歲，君之民，老弱轉乎溝壑，壯者散而之四方，幾千人矣……』。但是孟軻不相信這是人口過剩的結果，却歸咎於政治及社會制度的不良：在清明君主治理之下，發展耕種和牧畜，民生的貧乏足可完全改善。

（註八）見：人口問題第十七頁。

（註九）見：三民主義與人口政策第三十頁。

第三章　三通著者的人口思想

三通及其著者

世稱杜佑通典，鄭樵通志及馬端臨通考爲『三通』。三通述中國歷代典章文物制度沿革甚詳。三通的著者都是大學問家，供獻極大，他們人口思想也很有一述的價值。杜佑是第八世紀人，鄭樵是第十二世紀人，馬端臨是第十三世紀人，從杜佑到馬端臨約歷五百年，然而三人所用的方法及所做的工作却極相似，因此不計年代的參差，把他們併入一章來講。復次，三通的著者固不能說沒有主觀的見解，不過他們見解，一方面都有歷史上的根據，他方面無不旁採當代的學說，然後加以選擇歸納。所以他們三人的思想，在大體上可以代表這五百年間的思潮。

他們可以代表這五百年的思潮

杜佑生於唐開元二十三年，死於元和七年（公元七三五至八一二年）。他的人口思想散見於通典中之戶口人丁論，據著所知，陳達先生在人口問題中曾加以介紹（註一）。著者與陳達先生所引原文，固無不同，惟見智見仁，略有差異罷了。

杜佑減稅富民的主張

誠如陳達先生所言，杜佑以歷史爲根據，臚陳各代人口資料，勸朝廷斟酌晉隋故事；『版圖可增其倍，征繕自減其半，賦既均一，人之稅輕，免流離之患，益農桑之業。安人濟用，莫過於斯。』但這只是以徵收人丁稅爲立場，並無他見。考東晉時，人無定本，遂有庚戌土斷之令，於是財豐俗阜，可惜後來法弛弊起了。至隋，文帝定十八年以上爲丁，高祖開皇三年令人二十一年成丁，煬帝時又將成丁年延至二十二歲，如此無形減稅。隋時又行『責賦輸籍』之法，於是人民不能漏稅，亦少逃稅。蘇東坡曰：『自漢以來，丁口之蕃息，與倉廩府庫之盛，莫如隋；其責賦輸籍之法，必有可觀者。然學者以其得天下不以道，又不過再世而亡，是以鄙之而無傳焉。』杜佑去隋不遠，詳知隋制，認爲是國家租稅政策的理想。

杜佑認爲人口與經濟發展最有關係，但必須人口與土地結合，不宜流離；而欲使人民固定，又必須人民富裕而後方能實現，蓋人口所以流離，多因逃稅而起，如果家富人裕，又何必逃稅呢？所以開明政府，除減稅外，尚須培植人民的經濟力。通典中有曰：

『昔賢云：倉廩實，知禮節；衣食足，知榮辱。夫子適衛，冉子僕，曰：美哉，庶矣！既庶矣，又何加焉？曰：富之！既富矣，又何加焉？曰：教之！故知國足則政康，家足則教從，反是而理者未之有也。夫家足不在於逃稅，國足不在於重斂，若逃稅則不土著而人貧，重斂則多養羸而國貧，不其然乎？』

由上文看來，杜佑的主張仍以儒家傳統思想爲出發點，還是着重『美哉庶矣』這一點。陳達先生說杜佑主張人口的限制，恐未必然，我們寧肯說，杜佑認爲重斂妨礙人口的增加（尤其是妨礙農業人口的增加），主張減稅，就是除掉人口增加的障礙。

× × × × × ×

杜佑的信徒鄭樵

梁啓超先生說：『鄭漁仲學識史才，皆邁尋常。……二十略則其精神所聚，必須瀏覽。』（註二）。在通志總序中也說：『夫學術超詣，本乎心識，如人入海，一人一深，臣之二十略皆臣自有所得，不用舊史之文。』通志二十略中，如氏族略，六書略，七音略，校讎略，皆有獨到之處。可惜其中關於戶口部分，所言太簡，除重述杜佑之說，並無特見。通志卷六十一，食貨略第一中又

中國最早的人口統計學者馬端臨

分田制，陂渠，屯田，賦稅，歷代戶口，丁中等六目；歷代戶口一目，只有數字的記載；丁中一目，贊頌杜佑之說曰。『善乎杜佑之論也！家足不在於逃稅，國足不在於重斂……』云云。

× × × × × ×

馬端臨把歷來的人口調查，編纂一起，並加以大致的研究，成了通考中的戶口考。戶口考中又分歷代戶口丁中賦役及奴婢二目。他的人口思想散見於歷代戶口丁中賦役及戶口考序文之中。馬氏以戶口與丁中賦役合論，很有道理，因為古代的人口調查限於自由民或納稅民與賦役民。馬氏的供獻很大，研究馬氏文獻通考的法儒畢歐特(Ed. Biot, Mémoire sur la Population de la Chine et ses Variations)甚至說：

『第一，馬端臨的的確確是政治統計之父。他是這樣第一位作家，不津津於戰爭鬥陣的歷史，却想去從事編作法律制度等等的歷史——一言以畢之，文化的歷史。』

以下所要討論的，不及於馬氏所編纂的統計，只限於他對於中國歷代人口所發的議論。戶口考序文中，大致把他對於中國歷代人口的觀感說盡了：

『古者戶口少而皆才智之人，後世生齒繁而多窳惰之輩。均是人也，古之人方其為士，則道問學；及其為農，則力稼穡；其為兵則善戰陣：投之所向，無不如意。是以千里之邦，萬家之聚，皆足以世守其國，而扞城其民。民衆則其國强，民寡則其國弱：蓋當時國之與立者民也。光嶽既分，風氣日漓，民生其間，才益乏而智益劣。士拘於文墨，而授之介冑則慟；農安於犂鋤，而問之刀筆則廢；以至九流百工釋老之徒，食土之毛者，日以繁夥，其肩摩袂接，三孱不足以滿者隅總總也。於是民之多寡不足爲國之盛衰。官既無藉於民之材，而徒多爲之法，以征其身，戶調口賦日增月益，上之人厭棄賤薄，不倚民爲重，而民益窮苦憔悴，祇以身爲累矣。』

分析這段話，可以見出兩項要旨：

（一）人口的品質尤重於數量，品質劣敗，雖多無用。馬端臨這種意見固然很對，不過解釋的不好。『投之所向，無不如意』的人民當然是理想的，可欲的，可惜是亙古沒有的！因爲那裏能找到全能的人民呢？文不習武，農昧刀筆，似乎未必算劣！至於『肩摩袂接，三孱不足以滿隅者』固然屬於劣質，但其原因乃在營生資料不足，非關古今風氣也。

（二）後世人口愈多，不但無益，反而有害。民愈多，管理愈難，兼着苛稅重役，賤視平民，就在人民本身亦覺生計艱難之苦了。人口品質本已劣敗，又兼政治反乎正道，結果益不堪設想。

此外，馬端臨特別指出賦役對於人口調查的影響，重賦苛役施行的結果，使民戶偷漏或少報丁口，以至戶口不得確數。通考中舉例如次：

『愚嘗論，漢以後，以戶口定賦，故雖極盛之時，而郡國所上戶口版籍，終不能及三代兩漢之數，蓋以避賦重之故，遞相隱漏。且疑天寶以上，戶不應不課者，居三分之一有奇，今觀乾元戶數，則不課者，反居其大半，尤爲可笑，然則豈足憑乎？

『西漢戶口盛時，率以十戶爲四十八口有奇（按即平均每戶人數爲四．八强）；東漢戶口率以十戶爲五十二口，可準周之下農夫；唐人戶口盛時，率以十戶爲五十八口有奇，可準周之中次。本朝（宋）元豐至紹興戶口率以十戶爲二十一口，以一家止於兩口，則無是理，蓋詭名子戶漏口者衆也。然今浙中戶口率以十戶爲十五口有奇，蜀中戶口率以十戶爲二十口弱，蜀人生齒非盛於東南，意者蜀中無丁賦，於漏口少爾。……』這豈不是人口統計學者的態度嗎？因逃避賦稅，中國人民養成了畏懼調查的心理，所以往往不以實報。這種心理，就是到了現在，仍然是人口調查的障礙。

（註一）見：陳達著，人口問題，第十九頁。

（註二）見：梁啟超著，國學入門書要目及其讀法（轉載於胡適文存二集第一卷），

第四章　蘇軾與葉適的均民說

蘇軾與葉適皆宋人，又皆主張『均民』，不過二人的議論有詳略淸混之別，主張有激烈緩和之分罷了。

蘇軾的均民主張

蘇軾字子瞻，號東坡，生於宋景佑三年（西歷一〇三六），死於建中靖國元年（一一〇一），神宗時與王安石政見不合，被貶；後王安石變法事敗，又屢爲朝廷大員。蘇軾是緩和派，每以人情時勢爲主——對於人口方面的主張，也是如此。

蘇軾所主張的均民之說可分兩項討論：(一)人口不均的原因及弊害；(二)均民的方策及利益。

(一)關於人口不均的原因及弊害．蘇軾混在一起說明如下：

『夫民之不均，其弊有二。上之人賤農而貴末，忽故而重新，則民不均。夫民之爲農者，莫不重遷，其墳墓廬舍桑麻果蔬牛羊耒耜，皆爲子孫百年之計；惟其百工技藝游手游食之民，然後可以懷輕資而極其所往，是故上之人賤農而貴末，則農夫釋其耒耜而游於四方，擇其所利而往之，其弊一也。凡人之情，怠於久安，而勤於新集，水旱之後，盜賊之餘，則莫不輕刑罰，薄稅斂，省力役，以懷逋逃之民，而其久安而無變者，則不肯無故而加䘏，是故上之人忽故而重新，則其民稍稍引去，聚於其所重之地，以至衆多而不能容，其弊二也。』

蘇軾的意思是：以人民（主要是農民）的本性言，本不好動，而且人民亦非本來不均，今所以不均者，是因爲朝廷賤農而貴百工九流和忽故而重新的緣故。因此所產生的不均之弊有二：(甲)農夫離土地而流動，（乙）民聚一方而不能收容。

『因人之情，因時之勢』的策略

（二）關於均民的方案及利益，蘇軾也把二者混在一起說明：

『昔者聖人之作也，必因人之情，故易爲功；必因時之勢，故易爲力。今欲無故而遷徙安居之民，分多而益寡，則怨謗之門，盜賊之端，必起於此，未享其利而先被其害。臣愚以爲民之情莫不懷土而重去，惟士大夫出身而仕者，狃於遷徙之樂，而忘其鄉：昔漢之制，吏二千石，皆徙諸陵。爲今之計，可使天下之吏仕至某者，皆徙荆，襄，唐，鄧，許，汝，陳，蔡之間，今士大夫無不樂居於此者，顧恐獨往而不能濟，彼見其儕類等夷之人莫不在焉，則其去惟恐後耳：此所謂因人之情。夫天下不能歲歲而豐也，則必有飢饉流亡之所，民方其困急時，父子且不能相顧，又安知去鄉之爲戚哉？當此之時，募其樂徙者，而使所過廩之費不甚厚而民樂行：此所謂因時之勢。』

他的均民方案，其精神在於順人情順時勢，即殖邊以士大夫爲始，並乘內地凶年而招引之。這樣均民的優點，可以不遇若何困難而能得調劑人口密度的實利。

× × × × ×

葉適，宋永嘉人，字正則，生於宋紹興二十年（一一五〇），死於嘉定十六年（一二二三），官司業，忤韓侂胄，坐貶，遂杜門著書，自成一家，學者稱水心先生，其書集於水心文集或水心先生文集。宋史本傳上說他『爲文藻思英發』，又謂『適志意慷慨，雅以經濟自負』：觀其書，益信爲不虛。

激進派的葉適

相信人民是國家的力量

葉適生在宋朝偏安之時，國恥最深：而當時一般士大夫多爲『乘機待時』的偸安派，水心先生則主張激進，痛詆任命安運的議論。他第一次上孝宗皇帝劄子，便懇切的說：

『二陵之讐未報，故疆之半未復，而言者以爲當乘其機，當待其時；然機自我發，何彼之乘？時自我爲，何彼之待？非眞難眞不可也，正以我自爲難，自爲不可也。

『夫我自有所難，而不變其難以從其易；我自有所謂不可，而不知變其不可從其可……』

葉氏之言，何等中肯！以今觀之，其言愈有玩味的價値。葉適的激進主張在一個『變』字，即是改革，即是去弊興利。所以葉適奏議中十九論時務：一面批評政治制度的弊病，一面擬出改革的計劃。其議論所及，幾乎包括一切國家大計，因非關本文，無暇詳述。至於關於人口方面，主要的是他的殖民闢地的主張。

葉適首認人口衆庶爲國家富强的要件：

『爲國之要，在於得民：民多則田墾而稅增，役衆而兵强。昔者，商鞅所以壞井田開阡陌者，誘三晉願耕之民以實秦地也。漢末，天下殫殘，而三國爭利：孫權搜山越之衆以爲民，至於帆海，絕徼俘，執島居之夷而用之；諸葛亮行師，號爲秉義，不妄虜獲，亦拔隴上家屬以還漢中。蓋蜀之亡也，爲戶二十四萬；吳之亡也，爲戶五十餘萬；而魏不能百萬而已。舉天下之大，不當全漢數郡之衆，然則因民之衆寡爲國之强弱，自古然矣。』（水心別集卷二民事，下同）。

葉適雖一仍傳統的衆民思想，但能更進一步，以爲一國人口的地域分配更須平均：

人口過密及過稀的害處

『分閩浙以實荆楚』

『今天下戶口繁衍幾及全盛，然而偏聚而不均，勢屬而不親。是故無墾田之利，無增稅之入，民雖多而不知所以用之，直聽其自生自死而已。』

有的地方人口過密，有的地方人口過稀，二者皆足爲病。葉適舉人口密度不均之弊甚詳：

甲、人口過密的害處——『夫迹其民多而地不足，若此則其窮而無告者，其上豈宜不察者乎？田無所墾，而稅不得增，徒相聚搏取，攘竊以爲衣食，則將盡棄而魚肉之乎？』又曰：土地『狹者，鑿山捍海，擿抉遺利，地之生育有限，民之鋤耨無窮，至於動傷陰陽，侵敗五行，使其地力竭而不應，天氣亢而不屬，肩摩袂錯，愁居戚處，不自聊賴。』地狹人稠，生活艱難，國增流亂之民，而且土地耕種又極不合經濟原則。

乙、人口過稀的害處——『其土地之廣者，伏藏狐兎，平野而居虎狼，荒墟林莽，數千里無聚落，姦人亡命之所窟宅，其地氣蒸鬱而不遂。』此外，一地人口過稀，『智材勇力之士』必無所出，國家的人才不得培養。

欲免除以上的弊病，惟有平均密度，將人口過剩地方的人口移到人稀地廣的地方去開發，所謂『分閩浙以實荆楚，去狹就廣』。

殖民闢田的益處，葉適以爲田得以墾，稅得以增，居可以爲役，出可以爲兵。所以殖民是復興的要政。國家(皇帝)應負其全責，實行這種政策。可惜當時不能實行！今日中國的人口情形仍未有若何改善，殖民實邊也未曾努力實行。

第五章　中國歷代人口政策

中國傳統的人口思想旣如上述，現在要探討歷代的人口政策了。大凡一種政策一定和思潮的主流相合，思想界向來不能絕對的統一，但是政策是容易前後一貫的。中國自古以來人口思想的主流是衆民主義，所以一向的人口政策也是一貫的衆民主義政策。

衆民主義的精神

歷代的衆民主義政策實際上大多數屬於財政上的人口奬勵政策，主要是應用立法手段——與羅馬時代的 Lex Julia et Papia Pappaea 的精神相似，而內容間有不同。

中國古代以來與人口增減最有關係的賦稅，要算人丁稅（成年人的人頭稅）了。史載『漢高祖四年（紀元前二〇三年）初爲算賦，人年十五以上至五十六出賦錢，人百二十爲一算，』人頭稅從此起始。在前此的時候，有田稅，有身役，並無人頭稅。所以漢以前的人口政策與賦稅無關；漢以後，二者間的關係一變而密切異常；直到清代康熙雍正間，始將人頭稅取消，併入地稅，使人口與賦稅脫離關係。

周禮中關於結婚年齡的規定

周禮相傳爲周公的治國法制，或爲西周末厲宣時代制度，其中已有人口法令存在了：

『媒氏，掌萬民之判。（判，半也。得耦爲合，主合其半，成夫婦也。）凡男女自成名（子生三月，父名之。）以上，皆書年月日名焉。令男三十而娶，女二十而嫁。凡娶判妻入子者，皆書之。中春之月，令會男女……司男女之無夫家者而會之。』

周禮正義疏曰：『令男三十而娶，女二十而嫁者，此言男女嫁娶年之極也。』男三十，女二十，是最大的娶嫁年令，並不是說非至此年令即不准娶嫁的意思，如果更早些結婚，尤所歡迎。王肅曰：『周官云：令男三十而娶，女二十嫁，謂男女年限，嫁娶不得過此也。三十之男，二十之女，不待禮而行之，所奔者不禁……。』這不更言之詳盡了嗎？然而周禮的原意如何，似不得而知，後儒之說完全根據孔丘。孔子家語有一段說：『魯哀公問於孔子，男子十六精通，女子十四而化，是則可以生民矣。聞禮男三十而有室，女二十而有夫，豈不晚哉？孔子曰：夫禮言其極，亦不是過，男子二十而冠，有爲人父之端，女子十五許嫁，有適人之道，於此以往，則自昏矣。』

周禮中的保息政令

周禮『令男三十而娶，女二十而嫁。』是否爲限定結婚的最大年齡而寓提倡早婚之旨，似不可知，然經孔丘解釋以後，就變成肯定的了。觀『中春之月，令會男女……司男女之無夫家者而會之』的規定，周禮之提倡結婚，殆無疑意。此外，周禮中有所謂『以保息六養民：一曰慈幼，二曰養老，三曰振窮，四曰恤貧，五曰寬疾，六曰安富』之文——孫詒讓周禮正義註曰：『保息，謂安之使蕃息也。』這便是休養生息的人口政策了。後來管子入國篇說的更明白了：

管子的九惠之敎

『入國四旬五行九惠之敎：一曰老老（或作養老），二曰慈幼，三曰恤孤，四曰養疾，五曰合獨，六曰問疾（或作問病），七曰通窮，八曰振困，九曰接絕。所謂老老者……年七十已上，一子無征，三月有饋肉；八十已上，二子無征，月有饋肉；九十以上，盡家無征，日有酒肉……所謂慈幼者……士民有子，子有幼弱不勝養爲累者，有三幼者無婦征，四幼者盡家無征，五幼又予之葆，受二人之食，能事而後止……所謂恤孤者……士人死，子孤幼，無父母所養，不能自生者，屬之其鄉黨知識故人，養一孤者，一子無征；養二孤者，二子無征；養三孤者，盡家無征……所謂養疾者……聾盲，瘖啞，跛躄，偏枯，握遞，不耐自生者，上收而養之疾，官而衣食之，殊身而後止……所謂合獨者，丈夫無妻曰鰥，婦人無夫曰寡，取鰥寡而合和之，予田宅而家室之，三年然後事之……所謂問疾者……士人有病者，掌病以上令問之……所謂通窮者……若有窮夫妻無居處，窮賓客絕糧食，居其鄉黨，以聞者有賞，不以聞者有罰……所謂振困者，歲凶庸人訾厲，多死喪，弛刑罰，赦有罪，散倉粟以食之……所謂接絕者，士民死上事，死戰事，使其知識故人受資於上而祠之……。』

『九惠之教』無一不在增加人口：其中尤以『慈幼』，『恤孤』，『合獨』及『通窮』四項爲最顯明，而『合獨』之制更覺特異，實獎勵人口政策中的極端措施。

管仲（公元前第七世紀人）做齊桓公的宰相，『九合諸侯，一匡天下』，『通貨積財，富國彊兵』（用史記管晏列傳語），於是不能不使人口增加了。人口增加，一面加多勞動者的數目，一面充實軍隊的力量，這便是設法獎勵人口的動機了。司馬遷述管仲於列國中所行的機變手段之後說道：『故曰，知與之爲取，政之寶也』，先用所謂『惠教』使民繁衍，然後把人民拿來當做建立霸業的犧牲品，其實是先餌後擒啊！按管子一書，今人考據認爲戰國末葉的僞作，然即屬僞書，似亦演揣管仲政略而成；若退一步，以其書還之其時代，亦可視爲戰國時代的人口思想。管子之說與周禮相似，故無論其是否管仲之政策，亦應在此處述之。

勾踐的生聚政策

春秋之時，最著名的人口政策要算越王勾踐（勾踐被釋返國，時爲周敬王二十九年，即公元前四九一年；勾踐伐吳，時爲周敬王四十二年，即公元前四七八年。）的生聚政策了。越國被吳國打敗以後，勾踐幸得返國，爲雪恥復仇起見，乃勵行所謂『十年生聚，十年教訓』的計劃。今暫拋『

教訓』不言，僅論『生聚』二字。生，就是獎勵國民生子；聚，就是招徠他國人民歸化。後一項能否生效，當視鄰國的政況如何，本國雖能加以吸引，亦不能有絕對把握。至於獎勵國民生殖，則純屬內政，國家可採取最有效的手段，達到一定的目標。越語中載有三條人口法令如下：

『命壯者無娶老婦，老者無娶壯妻。

『丈夫二十不娶，其父母有罪，女子十七不嫁，其父母有罪。

『生丈夫賞二壺酒一犬，生女子二壺酒一豚，生三人公與之母，生二人公與之餼。』

以上三條法令便是：㈠獎勵早婚或禁止晚婚，並使配偶的年齡相當，以利蕃殖；㈡獎勵生子，蓋賞酒賜犬豚不但助其筵食，並寓揚譽之意，至於『與之母』及『與之餼』則與禮記及管子中之政策頗相類似。

商鞅的引民政策

商鞅於周顯王十年變法，死於三十一年（公元前三三八年），當他為孝公相而執秦政柄時，吸引三晉之民，是他的主要政策之一。商子來民一篇述其引民政策最詳。商鞅認為人口密度相當的大，對於物力的利用是必要的。土地固不盡為可耕，但可耕地以外的土地對於養活人民，也都有他的用處：

『地方百里者，山陵處什一，谿谷流水處什一，都邑蹊道處什一，惡田處什一，良田處什四，此食作夫五萬，其山陵谿谷藪澤可以給其材，都邑蹊道足以處其足，先王制土分民之律也。』

但是當時的土地與人口的分配不能調勻，有的人口過少而不能『稱土』（這是商鞅的主要着眼處）；有的人口太多而土不能生其民：前者是秦的情形，後者是秦的鄰國三晉的情形。商鞅言秦曰

：『今秦之地方千里者五，而穀土不能處二，田數不滿百萬，其藪澤谿谷名山大川之財物貨寶，又不盡爲用，此人不稱土也。』言三晉則謂：『土狹而民衆』，『此其土之不足以生其民也。』。商鞅利用這種客觀條件，要把三晉過剩的人口引入秦國，以充實秦的土地。這種調和人口密度的計劃，在經濟方面說，是於兩地有益而無一弊，蓋人民就食於他方，是解除人口過剩的好辦法。但是在政治軍事方面說，商鞅的政策適足以强秦國而弱三晉。當古代爭奪盛行的時節，三晉本可用戰爭的方法解决他的人口問題，無須白白失掉成爲戰鬥力量的人口。至於秦得三晉之民的益處，商鞅說的極其坦白切實，其利益有二：

(一)充實後方——『夫秦之所患者，興兵而伐，則國家貧；安居而農，則敵息；此王所不能兩成也。……』所以然者，唯因人口不足，不稱其土，苟一旦將民大批由外引入，則情勢必將一變：『以故秦事敵，而使新民作本，兵雖百宿於外，境內不失須臾之時，此富强兩成之效也。』移入之民在後方事農，供給軍需，則原有之民，盡數的可以放心在前方參戰。

(二)捐敵——『今以草茅之地，來三晉之民，而使之事本(務農)，此其捐敵也，與戰勝同實…………』。此乃言敵國人口減少，兵威亦必隨之而減少，是乃無形中戰勝敵國了。以上兩種利益，是特別情形下的內移民的利益，當然不能普遍適用。歐洲各國在資本主義初期時，多有禁止技術人才外徙的措施，既當別論；而近代國家多認爲向外移民更較向內移民爲有利。當歐戰前，因祖國觀念的堅强，交戰國對於在其國的敵國僑民皆視爲反動勢力，而加以防範。

商鞅既以向內移民爲有益，必有引民之策。人民苟無利可圖或生活不能改善，必不願離鄉背井而遠徙，所以必須以實利誘之：這是實行主義的政治家如商鞅者必不能不知道的事。商鞅曰：『意民之情，其所欲者田宅也，而晉之無有也，信秦之有餘也。必若此而民不西者(西向入秦)，秦士戚而民苦也。今利其田宅而後之三世，此必與其所欲，而不使其所惡也。』如能爲此，不但三晉之民來歸，『然即山東之民無不西者矣。』商鞅爲實行這種策略起見，遂壞井田，開阡陌，隨田之在民者稅之，而不復問其多寡(用馬端臨語)。葉適曰：『商鞅所以壞井田開阡陌者，誘三晉願耕之民，以實秦地也。』葉氏之言，實非牽强附會。

要之，商鞅本其所見，定其策畧；又以澈底精神果敢實行，乃造成秦吞六國統一天下的基礎(註一)；實難以其個人本身的成敗，論其法之好惡。

漢代財政上的人口獎勵策

漢興，定儒家爲一尊，每以國中人口增減多寡定國勢的盛衰及政治的好惡。漢代獎勵人口的法令，文獻通考戶口考中，載有兩條：

(一)『惠帝六年(公元前一八九年)，令民女子年十五以上至三十，不嫁五算。』『算』，即是人頭稅。通考注曰：『漢律人出一算，唯賈人與奴婢倍算，今使五算，罪謫之也。』這條法令實行起來，獨身女子固然要被處罰，晚婚女子亦要同被處罰，但是當時未嫁女並無財產，所以實際上要處罰她們的父母，其結果乃促令爲父母的早早嫁出他們的女兒。然試問此法令何以單獨禁止女子晚婚呢？也許因爲知道女子的生育期間比較男子有限(約自十五歲起至四十五歲止)，唯恐失其生育之時，而使人口增加遲緩。

(二)『章帝元和二年(公元八十五年)詔曰：令人之有產子者，復勿算三歲；令諸懷姙者賜胎養

穀，人三斛，復其夫勿算一歲，著以爲常。』（依後漢書章帝本紀原文）

如果說惠帝的人口政策屬於消極限制，章帝詔令乃屬於積極鼓勵。據通志所記，光武建武六年（公元三十年），已有詔，令『有產子者復以三年之算』，是則漢代以免稅方法獎勵生子，固不自惠帝爲始，不過元和二年的詔令較建武六年的詔令完備，因此述漢代人口政策的以章帝時的措施爲代表。章帝在實行獎勵生育之前，尚曾下詔獎勵移民殖邊：『章帝元和元年，人無田徙他界者，除算三年。』（亦載文獻通考）

章帝不惜減少收入，增加支出，獎勵人口及移殖，其動機究竟何在？似應加以探討。吳貫因先生說：『然則章帝何爲採此政策？蓋在當時，西域開通，國威遠播，帝欲使民族之勢力，繼續發展於域外，不得不獎勵生殖，使人口增加，可供國家開邊之用，此其所以有產子免算三歲之制也；所以有賜胎養穀於孕婦之制也；所以有懷妊時其夫即免算一歲之制也。』（註二）吳貫因先生尚未引元和元年詔令，今再證諸此詔，對於『使人口增加，可供國家開邊之用』一語，更覺可信了。

北齊文宣帝的『半牀租調』

吳貫因先生又曾舉出南北朝時代北齊的人口政策。隋書食貨志稱：『齊文宣帝（享國十年，自公元五五〇至五五九年）……舊制：未娶者輸半牀租調』。『租』，是國家徵收人民的米粟；『調』，是國家徵收人民的絹布。娶妻的國民，本應輸納法定全額，惟未能娶妻的，必係貧民，國家爲體恤貧民起見，特許只納半額——此種未娶的貧民，其棲息之牀，必係孤身獨臥，而非夫婦共臥，因此斷章取義，名其所應納的租調爲『半牀租調』。此制似寓限制人口之意，實則文宣帝好作聰明，偶興恤貧思念，偶令行之，不關人口政策的宏旨也。謂文宣帝欲人口靜止，以求社會治安，如希臘哲人思想，就不免牽強附會了。

唐代的免役制度

唐代政治類似漢代，都是後代的理想政治，所謂『漢唐盛世』。唐代行租庸調法，唐書食貨志有曰：『天寶元年（公元七四二年），……一家之中，有十丁以上者，放兩丁征行賦役，五丁以上放一丁。』其意即謂有五個以上成丁男子的家庭，許一丁男免盡租庸義務；有十個以上成丁男子的家，許免二人。此制的目的在獎勵大家庭，獎勵生子。此制的動機由於軍國主義。唐代國勢最盛，而天寶年間又爲唐代興兵最繁之時，當時重臣無不以圖立邊功爲務，故謂此制與當時之注重軍事正相洽合。後來戰亂勃起，人民殺傷甚衆，明皇初年繁衍的民口，橫遭減滅；故胡致堂曰：『明皇享國雖久，戶口雖多，不待易世而身自毀之，比禍亂稍平，既去其半……嗚呼！可不監哉！』（註三）。

宋代的保嬰制度

至宋，有保嬰之制：

『宋寧宗慶元元年（公年一一九五年）正月詔：兩浙，淮南，江東路，荒歉諸州，收養遺棄小兒。開禧元年（公元一二〇五年）三月，嚴民間生子棄殺之禁。』（見，續文獻通考戶口考）

先是立有『慈幼局』，然名存實亡，當時黃震陳奏『收哺於既棄之後，不若先其未棄而保全之』，於是變改舊法，貧而多子的人，可由地方官吏轉請國家贍養；棄嬰得由他人收養，然後由國家出食粟給收養家，其結果因此得活的嬰兒很多（註四）。

遼人的強迫徙民

遼以異族，佔據五京，雖然與漢族文化不同，但亦知人口重要。不過遼人所行的政策近乎暴力，違背常理，他的人口政策，一言以蔽之，就是強迫向內移民。遼祖強迫移民的記載很多，今略舉數例，以概其餘：

太祖乙丑歲十月，以兵助唐河東節度使李克用，擊劉仁恭，拔數州，盡徙其民以歸。

神冊四年（公元九一九年）二月修遼陽故城，以漢民渤海戶實之。

五年（公元九二〇年）十月，徙晉天德軍之民於陰山南。……

三年五月，徙薊州民，實遼州地。十月，盡取西鄙諸郡，有其衆。

太宗天顯三年（公元九二七年）十二月，遣耶律羽之遷東丹民，以實東平。

聖宗統和四年（公元九八六年）正月討女眞，獲生口十萬餘。四月，伊濟旣平，議內徙其衆；伊濟安土重遷，遂叛；乃誘其衆……城臚朐河上以居之。

興宗重熙九年（公元一〇四〇年）十二月，以所獲女眞戶置肅州。……

十五年（公元一〇四六年）二月，徙梁門遂城泰州北平民於內地。（以上皆見續文獻通考戶口考）

遼各朝的強迫徙民，有因優待懷柔而成功的，如神冊四年的徙民；有因人民不願而叛變的，如統和四年四月內徙伊濟民之議。移入之民，多半開發土地或從事工商，其被俘獲之人，則常成奴婢。

金，元

金國入據北岸，已常有收容難民羣及招回逃戶復業等令。元人初欲以中原爲牧場，對於漢民十分歧視，除依戶定稅外，別無人口政策可言。

明代恢復漢制

至明，恢復漢族舊制，珍重戶籍，然而只可謂恢復舊日常態，並無積極的人口政策可言。

（註一）梁啟超先生述商鞅徠民政策，亦謂『秦人實行此政策，卒以富強而并天下焉。』

（註二）見：中國歷代財政與人口政策（載正風半月刊創刊號）。此文歷述漢，北齊，唐，清，四朝財政上的人口政策，可以參攷。

（註三）見：文獻通攷戶口攷中的轉錄。

（註四）見：續文獻通攷戶口攷。

第六章　希臘的人口思想

由希臘神話中所見的人口觀念

古希臘神靈傳上的人物，大半是多子多女的父母。神靈的生殖力，據說非常之大：Danaus 有五十個女兒，並不算什麽例外（註一）。在神話的世系譜裏，每個神人常有五十或一百個後代：Priam 有子五十；Dream 有女五十；Centaures 弟兄亦五十；Nereides 及 Geants 昆仲，Terre 之子，其數或為五十或為一百。總之，希臘神靈傳作者的思想，皆以子女繁衆為一種榮耀，一種可驕傲的事情。生殖能力為人贊美，被視為神聖，一如視其他大自然力者然（註二）。

古希臘英雄美人的生殖亦繁。Artemis 在美女之中，恐怕是唯一的例外吧；而 Hippolgte 在英雄之中，差不多是個怪物。希臘也許不認識『不生育的美』吧！女神，女英雄，大多數是多數子女的母親。——Helene（註三），因為她生過許多子女，她的美更能顯示到希臘人的眼中。可見當時並不以生子為破壞固有美的行為，反是完成固有美的行為。

古希臘人歌頌神靈多子，贊嘆英雄美人嗣衆，視生子之母為美，可見當時的人口觀念之如何了。

希臘初期的獎勵人口之立法

最初的立法家深信人口是民族最重要的元素，他們帶有辯護性的意見是：『結婚即或是宗教所懲罰的，可是結婚並非一種宗教的結合；同時，結婚的主要目的更不在滿足天然的和個人的需要。原來結婚是一種法律與政治的結合，其目的在為國家供給國民，因為沒有國民，國家便不能存在了』（註四）。這樣的意見，為斯巴達立法正式接受：一切斯巴達國民，必須結婚，獨身不但為輿論所唾棄，而且獨身者之政治的及法律的公權亦被褫奪無餘。當時戰爭頻仍，戰爭之後，勢必補充軍隊，故人口增加爲必要。此外，其他希臘都市，如克里特（Crete）亦行同樣的法制，不過斯巴達人亦不僅徒倡人數之增加，亦頗重視國民的品質。例如，雷克古斯（Lycurgus 約公元前 390——325）首肯並贊成棄嬰，他的目的在使生非其時的劣兒減少，以便使國民的體力與智慧兩方面臻於康健。

希臘大哲人的人口思想要旨

希臘古代對於人口的一般心理及獎勵人口的立法，已畧如上述；現在我要研究希臘大哲人的思想了。

大思想家如柏拉圖亞里斯多德等，並不主張人口無限度的增加，他們並反對過量的增加，希望將人口維持一個相當的數目，而靜止不動。

柏拉圖及亞里斯多德的人口思想，受宗教及道德的影響很小，他們的立場，是站有社會公利那一方面——所謂社會公利即國內和平治安之保持是也。站在社會公利的立場上，人口問題的解決，不在人口之增減，乃在維持其靜止狀態，在一定範圍內，不使變動。爲達到此目的所用的手段，是國家干涉——嚴肅的干涉。他們認爲國家對於人口的干涉，不僅是合法的，有效的，更是有益的。以上是希臘古典時代的人口思想的要旨。不過，我們不能至此即認爲滿足，必須進而至於更細膩的研究。

在我們詳細探討柏拉圖亞里斯多德等人口思想以前，必須事先說明希臘當時的環境，即彼等人口思想的背景。

古典希臘的哲學思潮

當時的哲學思潮——人口問題的硏究，旣以社會公利或國家公利爲前提，顯然已無宗敎的立場。當時哲學家以爲原始宗敎的信仰，只能供神秘的解說與抽象意義的說明而已。同樣，希臘的道德學說，差不多以國家主義的理想爲依歸：希臘生活中，個人只有在爲社會組織的附庸上，才能找到他生活的意義；個人一向被視爲『政治的動物』，不是一個獨立的單體，只是國家的一員。當時的道德，可以說是社會的，其要義即人民對於國家須絕對服從；而國家對於人民生活之微細處亦得加以管束和規定。因此，人口問題的討論，非以個人利害爲準繩，而以國家公利爲依歸；他們所要求的人口數目，是對於國家最有利益的人口數目——並且國家應該積極的使此數目實現。我們知道當時亦有詭辯派學者（Sophists）及戲曲作家主張個人權利，反抗國家無厭的要求，但此等主張的勢力則極端微弱；而最有威權的蘇哥拉底學派即主張人民須對國家絕對服從盡職，並且他們以爲這並不是盲目的，是屬於情願的，同意的，具有理性的。

然而，如何能使國家公利實現呢？欲知國家在何等條件之下，最有利益？必須考查事實，作一個詳密的分析。依據分析的結果，認爲原始時代的希臘人口雖應迅速增加，但至古典時代，希臘人口最好是保持一相當的數目，使其靜止不變。

當時的人口狀況

當時的人口狀況——在古典時代，希臘人口已經達到相當的稠密程度。當時人民對於戰爭——尤其是公元前四三一至四〇四年的Peloponnese戰爭——的担負，雖十分繁重，而希臘人民仍未因此而破產的，殆因人口衆多，重稅得以分担之故。有些希臘史家，估計雅典壯丁數目爲二一，〇〇〇，市民及外國人爲一〇，〇〇〇，苟以四倍之，則其全體自由民爲一二四，〇〇〇人。爲自由民所統治的奴隸共為四〇〇，〇〇〇人；換言之，即雅典一地共有居民五二四，〇〇〇人。再據此推測之，則希臘全部人口約在八百萬至一千萬之間。波魯塔克(Plutarque)估計利克哥斯巴達約有斯巴達人九，〇〇〇，拉孔尼人(Laconiens)三〇，〇〇〇，苟以四倍之，則其全體自由民為一五六，〇〇〇人；至於其奴隸數，更大於雅典之四十萬云云。然此衆多人口，不過佔普婁波奈斯土地六分之一而已。此外，阿德諾(Athénée)曾述：阿卡德人(Arcadien)有奴隸三十萬，可漢地人(Carinthiens)有奴隸四十六萬，愛根奈人(Eginetes)有奴隸四十七萬……(註五)以上的數目，雖不無誇張之處，——並且，quid puid Graecia mendax audet in historia(雖然希臘似一誑語者，有危害信史之趨向)——但一思其年代與希臘面積，我們總須承認當時希臘人口已經相當的稠密了。

問題是：希臘人口與生活資料是否能維持平衡？是否人口對食糧為過剩？答案是：尚且可以維持平衡，即人口還不算十分過剩。希臘當時的土地還不似今日之薄瘦(註六)，其肥厚的地方尚未消蝕，土地報償遞減法則至少尚未曾顯著的發生作用。大部分土地在地主手中；土地尚有需要開墾的，強度耕種(深耕)尚未實行。此外，沿海漁業生產亦甚可觀。總之，希臘人在很早的時候，決未會感覺到人口過量的稠密(客觀上，只是相當的稠密)及限制人口的必要。

但是，問題並未嘗如此簡單。當時土地制度，最堪注意。那時候的土地問題是社會的或政治的問題，不是單純的經濟問題。我們都知道，古希臘乃由市民(自由民)與奴隸二者組合而成。市民雖佔少數，然為希臘的主人：他們是剝削者集團，亦是土地所有者。希臘各都市的土地，早經分配過了，成為無數的小產業，如果再行分割及零碎化，勢必發生絕大的困難與耕種技術上的不利。因此，人口問題遂在土地分配問題上面感覺出來。

希臘土地制度與人口問題

希臘的土地分割，事實上已經完成，然而土地所有權尚未有鞏固的基礎；那末，土地再度分割既有害無益，而土地所有權又有被搖動的危險。所以，人口增加遂被視爲社會擾亂的動力，反之，人口靜止，適足維持社會的均衡。但此處所謂人口的增加或靜止，乃指市民而言；奴隸人數之消長，非關要旨也。——且奴隸增加，正爲市民所願，蓋奴隸乃爲彼等榨取之對象，唯供勞役，幷無產業之份。

柏拉圖的人口靜止論

希臘當時的環境既明，便可進而研究其大思想家本身的人口思想了。

柏拉圖的人口思想——柏拉圖（公元前四二九至三四七年）於其共和國（英譯名The Republic）中，計劃一個協和的，和平的，有秩序的國家。其理想之國家以三階級人組合而成：其第一第二兩階級實行共產主義（註七），而第三勞動階級仍維持私有財產制（柏氏以爲勞動階級的人不能克己爲羣，即無實行共產主義的資格）。此共產主義不僅共產，而且共妻共子女。蓋柏氏以爲非如此不足以維持市民中間的友愛。但是對教育子女，却異常注意。他說（註八）：『偶然的結合不應該允許的：一種合理的幼稚教育與選擇的要義須先期確定之；執政者須用熱心的巧計，保證人間結合完善的組織起來。畸形的孩子雖不必處死，然須嚴藏秘地禁其解放。最後——也是最切要的——人口數目須使其靜止不變。爲政者固宜規定結婚數目，蓋非此不足保持一定的男子人數，以補充戰爭的死亡，補充病人，及應付其他偶發事項。然國家亦須竭其力，勿使其本身增大或減小。』他又說：『奉勸執政者，好自爲之，勿使其國擴大或縮小，宜保持一適當之環境。』甚至宣言：市民在某種年齡及法定條件以外，希求爲父(即生子女)，直爲瀆神的行爲。

希臘的哲理邏輯是何等的背反社會的天然特質啊！柏拉圖打算規劃社會，由下至上如築牆一般；幷且使社會靜止不動，以完成他思想中的絕對保守主義(Dynamism的觀念是很缺乏的！)。然則，社會既須保持靜態，人口亦須靜止不變，究竟用何種手段才能達到這種目的？用國家干涉的方法嗎？是的！這是柏氏認爲有效而又有益的方法。

柏拉圖的著名遺著，除共和國外，尙有法律(英譯The Laws)一書。

共和國中所計劃的，可以說是一種貴族式社會主義的制度或局部共產主義的制度；法律中所計劃的，乃是一種分配的，平等的，普通的社會主義的制度；其前後制度雖有不同，然其中心意見是一貫的，前後皆是組織一個國家，一個有秩序的國家，其內部維持和平，取消一切的不平等(因爲不平等即是國內叛亂及爭議的原因)，此國家須是一個完美的集團，幷且維持一種完美的靜止狀態。

柏拉圖所計劃的兩種國家制度，在原則上初無二致，已如上述，但在實行的方式上，便有了不同之點：前者主張廢除私有財產，後者主張平均分配財產，而保持私產制度——使人人的產業完全一樣，無分大小，法律一書中所謂 κλῆρος 乃居產(或住宅Homestead)的意思，此『居產』便是每個市民的財產，不許買賣，不許抵押，不許分散，不許擴張，每個人民佔有一『居產』，每一『居產』有一業主，無論由於結婚，或由繼承，二『居產』決不能合併一起，如此經濟上的平等便可以維持了——至少在土地(產業)上是平等了；至於動產佔有平均與否，非關緊要，因爲柏拉圖時代的城市中，貨幣及工商業尙不爲人所重視，實際亦不佔重要位置。

在這種共產制度中，無疑的，人口保持靜止狀態，是更必要的了，也可以說是先決的條件了，因爲土地面積是一定的，人口消長必須變更先前的分配，變更『居產』的面積，因人口消長而發生的土地分配的變革是可以行得通的嗎？顯然不能的，因爲無窮期的變更土地的分配，不但過於麻煩，幷且實在是不可忍受的——尤其是當人口增加時，產業單位變小的時候——那末變亂，革命，遂不可免，而與柏拉圖的初旨，截然相反了。所以『居產』數既宜限定，人數亦須同樣限定，柏拉圖說：『……像我們規定的『居產』數目宜永久不變（註九）……那末，人口數目，也須永久不要超出我們指定的限度以外……。』（註十）

柏拉圖計劃之理想國家的人口數目，究竟多少呢？在共和國一書中，更詳細的確定了：其數爲五〇四〇（註十一）（一城市的居民數）——他的理由是：『五〇四〇』一數乃是一至十二諸數（十一爲例外）的公倍，即自一至十二皆能除盡此數；因此執政者可用種種方式組織他的人民，此處亦可見希臘人將數學思想參合於自然及社會科學的傾向。

理想國家的人口宜保持不變，或保持五〇四〇的數目，於是人口澎漲及人口減少遂成了雙重的危險，而柏拉圖似乎以爲二者的危險差不多是相等的。免除此兩重危險的手段，柏拉圖主張使用法律，苟人口增加過甚，則以法律禁止或限制生殖，苟人口過度減少，則可用加爵父母課罰獨身的方法獎勵生殖，必要時，尙可施行强制殖民或公開外人入籍。總而言之，他把社會當作一件泥塑的東西，立法家雕之，刻之，截之，增之，減之，一任所好。

亞里斯多德的人口限定論

亞里斯多德的人口思想——亞氏（公元前三八四至三二二年）的人口思想頗與柏氏相近。其名著政治（英譯 politics）比之共和國或法律，實爲一實踐主義的著作。亞氏以爲城市國家（即古代的City）是個天然的東西，是進化的結晶品；而進化又以家庭爲出發點。亞氏以爲結合與統一是最可贊美的，欲求結合統一，非以法律嚴密規定人人平等不爲功。而此平等制度的實行，又非抑制人口使其不發生作用不可。換言之，欲保持其財產於一相當數量，必須限制其子女數目。否則，家中人口衆多，所入不敷所出，勢必典賣產業以求相抵，而不平等遂重現於社會，貧苦階級於以造成；彼時『欲止其不革命，又如何可能？』我們知道，希臘當時各城市連年不安，蘇格拉底派學者特別加以思慮；亞氏以消滅革命動力與維持社會秩序爲要旨，爲達此種目的，不惜以實行嚴厲的國家專制爲代價。（註十二）

財產平均與人口靜止，以亞氏觀之，爲並行不可分離之二事。亞氏抨擊巴比侖憲法時，曾經說過：財產上的不平等必使巴比侖人口迅速減少，國家亦因之而淪落。他固然以爲財產平等是人口減少的堤壩，是可以使人口增加的，但是這種增加亦不可超出一定限度之外。總之，亞氏亦欲人口保持一定限度，勿過增加，勿過減少。如何才能保持這個限度呢？亞氏並未曾找到一種詳細的辦法。（註十三）

亞氏的人口思想，差不多可由政治第四篇中見到。他首先建立一條原則：以爲國家有一種責任，必須盡其力以克盡之。他說：『最完善最美麗的國家，即是能够維持人口數目使不超出一定限度的國家。在某種情形下，國家的面積亦有一最當適的大小，一如禽獸，植物，工具等。過大或過小，皆足消失其特徵………』（註十四）。這如同說，太狹小或太寬大的船舶都不適於航行一樣。『單照城市來講，亦復如是：一城市國家之居民過少，則難以自足自給，而自足自給乃城市國家應有的特徵』；城市國家的居民過衆，則不易統治，『因爲法律所以維持秩序者也……而人口過衆，秩序即難維持了』。更切實的說：『城市國家人口之最適當的限度，即是包括最大數目而能自給的人口，並亦不因此而難以管理』。（註十五）換言之，即充分之分工與完善之警政相扶而行——如此則國家才有了它的正軌。

可見平等及秩序乃人口必須保持靜止的原因。同時，人口本身即應限制亦其一因：蓋完美國家之範圍必須十分確定，決不可漫無邊際。

所以，『子女數目永遠應當限制的』（註十六）。過剩的孩子即應拋棄——如果社會風俗禁止殺嬰的話，則及時墮胎，即屬上策；然殘廢兒童則必須拋棄。

人口品質的重視

希臘哲人對於幼稚教育及優生都特別注意。不渴望人口大量的增加，而注重種族品質，是很可貴的思想。亞氏說過：『立法者的第一義務乃保證兒童之體格强健』（註十七）。亞氏亦嘗詳細說明胎育及兒童體育之重要；亦知男女教育所以不同乃基於男女生理組織的差異。例如，希臘立法家多以男女教育宗旨無須不同；亞氏（及一般蘇哥拉底派學者）則反此說：他堅決主張分工的效用，而分工又必自家庭爲始。家庭中的分工實行於兩性之間，男女所操之工作，顯有不同；那末，論理說，教育須有『男性的』與『女性的』二種。

希臘非哲學著作中的人口思想

希臘詩人希西奧（Hesiod，生於公元前九世紀或八世紀）所著之"Theogony"，其中所表現的意見是：婦女與結婚縱然不一定是必須忍受的罪惡，可是仍然代表一種廣泛的伴着罪惡的幸福。悲劇詩人索福克(Sophocles, 公元前497或495—405)在他的"Antigore"中亦有類似的表示。

在其他著作中，可以發現一種結婚的悲觀論。其中以亞理斯多芬(Aristophanes, 公元前第五世紀的喜劇作家)的"Thesmophoriazusae"所表示者爲最顯明。三大希臘悲劇家之一幼里披底(Euripide, 死於公元前第五世紀末年)所表示的厭棄子女心理，亦此等悲觀論的一例。此外，尤以蘇格拉底以後，希臘著名哲人多半守獨身主義，此種事實亦足證當時結婚觀念的一般了。

反之，號稱爲『史學之父』的希羅多德(Herodotus,約公元前484—425)則頗贊許波斯國王獎勵生殖的措施。史家修昔的底斯(Thucydides 約公元前450—395)提出大量人口集中城市的弊害，其中最大者爲騷動及變異。後期作家中，如地理家斯特累波(Strabo，死於 Tibere 王朝)曾說明生育孩子的必要，因當戰爭之後，殺傷甚衆，必須加以補充。查士丁(Justin爲公元後第二世紀的拉丁史家)的觀點與斯特累波相似。

後期哲學派的主張

後期希臘哲學派中，伊壁鳩魯(Epicurus，公元前341—270)主張對於結婚及生育應有以限制，認爲父母之愛非出於自然亦非遺傳，對於子嗣的愛又被視爲哲人高尙思想的障礙——後來耶穌教在另一種形式下重新闡明了這種意見。

斯陶伊克學說(Stoic doctrine or Stoicism，或譯爲『淡泊主義』)友視結婚，並謂養育子女本爲人人的義務。後期帝國時代的犬儒學派要求完全拋棄公民的和家庭的羈縻，以便將一生的全部時日消耗在默思眞理的上面(註十八)。

最後，我們要知道，柏拉圖亞里斯多德以次的希臘人口思想究竟還是 Archaic(古代的或古語的），缺乏系統的，自然不能與馬爾塞斯以來的人口學說同年而語。近代人口學者、優生學家，衛生家，以及幼稚教育家，對於人口的主張，早較柏亞二氏更貫澈而深刻，亦無復躊躇之狀。然而『好多次是這樣吧！在人口上面，亦如在其他事務上面，歷史證明過的學說（思想），絕對沒有人能夠宣布它整個的破產』（註十九）。

（註一）Danaus 是神話史中的人物，其年不可考。首爲埃及國王，後爲阿哥（Argos）國王。他的五十個女兒總名 Danaides，相傳她們在結婚之夜，將其丈夫全行殺死，只有一位新郎得免。他們也因此獲罪，被埋在無底注水的墓裏。但是他們的墓跡，今日已經找不到了。

（註二）見：Stangeland,op.cit.ch.II.§1.

（註三）Helene 爲希臘公主，利達（Leda）之女，以美名世。

（註四）見：Stangeland, op.cit.P.19.

（註五）見：Gonnard, op. cit.P.31.

（註六）希臘土地經過四個世紀回敎人的統治，始變成瘠瘦的了。

（註七）不消說，此處所謂共產主義自然不是布爾雪維克主義。

（註八）柏拉圖在共和國中的主張永遠用蘇格拉底的名義說出。

（註九）見：法律第二八三頁（法譯本）。

（註十）同書第二八六頁。

（註十一）同書第三四八頁。

（註十二）看：政治 I, ch.I. §3及以下各節。

（註十三）同書I.ch.I.§7;II.ch.VI.§10—12—13.

（註十四）同書IV.ch.IV，§6.

（註十五）同書 IV.ch.§7，§5，§8.

（註十六）同書IV.ch. XIV.§10.

（註十七）同書IV. ch. XIV, §I

（註十八）參看：Stangeland, op.cit. P. 26-28.

（註十九）見：Gonnard, op. cit. p. 49.

第七章　羅馬的人口立法

羅馬與希臘人口思想變革的同異

羅馬，如同原始希臘一樣，它的宗教很顯明的表示出對於生命及蕃殖能力的崇拜。可是羅馬的宗教理想並沒有和它後來的政治理想發生矛盾，而且反因政治理想加强了崇拜生殖的强度——這是與希臘古典時代人口思想之變化情形不同的所在。希臘的國家觀念以國家是可以人工製造的，範圍是有限制的；而羅馬的觀念以國家應有侵略的强力和統治他族的勢派，而以戰爭的方法逐漸擴張，所以兵數須日益加多。因此，結婚對於羅馬是造就國民不可少的制度，這種法定結合的訂定視爲人人的義務。

農業與戰爭互相爲用

初期羅馬的人口似乎已經很密，人口的增加也似乎很快。拉丁作家每每述及羅馬古家庭生殖之繁，於描寫農村生活油畫中亦能概見其時人口繁庶的情形。完全的農業經濟，加以粗苦的勞動與尖强的慳吝，勢必要求多數的人工，尤其是當實行深耕的時候，更要如此；而羅馬老市民及貴婦人的道德宗教心靈更不反對那生殖和蕃衍。勞動由土地中所獲得的報償足够養活稠密的人口，而侵略的結果，勝利者每每佔有新的土地，所以在羅馬人的心目中，感覺不到人口過剩的危險。農業與戰爭相互爲用，農業供給戰爭以軍需及農民兵士，戰爭供給農業以新土地使從事耕植。

羅馬的人口

依羅馬史家多少爲傳說式的估計，羅馬於其建國之初，只能武裝三千三百名兵士；及至其建國始祖逝世之際，僅在前線的羅馬兵士已有四萬七千名之多了。羅馬於一七五年，依 Servius Tullius 的計算，應募的市民，共有八萬人。至二四五年，達十三萬名；至二五六年，達十四萬餘名；至第五世紀，竟達三十萬名（有兵籍者），如以四倍之，則得一百二十萬人，此概等於全市市民的數目。我們要注意，直至羅馬四五〇年，羅馬領土還是很狹小的，還未超過意大利中部數縣（Canton）的範圍。更後的時候，人口估計益發不確，估計中包含一切同化，及解放之奴隸在內，而他方面，其中市民數目亦非代表一定領土（羅馬及羅馬四郊）的居民而言，乃包括羅馬帝國一切散漫的人衆。總之，我們所可相信的，是羅馬在建國最初的數百年，人口似乎已經稠密，並有迅速增加的趨勢。

羅馬比鄰的意大利族人口大概也很稠密了，並且也增加的很快。當我們細讀羅馬與他們戰爭的記述時，一定很驚疑他們竟能擔當那樣的角鬥，恁多的軍伍，和殘暴的屠殺。梯特利夫（Tite-Live公元前五十九年至公元後十九年，為著名的羅馬史家）也曾表示同樣的驚異，而馬爾塞斯也注意過這種事實，並提出例證以加强『人口論』的力量（他說，還有同樣有力的例證，就是當時對於殺嬰亦必予以允許）。

農業的破產和出生率的減退

羅馬時代所經受的大屠殺固然很利害了，更不幸的是農業破產。在起初，市民兵士只在鄰近作戰，征服一地之後立即轉反故鄉，是以土地尚有人耕種；後來羅馬軍隊的作戰範圍，擴展到了遠方，於是土地就沒有人來耕種了。曠野荒蕪了，庶民負債過甚因以破產，大地主侵佔了小農田並實行高利貸；昔日的小地主失去了土地，為飢寒所迫，由鄉村奔出而流入羅馬城，於是羅馬城中出賣勞力的人口驟增，其間競爭亦益劇烈。因此，農業以及傳統意志同時衰落下去。大的土地產業實行擴耕（Extentive cultur），意大利人口因之減少。這種農村人口的減少在羅馬帝國之前早已決定，實使羅馬的農學家、道德家及政治家引爲憾事。

羅馬人口立法是羅馬人口思想的代表

同時，因爲其他原因，城市的人口出生率亦行減弱。舊的意志既已開始衰微，羅馬結婚的嚴重性已使多數人見而生畏：結婚被視爲一種社會的義務，但是一種艱苦的義務了——就是那些曾經贊助結婚的人也時常放棄結婚了。至於離婚一事，已經長時期永未踐諸實行，現在它的數目也增加的很快了！而傳統意志的衰微又使出生率減退。以上便是羅馬人口思想的背景。至於人口思想的本身呢？甘納教授在他的經濟思想史中說的好：『我們知道，除掉法學而外，羅馬人社會的觀察推理是如何的一致缺乏威權和創始性啊。』(註一)所以羅馬的人口思想要從羅馬的立法中尋找。

羅馬初期的獎勵人口法

羅馬執政者由於人口減少的悲觀是很顯著的，就是在人口增加尙很迅速的時候，他們永久未嘗認爲有減削的必要。在初期共和之時，都察官（司調查戶口財產及風俗等事務）有勸導人民結婚的義務，其目的當然在增加人口。登尼(Denys d'halicarnasse, Antiquités romaines, IX, 22)指出古羅馬的立法强制成年人必須結婚，對於爲父者予以相當的利益，對於獨身者則加以相當的科罰，如特別稅等。至公元前第五世紀末年，羅馬都察官制定獨身特稅制（原名Aes uxorum，成立於公元前四〇三年）。其後，於公元前二一七年，在羅馬軍團中承認那些生有子女的被放奴隸的財產權。於公元前一三一年，在人口調查結果認爲不滿之餘，都察官麥帶路士(Censeur Q. Metellus)宣言主張强制一切市民結婚。其後，奧古斯都大帝(註二)爲免掉人口減少起來，在貴族院宣讀說詞，並將它遍貼於羅馬通衢。

愷撒所爲較講演尤力。愷撒於其第一執政時(紀元前五九年)，通過一種土地法，將農村土地分

最初的 Jus trium liberorum

配於三子的父親：此即 Jus trium liberorum（三子法）的最初之精神。然此新法的受益人不過二萬名而已，換言之，有三子以上者不過只此二萬人而已！其後，至愷撒已成羅馬之君主，又曾規定予大家庭以獎金。西塞祿(Cicero)爲羅馬著名的政治演說家）所著之 De Legibus(法律論)中並約求禁止獨身。又爲實行有效措施起見，愷撒授意總督府(Prefecture)，使加以注意。愷撒之死使其工作暫時中斷。然奧古斯都獲得政權以後，又將愷撒的工作繼續進行。

奧古斯都繼續愷撒的工作

奧古斯都完全勝利進而爲帝國之君主，時爲公元前二十九年。翌年，實行一次人口調查，其結果似乎不甚悲觀，蓋羅馬人口從上次調查以後尚有增加。可是在事實上，事態是可悲的，因爲在這兩次調查之間，距離有四十二年之久，其間愷撒既承認飽河 (Pô) 外的哥魯 (Paule 哥魯人爲法國人的祖先）的城市國家權，尙經多次奴隸的解放，使一切族種的人皆有市民身份，因此都包括在人口調查之內。所以依愛米安 (Scipion Emilien) 的說法，當時意大利未嘗認清他們的子孫。羅馬人口固然增加了，但是這是由同化他族得到的，每一市民可以解放他的奴隸而造成他個市民：國家主義極盛的羅馬竟有這種法律，似乎有可驚奇的地方。

這樣混合成的市民，其品質多有疑問，所以奧古斯都打算將一城市的範圍縮小，使其中市民的血統較比單純，並組織一種兩級的貴族階級：貴族院代表及騎士。以人口調查爲基礎，奧古斯都打算集中羅馬民族於一地，以爲帝國的腦中樞和骨幹。

然而統計的結果指出家長制的家族數目漸次減低，羅馬貴族亦迅速的衰頹。由此數字所見的衰微看來，爲內戰及非法放逐的禍首及軍隊主將的奧古斯都，在

『……這些悲慘的戰爭中，

羅馬，用了他的雙手，撕碎了它的五臟。』

奧古斯都自己比任何人更明瞭這些原因。除掉屠殺的原因而外，更有其他的原因在，爲昔日都察官，道德家及愷撒已經注意過的，即是羅馬的青年人與結婚及生子愈離愈遠，即彼等不願娶妻爲父是也。

民法中獎勵結婚的規定

那裏能找到一種補救的方法呢？便是奧古斯都時代羅馬的當前問題。提倡宗教情緒是無益的，因爲宗教情緒業已薄弱；當時有權威的哲學家皆沉沒於斯多噶派的，伊壁鳩派的或犬儒派的個人主義，與其說鼓勵結婚，毋寧說是仇視結婚；此外結婚亦實反乎當時浮華的愛美癖嗜。至於愛國情緒亦同樣不能在人口方面發生實效：市民的急務是確定他自己的生活，使他的生活良好，此外似乎都是次要的了。奧古斯都明白此理，亦曾努力打破自私主義，他想以立法的方法改變個人利益計算的因子，即改善爲父者的環境，並限制獨身者的環境，他以爲獨身者太幸福了。

奧古斯都以强制家族中的子弟結婚爲起始，但是這種辦法的內容，後世已不甚清楚了。有人說這是紀元前二十八年或二十七年所頒佈的法令之對象，也許只是一種議案，未曾發生法律效力的。後來，他放棄了這種强制的辦法，採取調和的辦法，即以實現的利益爲餌，並以『法律的無能力』爲脅（即不承認獨身者有訂定契約、繼承、及提起訴訟等能力）。

奧古斯都，除承認爲父者於其同業及候補人之間有優先權而外，並不利用公法上的手段。他也不利用財政法，即並不予以津貼獎金之類。他只利用民法的武器，對於結婚及生子的人，保證他們民事上的權益，對於殘廢之人亦一律適用。

很久以來，結婚已非不可離異的了。離婚已極常見。婦女處於家長威權（patria potestas）之下，當其女離婚後重歸其父時，其父並將其女的嫁粧亦攜之以歸。因此，對於追求嫁粧的男人，結婚是靠不住的：游手享樂的青年人，寧肯對遺囑逐鹿了。當時遺囑繼承法可以無限制的使用，結果造成許多富有的獨身者。若然，在在可使人迴避結婚，在青年時希望足可致富的遺贈，到了壯老又有四圍之人爭相諂媚——結婚還有什麼好處呢？

姦淫的懲戒

奧古斯都未敢打算在艱苦中恢復古羅馬的婚制。但他至少願意在可能作為之下純潔化其時對於結婚的觀感。直到這個時候，姦淫的處罰仍為丈夫的事情，奧古斯都則以 Lex julia de adulteris coercendis（處罰通姦法）令法廳審理姦淫案，加以嚴懲。

這種措施仍舊不過是抵抗生殖減低巨潮的辦法之一罷了。反抗生殖減低更有一系的辦法，目的皆在使人民對於結婚趨於接近：例如，開放奴隸（被解放的）與自由民（貴族院議員除外）間結婚之禁，成立自由結合的立法。奧古斯都強迫為父者供給子女的嫁粧婚具，並允許子女可向貸款者借款，為父者須負責任；但是實行遺囑繼承時，即以受贈人不婚為條件時，遺囑仍舊有效，而條件則可無效。

這樣，他使結婚變成可欲的，他並認為在法律上可以更嚴厲的反抗固執的獨身者：Lex julia de maritandis ordinibus（結婚儀式法，於紀元前十七年頒佈）規定，男子自二十五歲至六十歲為婚娶年齡，女子自二十歲至五十歲為婚嫁年齡，於此年齡中仍屬獨身者時，不得接受遺產或遺贈。寡婦及離婚婦女經過一短時間（起先爲一年與六個月，後爲二年與十八個月）以後，視爲與獨身者同一身份。此法未曾規定『法定繼承』的種種，關於遺囑繼承，除無能力者外，直至第六級親屬——其目的之所在是很清楚的，即是禁止獨身者剝削異姓的遺產。因爲利於獨身者的遺產處置宣布無效，所以 Lex Julia 及全體奧古斯都獎勵人口的法令，不久被人名爲『無效法』（Lois Caducaire）。

但是如果這種歧視獨身的辦法，不同時加於不育(子女)的結婚，則一般的結婚縱或不少，然多育的結婚却在少數。羅馬人口的眞正憂患是無子女的結婚太多了，這種婚姻叫做 Orbi，即是等於獨身的一半。

Lex Julia 的施行遇到很大的阻力。許多人用欺詐手段以期逃脫法網。奧古斯都因此覺得有修正並擴大此種立法的必要。結果有 Lex Papia et Pappaea 出而代之。此新法與Julia法相隔二十五年之久，時爲公元後九年。

從Lex Julia到Lex Papia et Pappaea

Lex Papia et Pappaea 有以下兩種主要特徵：(一)減輕 Lex Julia 的嚴厲性，即自遺囑人死時至遺產開始時，特准合法獨身者一百日的機會實行結婚；此項規定足能弱化『無效法』的效力，而又給與 Orbi 以百日的餘暇從事祧子；(二)新法對於多育的婚姻予以津貼；此新法成立所謂 Jus trium liberorum（三子法），對於本法受益人予以特權，其中主要的是特免公家徭役。市民階級的婦女有三子者在法律上有完全能力，脫離一切保護監督人而獨立；解放奴隸的婦女有四子時，可脫除保護監督人，並有完全自由的遺囑權。總之，無論對於市民婦女或解放的奴隸婦女，生育子女而爲母性，可以達到兩性間的法律地位平等。反過來，解放的男奴隸如無子嗣，則禁止行使遺囑權，其子女不足三人者，當將其財產傳與其子女時，必須保留一部分歸其主人。無子女的婦女，對於她的配偶財產之繼承權亦大受限制。總括說來，奧古斯都行使新法，務令賞罰分明，任人選擇，欲間接達到提倡人口的目的。

獎勵人口法的無效

這些法律施行的結果是怎麼樣呢？似乎是不甚雷厲風行的。Jus Trium liberorum 受廣泛優待主義的支配，不久對於並無三子以上的父母也適用了。免役一事常常特許下去。雖然如此，自雅典諞盜 (Syeophantes) 解放以後，在羅馬社會裏面還發生了强烈的不滿。達塞特 (Tacite，約自公元後五十五年至一二〇年，爲拉丁史家) 認爲：結婚數及出生數皆毫未增加，對於羅馬人，無子女的利益更大似國家給予爲父者的津貼。

奧古斯都以後

可是要知道，奧古斯都的承位人仍然在長時期遵行他所開闢的路綫。在公元後三十四年，於梯白耳王朝（Tibere王朝自公元前十四年起至公元後三十七年止）之下，貴族院對於獨身者在繼承上加以歧視：凡於法定年限（男人六十歲以前，女人五十歲以前）內而不結婚者，對於繼承爲無能力。此種規定，至克羅德帝（Claude，生於公元前十年，其享位時間爲公元後四一年至五四年）取消，而內龍帝（Néron 其享位時間爲公元五四年至六八年）又將其恢復。以上諸帝王的努力似有一述的價值，因爲於此可以證明諸羅馬帝王對於人口減少問題並不悲觀，確信可用法律行爲及民法武器得到一種實際的效果。然而實際的效果並未得到，人民一旦瞭解生育節制的利益，是不易使他們變心的。在查理古拉（Caligula，其享位時間爲公元三七年至四一年，爲羅馬的暴君）竟放棄了一向的人口政策，並實行徵收結婚稅了。

獎勵人口法的廢止

安多紐世系諸帝（Antonius，指羅馬七帝而言，至公元九六年起至一九二年止）亦皆以保育人口繁殖為務。訥窪（Nerva，其享位時間為九六年至九八年）及翠張（Trajan，其享位時間為九八年至一一七年）創立施賑機關，補助貧苦人民養育子女。哈段（Hadrien 其享位時間為一一七年至一三八年）增加 jus trium 或 Quatuor liberorum 之中的特許權：對於市民適用三子法，對於解放的奴隸適用四子法。在刑法上，亦將為父者的地位改善，即減輕應受的罰金，對於財產充公時亦加以恩典。他說：『為帝國的偉大起見，我之愛惜人的增加更甚於愛惜金錢的豐富。』

第一二兩世紀的帝王全都遵循奧古斯都的路線，關於提倡母性及生殖的立法皆加以發展。但是都有多大的成功呢？在這兩世紀中，帝國的人口是增加了；然而，這似乎是Pax Romana（Romana法）使經濟繁榮的結果吧。此外，　我們知道意大利的鄉村人口是減少了。但是有的人口學者認為奧古斯都王朝以前，人口業已減少，而在奧古斯都朝代，羅馬市的人口的確增加了，但這只是因為移民流入之所致，未必是立法的功效吧。雖然，Julia及 Papia et Pappaea 法的勢力直至第三世紀以後，才慢慢的衰微下去。

在第三世紀初，反對眾民主義立法的運動漸次萌芽。眾民主義的立法永久以國家利益為前題，它所反抗的是自私心理，但是此處所謂的自私，人民多認為是個人的自由。羅馬帝國時代，個人自由思想漸次為哲學家所倡議，而基督教主義又倡地下與天堂的分別，並提倡貞操。今『無效法』敵視獨身，勢必為基督教徒所反對，如忒滔良（Tertullian，公元一六〇年至二四〇年）即為反抗者之一。最後，至第四世紀初，權勢落於基督教帝王之手，這時認為國家卑視獨身為不可忍受，對於法律鼓勵再婚一事更覺難堪，甚且認爲再婚爲應受上帝責罰的罪惡。

如此下去，到了公元後三二〇年，康士坦丁大帝(Constantin生於二七四年，死於三三七年，於三〇六年爲帝)取消一切處罰獨身者及Orbi 爲無能力的規定。然似乎這次取消却將 Jus trium liberorum 除外，因爲特別赤婦女所受的特權仍舊有效。到了四一〇年又重新加以破壞，最後到了五二八年，五三九年及五四二年，經究斯坦尼(Justinien 爲五二七年至五六五年之羅馬東方君王)之手，奧古斯都大帝所頒佈之諸法令才宣布完全失效。

總上以觀，提倡人口法的效力當然不大，固然也不能得到相反的結果。這些法令所以被後世取消的緣故，則出於宗教及道德的動機，效果之有無當在其次。

尊重個人自由的精神

他方面，羅馬的立法有一種一貫的精神存在，對於個人及其自由尙有相當的尊重；在提倡人口的立法上，亦未能以絕對方式出之：這是與希臘思想不同的地方。希臘哲人爲統治人羣，爲適合城市國家的利益，認爲强迫人民如此如彼，是極當然的事。反之，羅馬法家薰陶於個人主義很深，强制之舉多不實行：他們試探着間接的影響人的意志，用給予利益或否認法律能力的溫和方法進行。此外，羅馬以遺囑繼承條件的變動爲手段，換言之，在這一點是說『個人只有在保證死者意志的行使之立場上，有受國家保障的明顯需要。』(註三)羅馬雖自覺人口狀況已極可悲，然其措施仍舊尊重個人的自由和財產權。一方以立法手段(尤其是以民法提倡人口)，一方又尊重個人的自由權利，這便是羅馬人口立法的特性。

(註一)見··Gonnard, Histoire des Doctrines économiques, T.I.P.39.

（註二）奧古斯都（Augustus）大帝爲凱撒之姪及繼位人，生於公元前六三年，死於公元後一四年。先是與安尼脫及雷彼得爲三大執政者，後戰敗安脫尼而爲帝國之主。奧古斯都一朝爲羅馬史中光明的一頁，文藝頗爲發達。

（註三）見：Bouchê Leclerq, Les lois êmographignes d'Auguste, Reuve historique,1895. 此文述羅馬的人口立法極詳。

第八章　歐洲中世紀的人口思想

中世紀的人口思想與基督教

從羅馬帝國崩毀起，到摩罕默德第二佔領君士坦丁堡止，自紀元三九五至一四五三年間約一千餘年，通常名爲『中世紀』。中世紀的人口思想，它的主流來源於基督教義。這時候基督教的影響遍於全歐，勢力之大，無可比擬。這時候的人口思想散見於聖書的紀事和聖徒的文獻之中。舊約之中頗多利於衆庶人口之說（註一）；然福音書中提倡貞操觀念，後來有許多宗派根據此點，造成不利於結婚及生育的學說，基督教的神父亦無不津津於童貞，津津於貞節。

尼梯之歸納的敘述

尼梯(Francesco S. Nitti)說的很好：

『一切最初的基督教宗派，攜其高遠的理想主義，無不厭惡婚姻；摩尼派絕對反對婚姻，與克拉底派(Eucratists)，道色梯派(Docetists)，馬香尼派(Marcionites)，一致主張貞節……誠然，基督教義曾經稱譽並尊崇婚姻，但是也愛好貞節。耶穌門徒，教會聖人，以及受教會尊崇的人們，幾乎完全守身貞節，並且在任何情形下，非實行守貞不足達到全善全眞之境。在教會聖人(Saints)之全生命中，最足自豪的行爲是揄揚篤行貞節及堅決拒絕血的誘惑……但是基督教——後來的天主舊教——漸次消蝕了最初的苦行之熱忱，企求適合於空間及時間的環境。隨着神秘主義的滅跡，基督教對於現代民族變成提倡生育的興奮劑，到了今日仍舊如此。的確，在貧人之中，常常有一種確信，以爲上天之保佑引導他們從事結婚，避免獨身及夫妻以外的奸通。』（註二）

原來基督教的靈魂中，除了地球之外，尚有一個天堂；天堂是超越一切的，爲了天堂，不妨犧牲了人間。人口的『問題，在希臘特別是社會的，在羅馬特別是政治的，到了而今特別是道德的了。』(La question, surtout sociale en Grèce et Politique à Rome, devient maintenant surtout morale)(註三)。

聖保羅的守貞優于結婚說

耶穌死於十字架之後，即有聖保羅(Saint Paul死於公元六十七年)繼之而起。近世學者多以保羅爲眞正的基督敎之建設人。韋爾斯於其世界史綱中，謂：『基督主義傳播之速，保羅一人之力至多，爲他人所不及。』(註四)現在研究中世紀的人口思想，既知其爲基督敎義所支配，所以要首先敍述保羅的思想，否則其來源不明。

保羅的主要意識，即是人當犧牲其身獻諸上帝以贖罪(註五)。人類獻於上帝之身當然要保純潔之身，所以他認爲獨身(自然是貞節的獨身)强似結婚，並詳細指出結婚的害處。他說：『使其女兒出嫁的人固然不錯，不使其女兒出嫁的人更好。』(Celui qui marie sa fille fait bien; celui qui ne la marie pas fait mieux)。至於再婚，亦爲保羅所不直。總之，保羅不但主張『從一而終』的貞節，還提倡純潔或童貞。

聖保羅以後的教會神父

保羅以後，最初教會學說往往勸告世人守貞，及萬勿再婚。正統派的神父亦未嘗正確的接受他們宗教鼻祖的意見，當當陷於極端，有時候過甚希求實現標準的人性，有時投下一切道德的限禁。聖馬地(Saint Martin爲第三世紀人)罪謫婚姻，拒絕已婚人的洗禮，夢想一種人類自願的歸宿。忒滄良主張人類必須選擇那獨身的生活。奧立澤泥(Origen,185——254)認爲婚姻是不潔的。

但是，當時也有許多人主張溫和論，對於結婚生子並無嚴重的敵意，不過尤其尊崇貞操罷了。

聖愛里泥 (Saint Irénée，里昂神父，死於二〇〇年間）對於那些『認生育爲一種惡魔行爲』之說，不以爲然，並加以非難。聖克雷蒙 (Saint Clément d'Alexandrie, 死於二二〇年間）認爲必須免除二種極端的主張，其中一種極端的意見是說人之免除結婚是免除造物者的憎恨；他却認爲結婚是上帝所樹立的制度。以上由大體看來，他們都覺操守純潔的獨身强似結婚，可是時時不忘結婚爲生育子女之一義。聖哲羅姆(Saint Jerome, 生於三三一年間，死於四二〇年間）說過：『結婚的確充實了大地，然貞節却佔有了天堂』。克立索斯吞(John Chrysostom,347—407) 認爲只頌揚貞操，並不能有害於人口的增殖，因爲只有結婚而無一定的道德律，生育必不繁茂。對於柔弱的人，結婚是必要的；但是在理想方面，結婚固然是好的，貞操更好："Bonum est Matrimonium: Propterea admiranda Virginitas est, quae bono melior est"。

聖安布洛茲 (Saint Ambroise,340—397) 是一代著名的僧侶，是貞操的維護者，他勸人實行宗教的獨身，可是他認爲提倡貞操並無損於人口，大凡貞操之教諭足以提高人類意志水平的區域，婚姻的結合是最多育的，人口的增加也一定最快。他雖然尊尙貞操，但並不罪謫婚姻，婚姻對於一般人羣還是應有的制度。

總而言之，教會神父的主張大致是很明顯的：合乎道德的獨身優於結婚，是全善全美的最高生活，結婚是一種較劣的生活。然而，生命的全善全美之必以獨身達到，只有超羣之人始能實行，而結婚一事在本質上還是好的。至於不道德的獨身還不如結婚之爲妙。只有再婚一事殊爲彼等所厭惡，結婚對於一般人不但是可行的，並且不許離異，夫妻之間不許欺騙，因此，這些教會的道德律更能使婚姻成為多育的了。在起初的時候，基督教義的傳播在實際上反利於人口增殖。

經典師的人口思想

中世紀後期的人口思想包含當時神學家及經濟家論 Summa(貨幣總量)與De regimine Principum(政府原理)諸書之中，如同前期的人口思想包含有教會神父論De Virginitate(貞操)諸書之中一樣。亞里斯多德的影響在其他許多方面都很顯著，但是在這人口方面幾乎毫無，因為中世紀的思想絕對不接受限定人口的學說。基督教的道德律不認可在這一點上個人為國家的利益而犧牲，希臘人所看到的國家利益，並不為它所注重。這時候的思潮也未嘗着眼經濟方面主張限制人口。例如，中世紀前期，饑饉是常常發生的，可是這些饑饉只被認為是偶然的，並不以為是一般自然法則下所必有的現象。在事實上呢，當時生產與消費之不平衡，尚有其他的原因存在，例如運輸工具的不足，政治及賦稅的失當等等，都能加强饑饉的程度。當時的經典師(Canonist)都一致認為人口衆庶是可欲的，因為人口一衆庶，既能增加國力，又是家庭的福利，個人也算克盡他的責任了。最著名的經典師聖托馬斯(Saint Thomas,1227—1274)說過："Quae familia plus multiplicatur in prolem, amplius cedit ad firmamentum politiae"(生殖子女最多的家庭對於政府是最有益的家庭)。哥龍納(Gilles Colonna de Rome, 1247——1316)則堅信多育的優點，他的思想概括在一句有力而又美麗的文詞中："Tota illa domus dicitur imperfecta, ubi non est pullulatio filiorum."(不蕃生親愛子女的家庭是一個不完全的家庭)。

聖托馬斯

聖托馬斯直接攻擊亞里斯多德的見地。在他的"De Regimine principum"一書中，否認人口可以維持在一定的數目：他以為人口一定增加，其增加之多寡遲速，則視環境如何而定。人口最庶的城市國家便是最繁榮的一個。至於希臘哲人所顧慮的難以統治之一點，他亦不以爲然。聖托馬斯一面主張衆民，一面又頌揚獨身，這似乎是矛盾的，然而他有他的調和說法。他把責任分爲個人的和人羣的兩種。爲了一般幸福的結局及宗教的目的，若干人必須獨身。至於繁殖地面的義務是屬於人羣的，並非每個人都要克盡的義務。修行生活固優於世俗生活（"Maria optimam partem eligit"），但是只有超羣之人才能修行，對於一般人是不能斯望的。超羣之人行獨身以尚理想；一般之人結婚姻生子女，充實大地：這眞是一種道德的分工了。總之，聖托馬斯的人口思想，一面維持基督教獨身至善的主張，一面認結婚之目的在繁殖人類。究竟獨身的超羣人爲數勢必有限，所以人類在地面的繁衍殊無危險可言。像這樣，他把衆民主義與宗教的獨身主義調和在一起。最後，聖托馬斯雖然認爲衆民是可欲的，然而對於以國家爲前題限禁獨身的趨勢則不以爲然：同是相信人口爲國力的要素，有了宗教的理想，便要發生了一點分歧。

『園丁之夢』

在另一部題名爲『園丁之夢』(Songe Du Vergier)的書中也曾論到人口問題。這部書是十四世紀的名著，是獻給查理第五的，有人說出於拉烏爾 (Raoul de Prelles) 之手，有人說出於飛利浦 (Philippe de Maizières) 之手。書中述說，一教區吏與一騎士交談，教區吏主張精神幸福的價值，騎士注重世俗福利的根源，談談復談談，二人談到了人口問題，結果一致贊成衆庶的人口對於國家是重要的，對於充實世界是必要的。但是，教區吏主張守貞優於結婚；騎士卻認爲，縱以道德爲立場，結婚也是至尙的，上帝爲了充滿地球，於是定下結婚制度，『童貞不是一種德性，因爲人生下就是童貞的……』。騎士甚至維護多妻制，因爲多妻制利於蕃殖。後來，騎士更說：在人口過少的地方，童貞不但不是一種德性，反成一種罪惡，因爲蕃殖大地是急不容緩的。反之，在人口生殖有過剩危險而不易尋求食料的地方，節育亦未嘗不可。自然啦，中世紀作家所謂節育，當然是道德的節育，是馬爾塞斯所主張的節育，不是新馬爾塞斯主義者所提倡的 Birth-Control 。人口局部的過庶亦曾論及，並且也認爲有發生的可能。

更往下談，其中一人陳述在現實條件下，世界業已充實了，社會生活算是完善了，因此，理性和自然似應允許若干的個人實行獨身。此外，童貞是足堪贊頌的，因爲保持童貞可令人靜修。最後，教區吏結論說：『就像訓戒中所說的，貞節自去充實天堂，結婚自去充實地面。』這是一種兩重的相對主義，也足以代表歐洲中世紀的人口思想。是道德的相對主義，因爲視守童貞之爲德性或罪惡，要看環境如何而定，要看社會人口過剩或不足而定；是經濟的相對主義，因爲中世紀的作家認爲人口之過剩或不足都有發生的可能。但是此處所說的人口過剩，只視爲一種偶然發生的現象，不像馬爾塞斯所說的那樣。人口過剩這種偶發現象，卻被認爲是良心及對上帝信心墮落的徵號。

到了十四世紀及十五世紀初年，這種『良心』及『對上帝信心』的墮落，伴着奢侈的增長和幸福的追求，開始於家庭之中，發生節制生育的趨勢。從此以還，自由節制被人看做一種危險，基督教的作家則以嚴重的態度指出這種危險，並引以爲憂。

立場的轉變

但是至此，我們已經過到了一個新的時代；在以前的時候，人口問題長期在政治的，道德或宗教的立場從事思索；從此以後，人口問題放在了經濟的基石上，人口和經濟一天一天的在思想家腦海裏扣結起來，到了馬爾塞斯達到最高的融和點，一直到今日，還未曾分開，也許永遠分不開了。

歐洲的中世紀沒落了，新生的勢力，在宗教方面是馬丁路德的革命，在政治和經濟方面便是統治歐洲二三百年的重商主義。

（註一）例如舊約中：

創世記第十三章：「那地容不下他們，因為他們財物甚多，使他們不能同居。」

創世記第二十八章十四：「我要將你現在所躺臥之地賜給你和你的後裔，你的後裔必像地上的塵沙那樣多，必向東西南北開展；地上萬族必因你的後裔得福。」

申命記第二十六章五：「我祖原是一個將亡的亞蘭人，下到埃及寄居；他人口稀少，在那裏却成了又大，又強，人數很多的國民。」

詩篇第一百二十七章三至五：「兒女是耶和華所賜的產業；所懷的胎，是他所給的賞賜。少年時所生的兒女，好像勇士手中的箭。箭袋滿的人，便為有福；他們在城門口，和仇敵說話的時候，必不至於羞愧。」

箴言第十四章二八：「帝王榮耀在乎民多；君王衰敗在乎民少」

箴言第十七章六：「子孫為老人的冠冕；父親是兒女的榮耀。」

傳道書第四章八至九：「有人孤單無二，無子無兄（弟），竟勞不息，眼目也不以錢財為足，他說我勞勞碌碌，刻苦自己，不享福樂，到底是為誰呢？這也是虛空，是極重的勞苦。兩個人總比一個人好，因為二人勞碌同得美好的果效。」

耶利米書第二十二章三十：「要寫明這人算爲無子，是平生不得亨通的。」

（以上皆依聖書公會印行的新舊約全書）

（註二）見：Nitti, Population and the Social System, pp. 119-120; Stangeland, op. cit. p. 56.

（註三）見：Gonnard, op. cit. p. 67.

（註四）見：漢譯世界史綱，第四百四十四頁。

（註五）見：同書，第四百四十三頁。

第二篇　中世紀沒落後至十八世紀末

第九章　馬丁路德及初期的國庫主義者

馬丁路德的宗教改革與人口思想

德國馬丁路德(Martin Lutter, 1483—1546)在一五一七年樹起反抗舊教的旗幟，創建耶蘇新教。路德之宗教改革，對於人口思想亦不無影響，他反對天主舊教及中世紀的主張。路德之『經訓』(Predigten über die Ehe)中，反對僧侶的獨身主義。他以為，除先天不通人道與人工剝奪性慾者外，沒有妻室的人決不能守身嚴謹，其不觸犯罪惡者幾希！這是事理之必然，千人之中無一例外。那末，結婚當然是正當的了。不過結婚雖然是正當的，在個人方面則有踟躕之餘地。在未結婚以前，自己要問自己：『我將何以維持一個家庭呢？我是一無所有；那末，我怎能去娶來一位太太，並且從我這一無所能之中找出養家的費用呢？』這種使人踟躕不前的難題，就是結婚的最大障礙，同時也是兩性不道德現象的主因。若然，吾人將何所取捨行止呢？結婚或是不結婚呢？路德以為，似可不必過於顧慮，過於顧慮只是一種對於上帝之恩惠缺乏信心的表現，因為：

『上帝告示我們，他對我們之關心是無微不至的，當他創造天地之時，首先創造了動物和植物，然後才創造了人類。上帝告示我們，他願意永遠供給足量的食料或田宅，足可滿足吾人的需要。我們只須勞動，我們只要不流於懶惰，我們必能豐衣而足食……由於以上種種，我們可以結論說，無論何人，如果自己不知努力而行獨身時，務須及早立志，立即尋找一些工作，並且勇往直前，以上帝之名，舉行結婚。青年男子的婚姻不要遲過二十歲，姑娘們在十五至十八歲之間務須出閣。此時，他們必須堅持向上之心與嚴肅之態，遵循上帝所指示的道路和方法，使他們的孩子得以育養。』（註一）

馬丁路德的時代背景

路德不顧生活資料之有無盈缺，勸告青年人從速結婚，殊覺反乎謹愼之道。然斯坦格蘭教授以爲，路德的主張乃時代環境的產物，蓋獨身主義之實行往往伴有不道德情事，應爲改革的對象。德國歷史學派大師洛舍（Rocher）認爲，路德的時代，歐洲尚有甚廣的土地有待墾殖，可見路德獎勵結婚一半建設在獎勵人口之客觀要求的上面。此說爲斯坦格蘭教授所否認，他舉出與路德同時的德國作家爲證，如胡但（Ulrich von Hutten,1488－1523）威爾特（Sebastian Franck von Wörd,1500－1545?）二人皆表示一種對於人口過剩的憂懼。

胡但（其書名爲 Ad Principes Gesmanosut Bellum Turcis inneha nt Exhortatoria,1518）將當時之貧乏歸究於人口過庶及戰爭。威爾特（其書名爲Germaniae Chronicon von des ganzen Deutschland）以爲，人口過度的增加對於德意志人特別可怕，『日耳曼』一詞在字義上即有蕃衍的意思：『日耳曼』一詞源自『胚芽』'es wird agermino Germania genent,op. cit. P. 89）。他說，縱有殘酷之戰爭與流血之內亂，亦不足以左右人口的蕃衍，因日爾曼民族多生廣育，在簡短時間之中，亦足以補足人口損失而有餘。然人口過度增加的補救策，也只有戰爭，和瘟疫及向外移民。

以上二人之說亦足使後世繼承之而加以發揮光大。路德之說雖非基於獎勵人口增加的要求，却足以加强德國的衆民思想，對於國庫主義者（Cameralist）之人口說爲尤甚。

國庫主義者

至十七世紀之初葉，德國思想幾乎全體屬於衆民主義的領域，其中以重商主義者（在德國名爲國庫主義者）爲主。

玻尼丟斯

一六〇八年，玻尼丟斯（Jacob Bornitius）公表他的"Partitionum Politicarum Libri IV"。他說：人口之增加，或由於自然蕃衍，或由於向內移民（Vel exsese vel aliunde; intus augetur Populus familiarum incrementa）。他主張人口增加，勢必由這兩方面下手。獎勵生殖的方法，是給予家庭爲長者以特權，對於結婚而不育者剝奪其某某種法律能力，對於獨身者予以科罰。至於向內移民，必使移入者同意於從事農業勞動方可。

拉特路斯

一六一八年拉特路斯（Hermann Latherus von Husum,1583——1640）發表之"De Censu, Tractatus Nomico-Politicus." 亦足爲當時有關人口之文獻中的代表作。拉特路斯根據鮑丹及鮑特羅的理論，堅持可能範圍中最大人口的利益。他舉出依利薩伯王朝之例：於此王朝，英國容納歐陸逃來之新教徒，其結果造成英倫三島的榮繁（此點孟克萊先早經指出），殊爲足資鏡借的史實。關於重商主義所闡明的人口發展與公家收入相爲多寡之一義，拉特路斯尤多發揮光大。他稱頌多育的姻婚，他多所依據古代文獻及古典歷史，深惜婦女之墮落，並追隨馬丁路德之後，反對僧侶的獨身主義。

卑鄒爾德

約與拉特路斯同時，卑鄒爾德（Chrstopher Besold,1577—1638）發表他的"Discursus Politicus de incrementis imperiorum"(1623) 及"Politicorum Libri duo"(1618)。他所闡明的理論，與以上諸人相似。他以爲，人口之多寡首視一國之天然富源及工業情況如何而定。大凡土地耕種良好，商業繁茂，人口勢必增加，但是人口增加亦與社會道德有關，國家應努力實現社會上的自由與平等。卑鄙爾德亦參考古典文獻，並欽羨羅馬衆民主義的立法。土地不可一畝不耕，如果本國人民不足用時，應招募外國人民前來耕種。他主張限制離婚，並厭惡再婚，因爲這些事情都是不利於生育的。

克婁克及其他作家

另一位德籍國庫主義者克婁克（Kaspar Klock, 1584－1655），在他的著作"De aerario"之中，說明衆民主義及國家主義的理論亦極清楚。他甚至認爲獨身之爲罪惡與姦淫無異。著名的法律家歐布萊西特（Georg Obrecht,1547－1612）述人口與財富的互依關係頗爲決斷（其書名爲Secreta Politica, 1617）。蕭恩保諾(Georg Schönborner von Schönborn, 1578－1637)深慮城市人口之集中，他認爲大城市人口擁擠乃混亂之源——洛舍以爲此說乃由於觀察三十年戰爭前後的實際情形而起，然斯坦格蘭則以爲此說無非重述亞里斯多德之言而已（註三），甘納並舉亞氏原文以證（註四）。

（註一）見：Stangeland 的引證，op. cit. PP. 95-96.

（註二）看：Stangeland, ibid. P. 96.

（註三）見：Stangeland, ibid. P. 101.

（註四）見：Gonnard, op. cit. P. 118.

第十章 重商主義者的人口思想與政策總論

至十五世紀的下半期，在西歐各國成立一個政治與經濟主義的集團，在起初不甚完備，到了十六世紀時，與一種經濟制度合而為一。這種學說叫做重商主義，這種制度叫做重商主義制度。重商主義（Mercantism）這一名詞是不很恰當，因為用慣了，也不必去改變它了。重商主義的中心是金銀快樂主義（Chrysohedonism）及狹隘的國家主義，它的思想瀰漫了當時的社會。重商主義者對於人口問題無時不加以注意。

中世紀沒落後新興勢力的代表

重商主義是中世紀沒落後新興勢力的代表。瑞士學者柏奴伊（Bernouilli）說：『古代完全不認識引導近代歐洲的四大力量：教會，手工業組合，新興資本主義及近代君主國體。』到了中世紀，宗教的力量已經十足的為人認識，手工業組合稍見萌芽；及至中世紀沒落以後，最後的兩種力量方才表現出來，而重商制度實為引進這些力量的先驅。到了這時候，宗教的勢力漸趨衰弱，代之而興的是大國的君王。重商主義把歐洲換了另一個面目，在政府和經濟方面都有極大的影響，在人口的理論與政策方面所生的反應亦甚顯明。

衆民主義

重商主義者差不多都是熱烈的衆民主義者，他們的動機可以說是經濟的，有時也帶政治的彩色。他們以為，國君的勢力與其臣民數目——尤其是生產階級的人數——成正比例的關係。他們的目的是富强國家，他們的手段是實行工業化，以便將製造品銷售海外而賺回金銀。為發展工業計，他們第一需要一個工人衆多的人口。當十六世紀，尤其是當十七世紀之際，資本主義進行第一步的發展，生產側重數量主義，這正是行會制度的古典時代。爲實行大量生產，把產品銷售在海外市場起見，多數的勞動者當然需要的了。

人口政策側重獎勵出生

重商主義所包括的時間很長，大概從十五世紀中葉到十八世紀中葉，垂三百餘年；然其鼎盛時期則肇始於十六世紀中葉，從這個時候起，歐洲多數國家實行重商主義的政策，一直到了重農主義時代或自由主義時代方才解體。各國重商主義既認增加人口爲必要，勢必設法獎勵。按獎勵人口增加之法，可由兩大方面下手，一是增加出生數，一是減少死亡數，這兩大方面自可同時進行，然當時獎勵人口策完全側重在增加出生數的一方面。以下是重商主義政策下主要的獎勵人口增加的方法：

獎勵出生的方法

(一)歧視獨身者

(一)歧視獨身者——凡是自動結婚的人，時常可以得到各種各樣的好處。有的國家，若干公共機關全由已婚者一手把持，未婚者不得插足。有的國家，在實際上，禁止獨身者經營商務，只以得有當道的特允或捐金領照者爲例外。當依利薩伯王朝，規定『凡屬豬販，羊販，以及牛油奶餅穀糧的購買人及運輸人，必須捐金領照，然已婚之人不在此例。』在日爾曼諸邦，有所謂『不利獨身法』(Hagestalzenrecht)，凡未婚死者的財產，如無尚存之父母兄弟或未嫁之姊妹，則由國家沒收充公。結婚亦常爲獲得執行公務身份的要件。『不利獨身法』雖漸次取消，然於漢諾瓦地方(Hanover)，其效力一直繼續到一七三二年。

在西班牙，自中世紀之末年起，除教士外，社會對於獨身者已不甚尊重。獨身者無權執行公務：此項規定以一六二三年之法令爲最嚴明。與此同時，歐洲多數國家亦採類似之立法，如法國在路易十四時代，苟爾伯（Colbert）治下所頒佈之一六六六年法令，即為其最著者之一。

英國至威廉第三（William III）時代，向二十五歲以上之鰥夫寡婦徵收年金；但同時又徵收結婚及出生稅，這只有站在增加歲收的立場才能把這兩種矛盾的行為調合起來！當時英國的美洲殖民地也有歧視獨身的措施，例如，馬里蘭（Maryland）議會，於一七五八年決議徵收鰥夫及無後寡婦的財產稅：凡有一百鎊之財產，每年須納稅五先令；有三百鎊者，納二十先令，如此類推。

（二）直接獎勵結婚

（二）直接獎勵結婚——西班牙在飛立浦第四（Philip IV）時代所實施的法令，規定：凡是在十八歲至二十五歲之間結婚者，豁免一切賦稅担負，直至二十五歲為止。對於欲婚的少婦，國家贈予妝奩費。這種法令與當時輿論的精神相符，然其實行的主因却在當時西班牙人口之大量減少。

法國一六六六年的法令，其性質與前相同：『對於在二十歲以前或二十歲至二十五歲中間結婚的人，以及有十個至十二個孩子的父親，予以特許權利及特許免稅。』此法乃有意效倣羅馬之 Lex Papia et pappaea 而成，法令的引文中，明言羅馬獎勵結婚法之為智慧。此外，此法似有妨止僧侶數目增加的用意，蓋僧侶增加殊能妨碍人口增加。此一六六六年的法令至一六八三年即行失效，但其中的一部分常為後來的立法所容納。路易十五曾經保留原有的結婚人之特權，在他的兒子誕生之際，他下令以國庫担負六百名女郎的婚費，並賜與每人若干妝奩中的用器，這都是獎勵人口增加方策中之天眞的舉動！在平時，路易十五亦創有結婚免除兵役之制。

英國亦有許多以獎勵結婚為目的之法令。華德華第八（Edward VIII）的法令，規定：貴族應於其女護士十六歲時，設法為她們結婚，否則不得雇用。依利薩伯五年時，有一名為 William Harper

者，凡有淸貧女郎結婚者，則慨贈金錢。

當時普魯士有一種法律，要求人民在二十五歲以前結婚，並對於新婚夫婦予以資助——此法於一七二一年爲腓特烈，威廉 (Frederick William) 取消。奧國德萊撒女皇 (Empress Theresa) 打破傳統，准許兵士結婚，因爲軍人結婚亦足有益於人口增加，尤其是利於軍人階級人數的增加；自一七六七年起，女皇增加軍官及兵士的酬金，他們有一個孩子每天加俸三文銅幣 (3 Kreutzers)。這種措施的目的，除增加人口外，尙期補救軍伍中不正當的性行爲。腓特烈大帝 (Frederick the Great) 用縮短居喪時間的方法，以期結婚數目增加：他把寡婦的居喪時間減爲九個月，鰥夫的居喪時間減爲三個月。

類似的法令實施於當時的俄羅斯、意大利、瑞士諸國，並且在歐洲各地無不獎勵結婚。當時皇室或貴族慶祝世子誕生之日，往往資助貧女結婚，藉以表示自己的愉快。

（三）獎勵生育

（三）獎勵生育——獎勵生育可以說是獎勵結婚的自然結果，至少當時獎勵結婚的目的在增加出生。例如上面所舉之法國一六六六年的法令，即寓有防止不育結合之意。當時重男輕女之風亦已顯著，例如西班牙的立法，對於有六個合法男孩者豁免賦稅，有女孩者則不與焉。

在人口論第一版發表前二年（一七九六），皮特 (Pitt) 尙堅請英國議會通過補助多育而貧困之家庭的提案，並以動人的語調加以說明。

（四）薄懲姦通及收容棄嬰

（四）薄懲姦通或完全撤消其懲罰，並收容棄嬰——英國在重商主義統治的時代，社會道德生活很適合於獎勵人口增殖。當時靑春節 (Maypale) 及其他慶祝日所玩的遊戲，足以促進兩性間的情慾，縱生淫亂之事，亦爲當局所默許，甚且予以便利。丹麥的愛舍爾島(Iceland)在十八世紀時人口異常減少，於是丹麥國王以明文禁止社會人士汚辱六子以上的婦女。普魯士於三十年戰爭之後，在許多論著之中，對於非法的兩性關係多半加以寬恕，此正與英國於大疫後的情形無異。這時候，生育是何等的重要！如果人口能增殖到最大數量，那末一般的性道德便無足輕重了。例如，腓特烈大帝訓諭他的人民，墜落的女子無須忍受通行之讖悔，凡企圖使墜落的女子益陷悲愁境地的人，應受科罰。這種措施的目的是在免除他人的威脅誘惑，以致發生墮胎及殺嬰之事，蓋彼時認爲墮胎及殺嬰亦足使民族人數減少。腓特烈大帝爲十足之衆民主義者，無論在理論上或實行上無不如是，他認爲『民族的人數即成國家的財富，而此項原則又實爲正確無疑』。

此時，棄嬰收容所的設立已見發達。當其初設之時，本以慈善爲目的；後來，視救生一事含有政治之目的，因國王的權勢以人民數目之多寡爲依歸，救生所以增加人口，即所以增大國王權勢也。因此，國家盡力辦理收容棄兒事業，其動機已非由於慈善者可比。在十七及十八世紀留下的政治著作之中，可以找到很多關於國家因欲人口增殖而收容棄兒的證明。

奬勵向內移民與限禁向外移民

重商制度下之奬勵人口自然增殖，已如上述。此外，由人口流動方面，重商主義者亦設法增加本國人口，這種政策的內容，便是奬勵向內移民和限禁向外移民。今世各國多有限制向內移民者，如美國的移民律(Immigration Act)對於黃種人的移入倍加限禁，此乃重商主義時代所未有的現象。原來重商主義主張民族增大的政策，所以不願本國人民大批流出，以弱其國勢；所以希望外國人民流入，以充其國力。

(一)獎勵向內移民——一六二三年西班牙法令：凡移入其國而從事於生產事業者，豁免其直接稅。日爾曼諸邦亦實行引誘外人來歸政策，尤以普魯士及奧地利兩邦爲甚。

布蘭德堡之選帝王公（稱爲 Great Elector）於一六八五年頒發特許執照，收容法國逃民，令他們在普魯士幫助墾殖；於一六八八年，歡迎巴拉丁（Palatinate）流民。普魯士於一七二一，一七二六及一七三六年，收容許多薩爾斯堡（Salzburg）及波希米（Bohemia）的福音主義教徒。腓特烈大帝畀賜與移入之民以各種特權及優先權，對於視爲於國有大價值之人，如商人，技術工匠等等，尤爲優待。移入之民如爲農夫，不但可以長期免稅，並且給予土地及適當住舍，有時更以貸款方式下，予以金錢帮助。其他日爾曼諸邦，如 Brunswick, Hessen-Hamburg, Würtemburg 及 Bavaria, 其資助移入之民也，亦盡其專門之能事。

奧地利於一七八一年，德萊撒女皇特許居留該邦的非天主教徒，在政治上與天主教徒享同等權利。奧地利本以天主教爲國教，今乃一視同仁，其動機當在招徠外國之藝匠及其他職業人士，以發展本國實業，並冀收獲一切其他人口增加之益。

俄國比得大帝對於瑞典人亦行類似的招徠政策；其後喀德隣第二（Catherine II）亦曾以很大的努力獎勵墾殖窩瓦河（Volga）流域一帶地方，尤以一七六二，一七六五及一七八三年之努力爲最。陶克（Tooke）說喀德隣『用了數百萬盧布，從無人之處增加人口。』一七六三年，她發出招請外國人的宣言，允以優待，其結果俄國境內的外人立見增加，尤以日爾曼人爲最。

(二)限禁向外移民——當時各國都有限制向外移民的法律，不但限制而已，甚且嚴加禁止。各國彼此之間，皆互相忌視，一似賭博然：此國人口的損失即爲彼國人口的利得，得失互相衝突，爭相取而爭不相與。在人口擁擠的國家，將過剩人口移到富饒區域，未始不能補救其國的貧困；但是那時候的政策却十分顧慮到敵我的關係，所以不得已而向外移民時，務須一面使移出之民改善他們的環境，另一方面——更重要的方面——務使他們能間接富强其國家而後可。至於由於宗教關係，使一國人民向外流出，則爲絕對的損失。

西班牙法令禁止任何人民離棄祖國。法國一六二九年『米首法典』(Code Michau) 即限制向外移民。至一六六九年，苟爾柏又重提舊議，並較舊法爲嚴厲。一六六九年之法令未甚生效，於是一六八二年又將原有的罰則加以擴大。至一六八五年規定：凡屬船長，商人等離棄祖國而往助新教徒者(Huguenots)，科以三千鎊罰金或科以兵役。凡協助移民脫逃者，處以死刑，且將其財產之半數賞給事前報密之人。

腓特烈，威廉下令，舉凡普魯士人民計圖永久離棄祖國而移出者，加以嚴厲禁止。無論何人，凡引誘一農夫出國者，處以死刑；凡捕獲一逃民者，賞二百銀幣(200 thalers)。巴瓦利亞及瑞士對於向外移民亦嚴加禁止。腓特烈大帝嚴懲離棄本國的工人和農夫；至一七六八年，一般之禁止向外移民的法律於以頒佈。一七八一年奧利地法令，限制向外移民，尤注意限制技術工匠（如波希米之玻璃工匠）外移。至一七八四年，更廣泛之移民禁令踐諸實行：凡未經特允的外移，皆爲非法而獲罪；此項獲罪之人，其財產將全部充公，即其離國的企圖未曾達到，亦須監禁三年。

英國當時所行的法令，與歐洲大陸諸國無大差異：例如查理第一於一六三七年所下的通令，其精神亦在限制臣民外移。不過當時英國，除向美洲殖民地移出者外，離國者實不甚多，而他國人士移入英國者，其數反甚可觀。因此，英國之限制向外移民，不若歐洲各國之嚴厲(註)。

以上乃就重商主義者的共同主張及重商制度下通行的人口政策，而加以敘述，使讀者得一概念；至於每個著名重商主義者的人口思想，則於以下各章中，分別加以介紹。

(註)本章關於重商主義的人口政策，多半根據 Stangeland, op. cit. pp. 123—137.

第十一章 初期重商主義時代意大利及西班牙的人口思想

自從重商主義思潮興起以後，意大利，西班牙，法蘭西等國都有許多的人口學說產生。其次，英德兩國也有相當的貢獻。現在先講意西兩國重商主義者的人口學說。

意大利非重商主義者拔特里幾

在十五世紀末年，意大利人拔特里幾 (Francesco Patrizzi, 1412-1494)發表一本書，提名為："De institutione republicae"（共和制度）。這本著作仍舊站在基督教的立場上，不但沒有重商主義人口學說的意味，並且還表示對於人口過剩的憂慮，同時，對於人口與生活資料間的關係也加以考察。他以為，人口衆多的國家難免發生擾亂，而不易統治。他相信向外移民是解決人口過庶的好辦法。

馬夏外里

馬夏外里 (Nicolas Machiavelli, 1469-1527) 是 Gaëte 的主教，據斯坦格蘭教授的意見，他『也許是用近代口調解說人口意見的第一人吧。』(註一)他特別是屬於國家偶像崇拜的人物，也就因此，才和中世紀對立，於是帶來新時代的特徵。他在"Discorsi," 一書中，指出人類增加的限度，這個限度之大小要視土地生產力之大小而定。他也曾指出，大凡在食料充足的地方，人類必能迅速增加起來。而衆庶的人口便是國家力量的主要源泉。可見馬夏外里雖然認為人口有達到過剩的可能性，但是並不引以為憂。

在他的『佛羅蘭史』(Histoire de Florence) 一書中，連篇辯護殖民地的功用，詳述殖民地對於本部繁榮及社會秩序的好影響：其中最重要的，是收容本部過剩的人口。——如果沒有這個人口的收容地，則人口之將爲疾病，饑饉及其他災害消滅大半，待爲必然之事了—。這與馬爾塞斯的見地，在基本理論上，頗有相似之點。

馬夏外西也曾討論過氣候對於人類繁衍的影響，但是不免誇張了氣候的重要性；他又討論自由的影響，認爲自由是很利於人口增加。

以上所述的人口學說，雖然不無可取，但終究是偶然論及的，是缺乏系統的。例如馬夏外里指出了人口與生活資料的關係，但只是初步的提示，並未能完成一種體系。然而：自此以後，這人口與食料的關係永遠爲人念念不忘了。比馬夏外里研究更詳細的，更進步的，更有系統的，是另一位意大利學者鮑特羅。

十六世紀大人口思想家鮑特羅

鮑特羅（Giovanni Betero，一五四〇至一六一七年）有兩大名著，一爲一五八八年發表的『城市國家偉大及光榮的原因』（Cause della granaezzae magnificenza delle cetta），一爲一五八九年發表的『國家理論』（Della Ragione di Stato）。在以上兩部著作中，都含有他的人口理論。現代意大利經濟學者張德里（Jandelli）認爲馬爾塞斯人口論一書只是鮑特羅學說的展開罷了（註二）。甘納教授說：鮑特羅也許是第一個堪爲『人口論』的先驅者吧（註三）。但是著名的"Malthus and his work"的著者邦納（James Bonar），在這一點曾加以研究。原來鮑特羅的著作在他的生前即譯成了法文，可是在他的祖國意大利却很少有人注意，後來安得生（Anderson）在他的"History of Commerce"（1787）裏引証過，馬克古羅斯（MacCulloch）在他的"Literature of Political Economy"（1845）裏也曾說到，但是沒有發生較大的影響。所以說：鮑特羅既未被人完全忘却，也沒有爲人詳加紀念着。邦納認為：馬爾塞斯雖能誦讀意文，他却沒有留意過鮑特羅的著作，所以在實際上，鮑特羅幷不是馬爾塞斯的先驅者，對於人口論幷沒有發生影響。『意大利的經濟學未能像詩歌，小說和戲劇那樣，即未能越過國境到達我們這兒（指英國）』。（註四）

以下數段的話足以代表鮑特羅的人口思想：

『城市國家的滋長，半由人的繁殖力，半由城市國家的供養力。今人的繁殖力和千年前的並無兩樣，如果沒有阻碍的話，人的滋漫必要無限制的生長，而城市國家的滋長也就無有止期。但如果這種滋長不向前進行時，那必是由於食料及營生手段的缺乏。在現在，生活資料不取於國土之內，卽取於國外，設使城市國家依然向前滋長，則食料又必須取諸遠方了。

『譬如羅馬全盛時的人口繁殖力固與建國時無異，可是一個民族並不能永遠依同一比例滋長；（因為）城市國家的供養力的增加遠不及人口的增加；若然，在時間的過程中，沒有多量食料供給的居民，或者不結婚，或者他們的子女在不舒適的狀態下，在現實的缺乏下過活，或者到遠方去尋找較好的機遇。這種事變的先例就是羅馬人，羅馬選擇最貧困的市民送到殖民地去，在殖民地那兒，好似樹木移植沃土上一樣，他們增進他們的環境和安適，於是繁衍起來。

『由於同一理由，當人類繁衍到相當稠密時，就不能再超過這個界限；在三千年前或更早的時候，世界上的人必洽如今日這樣的稀密，因為地球上的果實和食料的出產不能供養更衆的人羣。』（註五）

這是與馬爾塞斯極相似的意見了。把鮑特羅和馬爾塞斯比較一下，不但是很有興趣的，也是很必要的。

鮑特羅和馬爾塞斯的比較觀

鮑特羅在中途停止了。他證明了人口和生活資料的增加不成比例，但是他沒有尋找它的實際結果，他沒有着眼人口問題的本身，他只站在城市國家的偉大之立場上。城市國家雖不能滋長無限，可是必須使它發達到最高之點，並且要保持這最高之點，勿使降落。這是和馬爾塞斯第一個不同之點。

為了城市國家的偉大，他建議國君去發展農業及工業。尤其發展工業為第一要務，因為工業為交換而生產，以工業的產品，可以換來大量的財貨。凡是願意人民衆庶的國君，必須引入各種的製造業，利用外國工人，獎勵發明及工作技能，並且禁止原料出境，為本國工業而保留之。蓋『製造品的交易所獲的盈利遠過於原料的交易。』鮑特羅認為在這一點上，國家干涉是絕對有效的。照他的原理看來，似乎應該有限制人口的結論，然而他却勸告國君去獎勵窮人結婚，方法是保證青年人的勞動機會。這是重商主義，或狹隘的國家主義的主張，是與馬爾塞斯第二個不同之點。

鮑特羅和馬爾塞斯在原則上差不多用的是同樣的命題。馬爾塞斯的目的是研究：一向阻礙進化的原因是什麼？將來除掉這原因的可能性有多大？鮑特羅的目的是研究：什麼是城市國家進化的原因？這是一個問題的兩面：前者是反面的，後者是正面的。馬爾塞斯的答案是：阻礙進化的主因是人口過剩的趨勢；鮑特羅的答案是：一切阻碍人口繁茂的原因，也是阻碍進化的原因。這是二位學者間第三個不同之點。

關於人口增加的妨碍，馬爾塞斯作成一種極有名的分類，鮑特羅固然也作了，可是缺少『道德的抑制』及其勸告，鮑特羅沒有想到人口原理的社會方面，他對於救濟不但不反對，並將救貧之責委諸國家。他不是悲觀主義者，也不是反干涉主義者，所以沒有馬爾塞斯同樣的結論。他沒有馬爾塞斯成系統的思索。他認爲人口有超過食料的危險，但他不承認人口問題是社會的威脅。救濟的方法是有效的，發展工農業是基本的，如果還不彀的話，便可使用向外殖民的方法(註六)。也許十六世紀與十八世紀的環境不同吧——人口過剩也許還不可怕，而且是重商主義方興未艾的時代。可是這不能不算二人第四個不同之點了。

甘巴內拉的優生論

在衆民主義最盛的時候，也曾有一種反動的思想發生。著名的人物甘巴內拉(Campanella)——『太陽城』(Citta del sole, 1602-1630 之間？)的著者——有他烏託邦計劃中，涉及了人口思想，和當代流行的學說不相吻合：雖然在實際上未嘗直接衝突，但在思想史裏可視爲一種反動思想，而加以敘述。甘巴內拉的思想至少是局部的返回希臘的哲學思想，即是國家管理與繁殖條件混合體的而學說；目的在滿足國家自身的利益，方法是實行優生主義。他說：『我們只知從事於犬種馬種的改良，但是完全不知從事於人種的改良。』他要求國家注意創生繁殖，『要向着集團的利益做去，不要向着個人的利益做去，創生的目的在乎種族的保持，不在個人的快樂。』在『太陽國政府』(Civita solis)裏，有一位愛情部長，然而他的任務却是等於馬種改良廠的主任：他認爲育民當與養馬同一看待，都要講究種子改良。最後，除優生而外，對於幼稚教育，他也很加注重。

× × × × ×

西班牙當

十六及十七世紀的西班牙帝國開始迅速的變成貧乏，雖有美洲金礦的開發，亦無補於事，在這

時的情況

討論人口減少問題的著作

種環境中，就出現了許多著作——有時是匿名的——討論當時人口減少的問題。在十五世紀的末年或十六世紀初年，發現一本著作，名爲"Libro de la poblacien en Espana"（西班牙人口論），沒有著者姓名；至一六一八年，有Garcia de Herreray Contrera的著作，題名爲"Memorial…sobre la manera de remediar su despoblacien y falta de riqueza"（免除人口減少及其危險的補救法等文的討論），及Belluga de Moncada的著作，題名爲"Memorial…su despoblacion y pobreza"；在一六二七年又有Caxa de Lazuela 的著作，題名爲"Discurso sobre…despoblacion de estos reinos"；在一六五〇年，更有 Martinez de la Mata 的著作，題名爲"Memoriales o Discursos…en razon del remedio de la despoblacion…"及Bustamente 的"Memorial sobre elfomento de la poblacion"等等。以上的著作大多數以人口減少（despoblacion）爲主題，並特別討論窮境及一般貧困增長的問題。原來西班牙的經濟狀況在查理廿特王朝已見破碎，至飛利浦第二王朝（一五五六至一五九八年）益行嚴重，到了飛利浦第三（一五九八至一六二一年）及飛利浦第四王朝（一六二一至一六六五年）情勢更行不佳。農業破產，工業荒廢，以及人民習於怠惰，使貧困情形越法加重，人口之減少越發利害。至十七世紀末年，西班牙全境之內，至少減少六百萬居民。那末，當時西班牙的政治家及經濟學者對於人口問題當然要加以熱烈的注意了。

馬利亞那提高進口稅政策

其中最有名的是馬利亞那（Mariana, 1536—1623），他的著作名爲"Rege et regis institutione"（1605），有人把這本書和鮑丹的『共和國』相提並論。他認爲提高進口稅率，可以發展向內移民，於是即成促進人口增加的有效方法。他的推理如下：要把出品賣於西班牙的外國人，於提高進口稅之後，因必須繳納高率關稅，爲獲利計，勢將移入西班牙國境內經營他們的工業了。這樣的推理當然是很薄弱的，但是根據當代法國人的著述，竟有許多法國人到西班牙去經營各種小工業；可是究竟馬利亞那的手段行使到何等程度才能發生效力呢？這還是個疑問。

沙夫德拉

沙夫德拉（Saavedra Faxado, 1584—1648）在他的"Idea principis christiano-politic"（1460）一書中，雖是偶然的談到當代人口問題，但頗有精彩之處。他說：『帝國的力量寄於人民的數目上面。臣民衆庶的國君就是最偉大的國君，反之，有國衆多的國君並不能算是偉大；因爲國家不能用它自己自衞或進攻，可是有了人民，國家才能有堅强的維持力……沒有人的財富必引起戰爭而不能自衞，而人民衆庶的國家必能有多的力量和財富。在人民繁衍之中，才能見到國君的尊貴，人口減少就是國君的恥辱』（註七）。同時，就他的觀察所得，認爲在最富最强的國度裏，人口必最稠密。他相信人口衆多必使民族樂於勞動而儉用儲蓄，所以他同意羅馬獎勵人口的措施。可是他以爲獎勵生殖，不但對於整個民族是需要的，對於貴族階級尤其需要。

沙夫德拉指出人口減少有二種原因：一個是內部的原因，一個是外部的原因。內部的原因是苛捐雜稅，土地荒廢，工藝與商業的頹廢，以及休息日的太多，而富人階級的窮奢極慾也是人口減少的一個因素。外部的原因便是戰爭及向殖民地的移民。我們看沙夫德拉所指出的原因，洽與當時西班牙人口減少的情形相符。此外，他又補充說，在這兩種原因之中，外部的原因，當它有節制的進行時，尚且不致爲害；在事實上，外部的原因影響所及也未能像內部的原因那樣有害和那樣長久。

(註一)見：Stangeland, op. cit. P. 92.

(註二)見：Il precursore di Malthus, Filosofia delle scuole italiane, ann XII, vol. 23, fev. 1881, . 147-160.

(註三)見：Gonnard, op. cit. P. 92.

(註四)見：James Bonar, Theories of population from Raleigh to Arther Young, P. 17.

(註五)見：Botero, Della Ragione di Stato, 1589, P. 359-365.

(註六)鮑特羅相信向外殖民的效力，固然因爲當時新土頗廣的環境所應有的觀念，但似乎和他的學說不符，因爲他認爲世界人滿是指日可待的。

(註七)見：Idea principis christiano-Politici, Vol. III, P. 38.

第十二章　十六世紀至十八世紀中葉的法國人口思想

法國重商主義者的代表鮑丹

重商主義時代的法國作家大都屬於衆民主義者，其中最著名的要算鮑丹（Jean Bodin, 1530-1596）和孟克萊先（Montchrétien, 1575?-1621）二人。

鮑丹在他的『共和國』（Republique, 1597）及『答馬爾斯塔君的謬論』（Réponse aux Paradoxes de M. de Malestroit touchant l'enchérissement de toutes choses）兩部著作中，所表示的衆民主義的態度異常明顯。在『共和國』之第五卷第二章中專門研究人口，他以幾種社會問題爲其着眼之點，其中最加注意的是環境好劣不均的問題。他反對人口靜止對於政治爲有益的希臘人口思想，他說：『永久不要憂懼人民數目過多：要知道，出掉人的力和富，便沒有什麼力和富了。』鮑丹這句話，成了衆民主義者的標語和口號。他繼續說：『尤有進者，國民的繁衍又足以防止叛變及亂黨的發生：因爲介於貧富，好惡，智愚之間的中等人數愈多，叛亂愈不易發生。最危險的是國民分爲二大部分而無中等人存在：這却是國民稀少的共和國的情形了。總之，鮑丹與亞里斯多德不同的地方是：亞里斯多德以爲人口太多，就沒有法子可以使兩大極端人羣間的對立加以調和；鮑丹認爲人口衆多可以防止階級鬥爭，亞里斯多德則認爲人口衆多時階級鬥爭將不可免除。

在『答馬爾斯塔君的謬論』中，鮑丹由經濟的觀點主張人口衆庶。他取法國爲例，因內戰及百年戰爭，人口殺傷不知凡幾，因爲人口減少，以致田園荒蕪，工藝衰敗；然自停戰以來百三四十年，人口增加無已，因此降於法國之福利即源源而來。他不但以爲當時法國受賜於衆庶人口者頗多，並且相信由於法國向外移民，更造成了鄰國的繁榮：受惠於法國移民最大者爲西班牙，其次爲意大利。

當時法國爲什麼向外移民呢？是否因爲法國的生活資料不足以供養當時的人口？鮑丹沒有這種認識。他固然認爲當時的人口很衆，可是他並相信當時的人口足能找到他們所需要的生活資料。何以見得呢？因爲『我們的（指法國的）前輩教給過我們一句古時的諺語說：法國永遠不會饑饉，這就是說，如果外國不來取空我們的倉庫，法國供養它自己人民的東西是很富足的。』人口雖然增加很快，總不會發生飢饉的，只有不慎的食糧輸出可以損害現有的形勢。鮑丹所以憂慮輸出不慎的，因爲他以爲當時法國的鄰國，爲西班牙（包括葡萄牙）及意大利，已陷於飢饉，皆企圖吸收法國大麥。因此，爲保護法國人口的供養起見，他主張採取嚴厲手段，限制大麥輸出。他又贊成各城設立公倉，以防凶年，蓋當凶年之時，糧商將大麥積存，以便抬高麥價，勢將危害民生。他主張重徵麥、酒、鹽的出口稅。

由以上看來，可見鮑丹以法國政治家的身分，根據當時法國的情形來討論人口問題，所以在本身上是有時間性和空間性的。鮑丹固然也說到了一般的人口理論，但還只是爲反對希臘及摩理斯的人口限制論而發，算不得人口法則的探討。

鮑丹對於當時尚在幼稚時代的法國人口統計，嘗加以修正（註一），由此涉及人口統計學的範圍。鮑丹不僅研究過人口之量的方面，並曾說到質的方面。他舉出一些民族品質和氣候及環境的關係。此外，他還指出貧乏（或赤貧）與蕃殖的一致並進：例如，古代被解放的奴隸，勞動勤苦，不事淫亂，其生子甚繁。

孟克萊先

鮑丹之後，有孟克萊先出。他在一六一五年，發表有名的『政治經濟專論』（Traité d'Économie politique），說明工業的重商主義學說。在這種學說的裏面，將衆民主義說在强調之下加以主張。後來亨利第四於一五九九年四月八日所頒佈的法令，採取了他的學說，其法令中有云：『皇王君主的力和富建設在國土富饒及人民數目上面。』

孟克萊先——與鮑丹同——相信法國土地肥沃，有供養衆庶人口的能力。他沒有比鮑丹更進一步，他之討論人口問題，乃以法國一六一五年的情形爲出發點，沒有推廣到一般情形，也沒有加以科學的探討。他也主張重徵食糧的出口稅，以便將法國食糧留爲法國人民自用。他說：『每個人都要取諸自己的土地；每個國家應當供養並維持它的人民。』對於鄰人鄰國並非不可予以救濟，但這只能求之於慈善心而已。

孟克萊先也認爲當時法國人口很衆，移民大批流出。可是寧可說他贊成向外移民，他不以爲移出之民是國君的重大損失。但是他不贊成大批移入西班牙，因爲前途沒有多大的希望。他建議法皇（路易十三）打通移向美洲之路，道路『廣坦的展開在面前，你願意把人民送到這新大陸去，在那兒，你能建樹並滋生許多新的法蘭西國。』

×　×　×　×　×

荷爾柏執政以來

法國自荷爾柏（Colbert）執政以來，重商主義披上了工業主義的外衣，其人口思想仍舊一般的屬於衆民主義。當時法國人士差不多一致相信：法蘭西帝國的財富及偉大與人民數目有不可分的連鎖。法國在路易十四王朝，人口約爲二千餘萬，衆庶甲於歐洲，可是欲使法國成爲工業國的苟爾柏猶以爲未足。苟爾柏的人口政策是一面用消極和積極的方法增加人口，一面使人口皆從事於勞動：他注重人口，尤其注重職業人口(Active population)。

波紱

路易十四王朝，法國著名作家多半主張衆民主義。波紱（Bossuet, 1627-1704)在他的『聖籍中所得的政治』(Politique tirée de l'Ecriture sainte)中樹立一種原則：『國王的榮耀及其尊貴在於人民的繁庶：國王的羞恥在於因自己的過失而眼見人民縮小及減少。』國王的眞正財富是他的臣民，所以奬勵結婚是值得贊許的政策。

服榜，霸基爾貝耳及芬乃龍

服榜元帥(Maréchal de Vauban, 1623-1707)及重農主義先鋒霸基爾貝耳(Boisguillebert, 1645-1714)一致用農業及農村人口的名義，反抗重商制度的流弊。服榜在『皇室什一稅』(Dîme royale, 1707)一書的開首即謂：『形成一國廣大而眞實之財富的，並不是大量的金銀……一王國的眞正財富乃在食料的豐盈，蓋食料爲維持人民生活必不可少者……』。服榜，一似鮑丹及孟克萊先，相信法國本可使其食料豐盈，且可輸向鄰國；惜乎戰爭及苛稅破壞農業，同時也就妨害了人口。他心目中所認爲理想的國家，是擁有能得適當營養的最大人口，而當時法國既感人口不足，又覺人民生活窮困，所以他大聲急呼道：『國王們的偉大永遠一視其臣民的數目而定：他們的福利，他們的幸福，他們的財富，他們的產業，以及他們在世界所有的令譽，都在他們臣民數目的上面。』（註二）當服榜討論財政時，認爲過度的租稅担負足以妨礙人口繁茂。

霸基爾貝耳有兩部遺著，一名『法蘭西拾零』(Détail de la France, 1697)，一名『法蘭西的聲辨苦』(Factum de la France, 1707)，皆熱烈的同情於農業，關心的辨護鄉村階級的利益。在『法蘭西拾零』第一章中，他立下一條原則：一國的財富與其領土的肥沃度成正比例，土地即所以供給人口生活必需品者也。農村的運命寄在穀價高低之上，非穀價相當高昂不足以抵補成本而有餘；而此種有償的穀價，又非解除出口之禁不能實現。他反對重商主義者壓低穀價以使人口增加之說，因爲穀賤傷農，農民勢將放棄穀糧耕種，其結果有發生飢饉的危險。

服榜是財政的理論家，與重商派接近；鮑基爾貝耳乃農業的理論家，爲重農主義的先驅；今更舉當時空想的社會思想家芬乃龍 (Fénelon)：三人身分各不相同，然三人皆隨當代思潮之所趨，一致稱頌衆庶人口的利益。芬乃龍以爲人口的增加是一件首要的事情(他的著作名爲 Télémaque，一六九九年出版)。他似乎相信食料數量代表人口的限界，但此限界，每因政府以法令改善大衆(尤其是農民)的生活條件後，而行擴展。人口過剩是可能的，其救濟方法爲向外殖民，蓋殖民一面能調劑人口過剩，同時又能增益君王的權勢和國家的地位。

× × × × ×

十八世紀上半期的人口思想家

梅龍與佛奔奈及赫伯特

在十八世紀上半期中，法國人士對於人口理論較有献貢的，經濟學者有梅龍，佛奔奈，赫伯特，康地庸，哲學家有孟德斯鳩，畢風，福耳特耳。

梅龍 (F. Melon 死於一七三八年) 是法國重商主義的最後代表之一，堅決主張衆民主義，他說：『奬勵結婚，救濟支持大家庭的父親，收育孤兒棄嬰，其能强盛國家尤過於征服他國。』他所要求的是可能供養的最大人數，但是他也認爲人口過剩有發生的可能，不過他又相信强度耕種和勤勉

康地庸

的工業所能供養的人數，超出一般想像之外。總之，他仍然忠於重商主義的傳統信念。

佛奔奈（Forbonnais）受梅龍的的影響甚深，亦爲重商主義者。他憂慮農村人口減少，反對使用農業機器而使必要的人工數量縮減。赫伯特（Herbert，一七五三年發表Essai sur la police générale des grains）認爲農業和人口乃一國繁榮的基礎。赫伯特傷嘆法國人口密度之過小，他相信法國人口尙能增加而至四倍：今人口未能如此衆庶，皆因城市主義及荒廢農事所致。

康地庸（Richard Contillon, 1680?-1735?本爲愛爾蘭人，移居巴黎爲銀行家，其一切經濟思想皆源於法國，所以可視爲一法國學者）的名著『商業的一般性質』（Essai sur la nature du Commerce en général），在他死後（一七五五年）始公表於世，今日的經濟學史家一致認爲此部著作爲揆奈（Quesnay）亞丹斯密以前最重要的經濟學文獻。在康地庸的遺著中，重商主義與重農主義的思想發生交流作用，對於人口問題亦曾加以深刻研究。

康地庸固然也相信『人口是財富主要因素』之說，但是並非漫無邊限的相信。他指出『一國中居民的數目視營生資料而定』，而營生資料又視地主的能力及其使用權的方式而定。地主佔有土地，由土地之中收獲淨產品，此淨產品爲供養居民的源泉，所以地主成爲人口的統轄者了。此外，他更指出人口數目的增加與人民福利處在對立的地位，可是他對於人口應當貧而衆或富而寡的問題拒絕討論，因爲他認爲這是屬於『道德的』問題，和他所研究的題目無關。

康地庸接受當時社會事實的啓示，預料文化愈進步，民族的蕃殖力愈減退。文化的進步增加人的慾望，擴大人的奢侈，每人的消費比前加多，所需要的土地面積加大，其結果同量的生產只能供養較少的居民。由上可見，康地甯的學說頗與現代『社會毛細管說』相像，但前者認為一定土地所能生產的食料是有一定的，而後說則認為農業生產力有無限增大的可能性。此外，他並沒有感覺到人口有對食料過剩的憂慮，他寧願相信人口與食料勢將維持均衡；他還主張人口衆庶，是屬於樂觀派的，可是一位自由主義的經濟學者又那能要求國家獎勵人口呢？

孟德斯鳩與福耳特耳：古今人口多寡之辨

法意作者孟德斯鳩（Charles de Secondat Montesquieu, 1689-1755）對於人口問題多所討論，可惜因為出發點錯誤，以致鑄成連篇大錯；然其錯誤之出發點亦自有根據，只因所根據者亦屬錯誤而已！當時尚無精確的人口統計，英法哲學家並往往輕信拉丁及希臘作家的古代人口估計，因謂當時人口遠不及古代人口之衆。當時法國因路易十四戰爭所招致的人口減少，亦似可為古代人口多於近代說的旁證。實則古代傳說既不足信，而法國人口之減少本為偶然一時的現象，及一七一三年戰爭停止後，法國及西歐人口皆重新一致向前增加起來。最後，近代人口減少說所以為一般人主張者，也許以此為根據以攻擊專制與教會：蓋自古常以人民減少為惡政的標號，人民減少又可歸咎於宗教的獨身主義，今既承認今日人口不及古代之衆，是則專制及教會皆不能辭其咎了。

近代人口數不及古代之說是一個錯誤的出發點，却為當時若干大學者所採納，做為他們研究的出發點。但是同時也有反對論出現，於是論戰興起：英國休謨與華勒斯的論戰，一似法國孟德斯鳩與福耳特耳。孟德斯鳩和後來的華勒斯一樣，都是十八世紀人口方面錯誤觀念的代表人。

孟德斯鳩在法意第二十三卷及『波斯通訊』（Lettres persones）第一一二至一二四號之中，闡明他對於人口問題的意見，其要旨可歸納成三項：（一）人口減少的動向，（二）造成人口減少的原因，(三)人口減少的補救策。第一，孟德斯鳩相信人口數今不及古：今日地球的人口至多有古代人口的十分之一，人口是日復一日的減少，再過十世紀以後，恐怕世界要變成一片無人的沙漠了！至於歐洲當時人口更遠不及古代之稠密！歐洲人口普遍減少既認爲事實，遂進而尋求其原因之所在。他所舉出的原因爲數頗多，不過多半無何價値可言，甚且有與實際情形絕對不符者。據他的意見，舉凡戰爭，瘟疫，突變，多妻制，離婚禁律，宗教獨身，長子權，海外移民……皆一併置於人口減少原因之列。孟德斯鳩對於人口減少的原因既無正確的認識，對於補救人口減少的方策自然要不切實際了。他相信，欲使人口增加，必須政府開明，社會有最大的自由，最普遍的富裕和最完全的平等。然考諸事實，今日比較合乎這些條件的國家，如法，比，瑞士，瑞典，挪威等國，其人口出生率不但較他國爲低，且有迅速降低的趨勢。反之，東歐各國，其人民貧困，政府專制，然其出生率反高出上舉諸國。可見孟德斯鳩之說與事實正面矛盾，幾乎完全不合。

孟德斯鳩不能逃脫當時一般的錯誤觀念，又認爲人口衆庶是一種美善，因此盡量尋求人口減少的原因，初未嘗詳加探索，甚至曲解附會亦所不惜。至於補救之策，則和他所提倡的『自然法制』相合：『自然法制』在社會方面認爲現存制度不良，須加以改革，認爲『自由平等』無論在那一方面都是可欲的，在人口問題的觀點上，證明亦復如是。

福耳特耳(Veltaire, 1694-1778)的觀察力，一般人認爲不及孟德斯鳩，但是他沒有採用錯誤的出發點，所以他能免掉許多錯誤的推論。福耳特耳不相信古代人口的衆庶，和近代人口之不如古代之多——他在『哲學辭典』(Dictionnaire philosophique)“Population”一目中，曾堅決表示出來。

畢風的將來人口靜止說

他相信：『從査理大帝（於七七一年獨立爲王）以來，人口約增至三倍。』他並不否認局部的人口減少，例如當時教皇國如果沒有主教僧侶和公使遊客，勢要變成荒地了。然而就全部而言，人口是增加了，而且它的理由也很簡單，就是因爲生活資料比昔時豐富了的緣故。古代野蠻人决未嘗生育繁庶，而文明與富裕必易使人口繁衍而延漫。

福耳特耳相信人口法則的力量，認爲人口永遠有增加的趨向，但是並未流入馬爾塞斯主義。他否認人口依幾何級數增加（當然不是針對馬爾塞斯！）：『人類不依幾何級數蕃殖。一切由此種看法所做成的計算，都是有害的不經之論。』人口的增殖不像一般想像的那樣快，人口永遠要和已有的資料成其平衡，並且也沒有一種壓力叫人口超過資料以外。福耳特耳的一般哲學思想是屬於悲觀論的，可是對於人口問題却屬於自然平衡的樂觀論。

畢風（Buffon, 1707—1778）在他的『自然史』題名爲『人類的變化』一章中，發揮人生及種族特性與氣候的關係。他以爲，人類在原始本爲一種，後經各地分散，因氣候不同而成多種。至於人類蕃衍，其中不免互相衝突，互相生滅，當人口的增殖到了相當衆庶的時候，生滅大致相等，其結果人類的數目大致靜止不變。孟德斯鳩相信世界人口減少了，福耳特耳認爲人口向前增加，畢風則以爲人口靜止。

（註一）關於當時法國的人口統計及其錯誤情形，參看：Gonnard, Histoire des Doctrines de la population, PP.166-9.

（註二）見：Dîme royale, P.23.

第十三章　十六世紀至十八世紀中葉的英國人口思想

十六世紀末，及十七世紀初，有許多英國著作家對於人口過剩，已表示相當的憂懼。當時英國的貧困似乎比古往今來都爲深重。爲救濟一部分陷入貧困的人口，於是攫取海外殖民地，英國第一部分的美洲殖民地就是在此時建樹的。

在當時英國的著名作家中，討論人口與經濟問題者，最早要算摩爾(Thomas More, 1478-1535)了。這位有名的『烏托邦』(Utopia, 1516)的著者，深感當時英國經濟狀況之可慮，乃由貧困原因的具體分析，尋求社會主義機構的基礎。他以爲貧困的主因有三：貴族的奢侈，多數不事生產之僕役的存在，擴充牧場損壞耕地——三者之中，尤以最後一種爲甚。由耕地到牧場的轉變，是當時西班牙人口減少的原因，英國因大地主實行『圈地』(Enclosure)，亦同遭往日西班牙的命運。摩爾乃用一種動人的語調論斷這種情形：爲說明因牧羊而減少耕地面積及鄉村人口這件事實，他說『食肉者』的羊吞噬了人民。

摩爾的『烏托邦』

在『烏托邦』之數章中，摩爾說明他的人口思想。他以爲：人口不要過多，也不宜過少或不足，每一烏托邦城市中，人口最大的數目須加以確定(這和柏拉圖的主張是何等相似！)。每一家庭的子女數亦須規定：『每一家庭之子女不得少於十人，亦不得超過十六人。』摩爾認爲這種規定易於實行，只要把子女過多的家庭，分一部給與過少者，就算完事。由家庭推至城市：凡人口過多的城市要把一部分的居民塡入人口過少的城市——爲求達到人口數目平衡計，不惜以喪失人民居住的自由爲代價！

從大體上看來，摩爾似乎沒有馬爾塞斯主義的憂懼，他以爲最小的家庭還要有子女十人！如若烏托邦城市中的人口過多時，便酌量送到殖民地去；如果人口太少，便從其他地方招徠或由殖民地喚回一部分人口，如此互相調劑，何愁不合理想？摩爾把人口當做普通動產看待，爲國家的利益計，可隨意處置。總之，摩爾的學說不宜於近代，其主要內容係因染受希臘哲人的影響而來。

人口過剩的憂慮者：荷林脊德及考克

荷林脊德（Holinshed，死於一五八〇年？）認爲當時英國人口已經過庶，而青年人之早婚更使貧困擴大。他說：『有些人倡言反對人民大量增加，他們說，家畜族類的增加反比人類無用的繁衍尤佳。』考克（George Cok，死於一六七九年）在他所著的“English law or summary survey”一書中，討論貧人結婚的立法，主張當局禁止早婚，以免加重貧人的擔負。

馬爾塞斯的先驅之一：拉賴

在馬爾塞斯的先驅中，常常舉出拉賴（Walker Raleigh 1552-1618）。他寫過兩部書：一爲『一般戰爭的檢討』（Discourse of War in general），一爲『世界史』（History of the world）。拉賴反對鮑丹及馬夏外里的意見；對於摹倣奧古斯都大帝獎勵結婚以企圖增加人口者，尤不以爲然。在他的『一般戰爭的檢討』中，描述一般的戰爭，認爲自然或必然的戰爭是由於『一國之自然的必要』（Natural necessity of a country），因爲在一國領土中充滿過量之人羣，必要逼着他們用權力或蠻橫方法，將重擔置於他人身上，以求避免災疫的危險——這種危險對於一般中等人是時常光顧的——，因爲在貧困之中，祇有飢饉和威脅才能推促人羣走入無希望和怨恨的路線。所以在必要上，戰爭是不能免掉的，這種戰爭可以叫作『一般的極不可免的或必要的戰爭。』

在『世界史』裏，他確信，如果沒有戰爭，傳染病，飢饉和自動節育等等爲之阻礙，地球不但將要人滿，還要人口過剩。當時西班牙，雖然移出許多的人，本國人口並未減少，其人口數目即是其國土所能盡量供養的數目。他以爲倘若英國征服了法國，向歐洲大陸移出大批人民後，英國人口還是和今日一樣的稠密。在擾亂時代，戰爭與瘟疫足以阻礙人口；在平時，也有許多人因爲無法養育子女而放棄結婚。有人說拉賴很像好戰的德國恐佈人口學者婁末爾博士（Dr. Rommel），歌頌戰爭，甚至認爲大將軍驅使殺傷許多人民是對於國家盡了天職，因爲一國如有過衆的人口，差不多是患了不治之病。

以上是拉賴關於人口方面的主要見地。邦納說過，拉賴學說中所含之暗示，較之明文之說明尤多。但因，證明他暗示方面的理論必須走一條很長的路，我們以爲在這兒是大可不必。請讀者細讀"Theories of population from Raleigh to Arthur Young"的第一章可也。

大哲學家培根及郝布思

大哲學家培根（Bacon, 1561-1626）對於人口問題之論斷與拉賴稍稍相似。其書名爲『叛變與擾亂』(Essay concerning seditions and troubles)。免除叛亂之第一種方法，是消滅叛亂之物質原因，例如奢慾及赤貧等。爲達到這種目的起見，必須完成有利之商業平衡，發展製造工業，禁止游惰人民，以禁奢法制止奢侈，規定食品市價，減輕賦稅。在一般着想，培根願使一國的人口與其資財成適當之比例。他以爲，貴族及僧侶不應與一般人民依同一比例增加，『因爲他們對於資財毫無加添也。』

另一本書題名爲『王國眞正的偉大』(Essay on the true greatness of the Kingdom)。培根

認爲王國之偉大，在於人口的繁衍，但是不在一般人民的加多，而在能執干戈者的增加。所謂執干戈者，當指壯丁而言。他以爲當時英國，所有民生艱苦的象徵，要比人口減少的象徵爲多。

最後，在他的『新大西洋』(New Atlantis)一書中，培根說到結婚，提出一些空想學說，並主張貞操的優點，總括看來，培根的學說不甚獎勵人口增加。

另一哲學家郝布思(Thomas Hobbes, 1588-1679)在他的著作"Leviathan"及"De Cive"裏面，詳述人口與生活資料間的關係。一國的營生資料依靠(一)領土及領海的生產，以及由外國購來的產品；(二)財富的分配，如財產法所規定；(三)社會人羣使用及『消費』財富的方式。人口是依靠食料以資維持，且一國也許無力供養其國民。當其不能供養全體國民時，必須把過剩的人口送到人口稀少的殖民地去。郝布思並謂：『如果地球不能供養一切人類時，各國祇有訴諸戰爭而已。』(見：De cive, Ch, I.)

莫耳的限制貧人蕃衍說

與郝布思的"Leviathan"(1651)同時，莫耳(Adam Moore)發表『貧人的麵包』(Bread for the poors, 1653)。莫耳深感於下等階級的貧困，要求國家禁止人民閒游懶惰，同時設法阻止貧人蕃衍子女。他說：『縱然上帝曾經命令人類從事增加，繁衍，布滿世界，且承認一般人結婚的自由與合法，可是，我們也要停止這種賜予的效力，至於停止的方法並非用明文指令，乃是應用一種實質的行動，把貧人的必要住宅奪之而去，由此才能眞實的停止其繁衍也。』

哈靈吞的樂觀思想

哈靈吞(James Harrington, 1611-1677)是"Prerogative apud"及"Oceana"的著者，他以爲人口自然要緩步的增加，在他的理想共和國裏(也許就是『上帝的英吉利島國』)，人口要在四十

和衆民主義

年增加三分之一。他主張獎勵結婚，對於人口過剩一事毫無憂慮，殊與當時一般英國言論不同。這不能不說他有很大的重商主義的精神。本此，他所宣布的政策是：凡有十個孩子的父親，享受免稅待遇；有五個孩子的父親，可得部分豁免；至於年逾二十五歲尚無子女者，須納雙稅。關於人口之質與量的兩方面，他也有相當見地。他雖然主張獎勵結婚生子，但是認為人口品質及生活標準的問題也很重要。哈靈吞以英法戰爭為例，法國的軍隊，數目比英國多，但是結果英人在戰爭中每佔優勢，這是由於英人的品質比法人較好的緣故。

城市與鄉村間的人口關係

哈靈吞最用力解釋的，却是城市與鄉村的關係，詳言之，即二者之間的作用及反作用，二者如何互相扶助，使其人口得以維持是也。在"Prerogatve"一書中，他贊美倫敦及一般都市，確是娓娓動聽。關於城市與鄉村間的人口關係，有下述的重要說明：

『在上帝允許阿布拉海穆(Abraham)的祝福之一，是說他的胚種要像天上星宿那樣的繁衍。由於種族的繁衍，羅馬的共和政體乃使其領土與海洋接壤，使其聲譽與天星比輝，如無衆庶的人口，必無偉大的共和國家，這種理由和言論都是很明白的；可是這究竟由鄉村裏開始，或是由城市裏開始，乃一可疑之點，我(哈靈吞)未能十分明瞭。如土耳其之鄉村，如英格蘭之城市，都會阻止人口的增加；但除此特例而外，大凡有人口繁庶之鄉村的國度，必能造成人口繁庶之城市。又如法國(鄉村人口繁庶)，同時有巴黎之大城；並且大凡有人口繁庶之城市的國度，必能造成一個人口繁庶的領土，例如，有了羅馬城及阿姆斯塔達姆埠……便有羅馬及荷蘭的農村種族。

『但是繁庶的城市如何造成繁庶的鄉村？及繁庶的鄉村如何造成繁庶的城市，所經過的途徑却是背道而馳的：其一乃經過哺乳(Suckling)方式得到的，這是城市的途徑；其他乃經過捨奶(Weaning)方式得到的：這是鄉村的途徑。』(註一)

城市人口衆多的時候，所需食料及其他農產物亦多，因此鄉村必增加生產，增加生產的結果，使鄉村的勞動者、耕農、富農等的數目增加，而造成繁庶的鄉村——這是經由哈靈吞所謂之『哺乳』的途徑。反之，當民族人數增加過多時，鄉村產物不足以供給城市需用，城市人口爲生存計，必須採取其他的營生方法，例如經營商業和製造業等，爲達到這種目的，『必須把他們的手和他們的財貨集到一起，這樣造成了繁庶的城市。』——這是經由哈靈吞所謂之『捨奶』的途徑(小孩不吃奶，必須吃別的東西)。

配第與哥勞特

哈靈吞對於人口統計學大概沒有直接的影響，這是因爲他沒有十分使人注意的學說留傳後世。但是哈靈吞影響了配第(William Petty,1623—1687)，而配第又與哥勞特(John Graunt,1620－1674)互相影響。關於配第與哥勞特的比較，邦納說的好：『如果配第是一位非常的人，則哥勞特却是一位很平常的人：但是他(哥勞特)實在是一位做到非常偉業的平常人。如果配第創立了經濟學——就像有時候這樣說的——則哥勞特却創立了人口統計學——即關於出生、結婚及死亡的忠實之統計的研究。他(哥勞特)爲倫敦所做的工作成爲一切城市中關於同類工作的模範。』

一六六二年，哥勞特發表世界聞名的『倫敦死亡清册的觀察』(註二)，並將此書寄到新成立的皇家學會。經配第之手，得蒙贊揚，於是被選爲該會會員。茲後，二人間的關係及合作，乃日漸親密。配第在一六八三年，繼哥勞特而發表『達蒲林死亡清冊的觀察』(The Observations on the Dublin Bills of Mortality)，他所用的方法與哥勞特相同，且似乎要想完成哥勞特的體系。

『死亡冊』

死亡冊(Bills of Mortality)起源於歐洲各地的大疫，最早者是一五一二年的死亡冊，由教區根據女調查員的報告而編製的。哥勞特應用的死亡冊是自一五九二年起至一六六二年止。根據研究的結果，他指出：有機體疾病(或包括普通災害)與死亡率有直接關係；當小孩出生時，男嬰多於女嬰，嬰兒死亡率比普通死亡率爲高，城市死亡率比鄉村死亡率爲高。這都是正確的結論，後來成爲人口統計學一般的則律。關於人口加倍的時間，他認爲倫敦需要六十四年。他相信人口有依幾何級數增加的趨勢，然往往受積極妨礙，如戰爭、瘟疫等等所阻，至於預防妨礙，哥勞特則未嘗十分注意。

已經是人口與生活資料的問題了

英國在十六世紀初至十七世紀中葉，從摩理斯到哈靈吞，馬爾塞斯主義的思想漸漸形成起來。『有人說，大布列顛在一世紀半或兩世紀以前，已經事先感到了這種學說，到了一七九八年才由其國民之一公布於這倍受驚恐的世界』(註三)。以上所舉一五〇〇至一六五〇年間的英國哲學家，政治家和經濟學者，無論他們的主張如何不同，他們都站在經濟的立場上，他們心目中的問題，已經是人口與生活資料間的問題了。

重商主義的趨勢

但是此時已經到了重商主義的全盛時代了，英國政府既不能逃出衆民主義政策的圈子，而重商主義者也未能反乎一般的思潮。

當時重商主義者，如托馬斯曼、福崔、騰普爾、柴爾德、貝蒂特等人，都是衆民主義者的代表

英國重商主義者的人口思想

，他們的思想也都合乎一般重商主義的趨勢。其他如達味喃特、理查孫、及柏克立亦爲同此一流。

托馬斯曼(Thomas Mun,1571—1641)死後刊行的名著，題名爲『英國海外貿易的財源』(Treasures of England in the foreign trade, 1664)，在這本書中固然沒有對於人口原理加以顯明的討論，但他是站在一般重商主義的立場：在他研究人口與生產及奢侈間的關係時，尤爲顯著。稍後，福崔(Samuel Fortrey, 1622—1681) 在他的『英國的利益及進步』(Interest and progres of England, 1673) 一書中，很清析的闡明了同樣的觀點：他認爲一國國力之强盛，必須有財富與人口；而人口發展又必惟工業發展是賴，因此又主張獎勵外國勞動者移入——在這幾點上，福崔可算是很忠實的重商主義者了。同樣，鄧普爾 (William Temple, 1628—1699) 說過：『商業和財富之眞正的國民基礎，便是與居住之領土面積成比例的人口』；他的理由非常簡單，他以爲人口稠密必使生活必需品價格昂貴，生活一旦昂貴又必能强迫財產主實行節儉，其他人民從事勞動，國民消費既少，勞動又多，於是賣向海外的商品必能增加 (見：An Essay upon the advancement of trade)。

柴爾德：工資與人口的關係

英國重商主義主要代表之一柴爾德 (Tosiah Child,1633—1699)，主張人口永久視工商業的狀狀而定。他以爲，如果人口不足，工資必隨之提高，而工資一提高，人口又必隨之而增加。這種學說和馬爾塞斯以後的『工資基金法則』頗相似。柴爾德也是一個衆民主義者，因爲他說：國富之多寡非僅視土地之肥薄而定，欲使一國致富，必須有多數的人口，非人口與土地成適當比例不可。但是人口在普通情形下，並無若何不足之患，因爲人口不足時，工資必提高，於是人口又必隨之而增加了。(見：New Discourse on Commerce.1668)。

貝蒂特及其與騰普爾的比較

在一六八〇年，貝蒂特（Petyt,1636—1707，請勿與其同時之著名人物配第 Petty相混）發表一本著作，題名爲"Britannia languens"。他認爲，國外貿易是支持多數人口的方法，並且是唯一有效的方法。製造業也可以供養多數人口；但是金屬的輸出勢必使人口減少。衆庶的人口可使工資降低，繼而使製造品的價格降低；反之，稀薄的人口產生高的工資和高的物價。從表面看來，貝蒂特的意見似與騰普爾的意見互相矛盾：因爲騰普爾認爲人口衆庶足使物值昂貴。但是二人的意見並不是絕對不相容的，實際上都是屬於重商主義的精神。騰普爾自以爲指出生活必需品的漲價可強迫勞動者多行勞作，而貝蒂特則欲說明人口增加所產生的工資降低，無不對於輸出貿易有益。二人皆毫無遲疑的犧牲勞動者的福利，只顧獲得一『有利的』貿易平衡，以便國家得到大量金銀。

達味喃特及其他傳統的衆民主義者

達味喃特（Charles Davenant, 1656—1714）也是英國重要的重商主義作家之一。他仍舊主張重商主義之傳統的人口學說，而略較緩和。他以爲，估斷一國的力量必須知道人口的數目。當下等階級人民營養良好時，其繁衍必速。他估計英國人口於每四百二十五年始能增加一倍，在耶蘇紀元二三〇〇年，英國人口始能達到一千一百萬名！人口的增加所以如此緩慢的，自然有妨礙它的原因存在，其中最主要的是：(一)鼠疫及天災，(二)內亂及對外戰爭，(三)海上災難，(四)向殖民地的人口移出。此外尚有城市集中，惡劣意志，奢侈，放蕩，等等，皆足以阻止人口增加。因此，他主張用立法方法獎勵結婚和向內移民。查理孫(William Richardson)及柏克立(George Berkeyley, 1685—1753)的人口思想亦不外傳統的衆民主義，不必贅述。另一重商主義者杜蓋德(Samuel Dugard)，其書名爲『大家庭討論』(Discourse concerning the numberous families, 1695)，歷數大家庭的弊害

嘿爾茲對於人口自然增加的估計

，然其論調並非前後一貫，仍然堅持衆民主義的主張。最後，昆伯蘭德（Richard Cumberland, 1631—1718）在"Origines gentium antiquissimae"(1724）一書中，致力於古代民族人數的估計，所得之結果極屬可笑：例如他說太古洪水後三百四十年，地球存在三，三三三，三三三，三三〇人！哥勞特與配第出，人口統計之研究已見嚴謹，二人之說已如上述，茲不贅言。由二人之名可連想到嘿爾茲（Mathiea Hales, 1609—1676）。嘿爾茲根據各種計算，證明人口可在短期間增加許多；他認爲人口增加之趨勢依幾何級數進行，每段須二十五年完成；他並指出，在事實上人口增加之所以較慢的，是因爲有若干具有毀壞性的障礙存在之故。因此，他相信人口能自行增加，並且將來也要不停的增加。

（註一）原文爲 Bonar 所引擧，見：Theories of population from Raleigh to Arther Young, P.55.

（註二）哥勞特之著作的全題是："Natural and Political Observations mentioned in a following Index and made upon the Bills of Mortality. By John Graunt, citizen of London. With reference to the government, religion, trade, growth, air, diseases, and the several charges of the said City. Non me ut mireur turba labaro, contentus pancis lectoribus."

（註三）見：Gonnard, Histoire des Doctrines de la population, P. 125.

第十四章　十七世紀中葉至十八世紀末葉的德國人口思想

一六五〇年至十八世紀末的人口思想家提名

自一六五〇至一七五〇年之間，德國人關於人口方面的著作甚夥，其研究之熱烈，亦僅次於英國。政治家及國庫主義者，如溥分道富，柏克勒（Henrich Boecler），昆靈，阿痕發爾，重商主義經濟學者，如塞懇多夫，窩民德（Warmund），柏赫（Becher），斯勒得（Von Schröder），哈和湼克（Von Harnegk）；哲學家，如來布尼茲，倭爾夫；著名的人口學者，如徐士密叙，路易勞；對於人口方面皆有論述。

至十八世紀下期，則有：腓力比，舉斯替，對斯，步醒，俾勒斐德，山奈費士；最後更有：普淮斐，赫斯，黑蘭須完德，賫牡，赫次僂，古吉阿斯，斯羅彩，牟所等。

人口思想家分類

將以上諸人的著述一一分析，非但不勝其繁，亦無此必要。今依甘納教授（註一），將此一百五十年的人口思想家分為四大類，而各以三五著名人物作為代表。這四大類是：（一）拉瓦舍所謂之『描寫學派』（école descriptive）；（二）哲學家與政治家；（三）專門人口學者；（四）為馬爾塞斯直接先驅者的經濟學者。

『描寫學派』

昆靈，塞懇多夫，阿痕發爾及斯羅彩四人，可為『描寫學派』的代表。拉瓦舍說：『描寫學派以地理學為基礎，雖然當時對於土壤及氣候的知識尚不甚深刻，尚不足以完全確定其在文化發展程中自然與人類的關係』（註二）。『描寫學派』祇說明事實之當然，而不求其一般的結論—統計學元勳斯羅彩（Ludwig Schloetzer, 1735-1809）之言曰：『統計之目的，在認識組成國勢的一切主要因素。歷史是動的統計，統計是靜的歷史。』塞鑒多夫（Seckendorf, 1626-1792）在其"Christenstaat"（1675）一書中，站在一般立場上研究人口問題。他與當時的人一樣，是一個衆民主義者，不過主張以人口能得到營養資料爲條件。他指出人口的增加是無限度的；他於移民問題也有很有趣的檢討。

昆靈（Hernman Conring,1606-1681）之書"Exercitatio historico-politia de notitia singularis alicujus reipublicae"，在他逝世後的第五十年（一七三〇）始傳於世。在這本書中，他盡力分析國勢的因素，並舉出物質的，形式的，最終的，及生效的四種因素。其中物質因素包含土地與人口。在一六七七年所發表的"Examen rerum publicarum totius orbis"一書中，主張向內移民，反對向外移民，敵視獨身觀念，因獨身能使人口減少：由此觀之，昆靈也是主張衆民主義的。

統計學的創建者阿痕發爾（Achenwall, 1719-1772）於一七四九年發表「歐西諸國政學綱領」（Abriss der Staatswissenschaft der Europäischen Reiche），對於所有地理與統計材料，凡在一國之中若屬確實者，無不加以闡明。彼時所謂統計（Statistica），其意義非常廣泛，非僅限於數字而已。阿痕發爾曾爲固廷根教授，繼承其席者爲斯羅彩；斯羅彩亦可視爲馬爾塞斯先驅之一，隨後再爲申述。

政治家及哲學家

政治家及哲學家可用溥分道富，來布尼茲及倭爾夫爲代表。溥分道富（Puffendorf, 1623-1694）是有名的"De jure naturae et gentium"（1672）一書的著者，在此書中，他以人口問題爲立場進而討論結婚問題。一般論者，謂彼主張獎勵人口，並贊成以立法手段鼓勵結婚，但其鼓勵結婚的主張，尚有若干之保留，非屬漫無界限：對於結婚者，宜勸其節慾；對於純潔的及宗教的獨身者，亦不以為非。總之，他的態度中庸而平和。

大哲人來布尼茲（Leibniz,1646-1716）亦可視為經濟統計家。斯坦格蘭教授以為他好似一隻環，把昆靈和徐士密叙二人聯繫在一起（he forms the link which connects Conring with Suessmilch, Stangeland, op. Cit. p.206）。在『人生與人數之新推理』（Essai de quelques raisonnements nouveanx sur la vie humaine et sur le nombre des hommes）一書中，他說明了應用統計以證明事理的重要。如同他的同代學者然，認為人口是很重要，是國力的首要因素，國家獎勵結婚，實屬責無旁貸。但是他的確為先進者之一，十八世紀作家所討論之人口問題，有些他已經檢討過，有些他已稍稍提論過。

倭爾夫（Christian Wolf,1679-1754）在一七二一年發表『人類社會生活的合理思想』（Vernünftige Gedanken von dem gesellschaftlichen Leben der Menschen）。在這本書中，他所主張的是一種中庸論，人數不可過少，亦不可過多，人口不要超過本國生產及可能輸入的限度以外。但他仍以為國家之勢力及富庶與人口密度最有關係，國家應保持相當高的人口密度，因其對於一國之福利與安全甚屬重要。他如哲學家路易勞（Ludwig Lau）於其一七一九年所公表之著作中，則主張重商主義的人口理論，並分析阻碍人口增加的原因，其說皆無關宏旨，不必詳述。

大人口學者徐士密叙

徐士密叙（Johann Peter Süssmilch,1707-1767）在人口思想史中要佔一席重要地位。他的著作名為『上帝的秩序』（Die Göttliche Ordnung,1741）。他所研究的人生各種現象，比他同時的研究者都寬泛，都完全。他可算是最早的人口統計學(Demography)之建樹者。他是新教徒，曾任總長，他又是腓特烈第二軍隊的司祭，信仰上帝之心甚篤，他相信人口現象之有規律性，是上帝有意造成的秩序，這種信念亦即其著作所以名為『上帝的秩序』的原因。該書第二版的序文中有言：

『各事俱是前定的，人的生死有不變的比例。小孩的出生，男嬰與女嬰，其次序亦為天之所定。人死的年齡，初視之似乎無秩序，但以大多數計之，則亦有一定的比例也。』(註三)。

他更引深的說：

『智慧的造物者，用他的意志統治宇宙，當呼喚生命時，便創生人類的大數隊伍。大千永恆之界使我們在它的面前停留相當的時間，一直到每人業經達到了他的生活目的為止；於是，我們一羣一羣的由這大幕中消蝕下去。至於，到達集合之地，軍官眼下的分隊，以及退伍，一切一切，莫不於一可驚異的秩序之下進行着。

『吾人到達生物世界之上，乃漸次實現，並無翻覆不定之情事，其規定的數目與生物之隊伍，以及退伍之人數，常保持一不變的比例……於此生物國度之降生中，有兩件現象昭人耳目：第一，出生之中，永遠是二十一個男孩伴同二十個女孩；復次，降生的人數又必稍稍多於死亡的人數，因此，人類隊伍永遠的稍有增加，其增加也，又依一相當之比率。』(註四)。

徐士密叙把人口現象中的規律性及人口法則的存在，以有力之文句，闡明無遺：此乃神的秩序，已先期註定。並且，他的論斷並非沒有根據——拉瓦舍說：『他的推理是依據當時所有統計材料所能供給之最有力的證明；有些地方，足使吾人驚異，因為那時候的研究資料是那樣的缺乏，而他所得到的若干結論，又是十分完全。』（註五）。

徐士密叙是個主張衆民主義的人。彼時正當腓特烈大帝王朝，獎勵人口的措施不一而足。徐士密叙既認造物者本使人類蕃衍以佈滿大地，國家亦應設法戰勝人口增加的妨碍——他舉出四種主要的妨碍：鼠疫，戰爭，飢饉，地震及類似的天災。

總括說來，徐士密叙的學說忠實於兩種重民主義之傳統：一是基督教的傳統，一是重商主義的傳統。他的結論屬於樂觀主義的，毫無馬爾塞斯主義的意味：在他的心目中，將來農工二業的進步差不多是無可限量的，因此他以為人口過剩的可能只在極遼遠的將來才能顯現。

× × × × ×

十八世紀下半期的人口思想

到了十八世紀的下半期，一方面仍舊存在重商主義人口論的最後代表，另一方面則出現若干類似馬爾塞斯的作家。腓力比(Philippi, 1721-1791)，槊斯替（Gottlob von Justi,死於一七七一年），對斯(George Dayes,1714-1791)，步醒（Friedrich Büesching）以及俾勒斐德（Von Bielfeld)諸人，仍舊主張傳統的學說，以為人口是國家富强的要素；奧地利經濟學者山奈費士(Joseph von Sonnenfels,1753-1817)是日爾曼重商主義者著名代表之一他仍舊重述同一的說詞；斐夫爾(Von Pfeifer, 1718-1787)，赫斯（Ludwig Von Hess,1719-1784），赫次堡(Von Herzberg,1725-1795)，占吉阿斯(Heinrirh Jungius, 1760-1817)（註六)諸人，仍舊保持衆民主義的學說，直至十八世紀之末而不衰。

馬爾塞斯的德國先驅者

然而，時代的巨輪已經轉向馬爾塞斯了。這時候，堪可稱為馬爾塞斯先驅者的人口思想家，亦殊足加以重視，其中主要的人物，便是賓牡，黑蘭須完德，斯羅彩和牟所。

賓牡

賓牡（Wilhelm von Dohm）在當時德國學者之中，對於人口衆庶及增加是否永久可欲的一義，他是最先懷疑的一人（註七）。當時一般人都相信『如果國家使他的人口永遠增加，公共福利亦必隨之而增加。』——這種觀點不能使賓牡接受。他以爲，如果若使這種觀點變爲正確，必須加以很大的修正和種種的限制，每個人口的數量必要決定於國土的範圍，同時也要決定於擴充自然富源以及工商業的可能性。人口不能增加到營生資料的範圍以外；如果這種資料可以擴充到無限，人口的數目固當依同比例而增加；但是人口過度的增加並不能增加國家的幸福和力量，反而增大它的貧困。（見：賓牡所著之"Die bürgerliche Verbesserung der Juden",1781,PP.2-3）

黑蘭須完德

黑蘭須完德（Herrenschwand,1730-1796）在一七八六年用法文發表他的名著『現代經濟學；關於人口的基本檢討』（De l'Economie Politique Moderne; Discours fondamental sur la Population）。斯坦格蘭教授認爲在這部著作中，我們可以找出一種應用十八世紀最好的思想所發揮的人口學說（註八）。黑蘭須完德說：人類增長之必要條件有二：一爲生殖，一爲營生資料，無生殖即根本無人類，但人既出生之後，又必須有食料以維持其生命。他認爲：人類生活史的第一階段以漁獵民族爲代表；第二階段以牧畜民族爲代表；第三階段以農業民族爲代表；至於最後一階段恆以工商業的興起爲其特徵。在第一階段中，民族的營生資料完全是依靠自然產物，一旦自然產物不應時出現時，人類勢必遭受飢饉，因之而致死者不知凡幾。到了第二階段，人口的增加亦直接受自然的限制，只是不如在第一階段時那樣顯明罷了。農業的發明，工商的發展，使財貨大量增加，亦即營生資料大量增加，於是人口的增加必能超出前此漁獵及牧畜階段之限界甚遠。然當發生水旱等天災時，即農工商業發達之民族亦須強迫移動，或從事戰爭，或挺而走險，而且如果隣近之民族遭遇同樣的災患時，彼等亦必受其影響。

斯羅彩

著名的國廷根教授斯羅彩（Ludwig Schloezer, 1735-1809）也是否認傳統人口學說的一人。他的人口理論散見於他的巨著"Staats-Anzeigen"(1788)和他的"Briefwechsel"二書。他說：『有人固然是必要的，有麵包也是同樣的必要………麵包創生人類，至人類創生麵包一事，則未必永遠眞實也』。罪惡之能妨礙人口增加有三條路：第一，罪惡能使人生疾病；第二，罪惡能令吾人不育；第三，罪惡能增加嬰兒的死亡。人口增加，除於生活能合乎道德時外，決非幸福。一民族的眞正度量，不只是人口的數目，更有土地佔有與職業求得的能力。一國的總生產力並不是確實的繁榮標號，一般的安適及合理的財富分配（尤其是土地分配）才是眞正使人口衆庶的因素。一國若有無數的小地主是可喜的現象；但若有多數飢腸餓腹之人，對於國家前途，實非佳兆：他們必須淪於溝壑或移出境外而後止。所以人口非與領土的面積及生活資料的數量成適當比例不可。

牟所

最後，牟所（Justus Möser, 1720-1794）在他的『愛國幻想』(Patriotischen Phantasien)一書中的幾部分，說到人口問題。婁西以爲他是十八世紀中德國第一流經濟學者，又可視爲歷史學派的遠祖。他是馬爾塞斯之不可否認的先驅者。他以爲人口在量的方面增加，不顧及其他重要的方面，遠非一件好事；高度的出生率一定伴着高度的死亡率，這是人口不合理的增加和獎勵結婚的必然結果。在這種情形下，出生的小孩，其半數是要夭亡的。平常一家如果隔二年生一小孩，平均每家可得十個小孩，加果其中一半是女，她們都出嫁後——如一般立法家所希望的那樣——每人生小孩四個，其結果必致發生貧困，罪犯人數亦必增多。什麼道德啦，政治啦，實業啦，都要被過度的人口毀壞其正軌。但照上述的速率增加，事實上是不能實現的——雖然有些立法家和學者卻是如此懸想——因為人口增加太速所生成的惡果，常人亦能覺到，因此他們自己就會加以預防，而實行節育了。此外自然的限制，如飢荒與疾病等，都能使人口過速的增加為不可能。他把中國人的殺嬰當做一個例子，他說中國人不知道謹慎節制的重要，只好實行這種惡習慣來限制人口。

在日爾曼諸國中，尚有二人值得附帶一述者：一為荷蘭人刻塞保穆（Kerseboom），一為瑞典人瓦根廷（Wargentin），二人皆於十八世紀中葉研究製成人口死亡表，前者在一七四二年，後者在一七四九年。英人哥勞特及哈雷之死亡表（一成於一六六二年，一成於一六九三年），則皆在二人之前。

（註一）看：Gonnard, op. cit. pp. 236-7.

（註二）見：LaVasseur, La Population française, I, p. 52.

（註三）此段已由 James Bonar 舉出，陳達於人口問題中亦加引證，今從陳氏譯文。

（註四）見：Gonnard 的引證，p. 240.

（註五）見：LaVasseur, op. cit. p. 55.

（註六）以上諸人關於人口方面的著作如次——Philippi, Wahre mittel zur Vergrösserung eines Staates, 1753——Von Justi, Grundsätze der Polizei-Wissenschaft, 1756——Dayes, Vorbereitung zur europäischen Bänder und Staatskunde, 1759——Buesching, Lehrgriff der Staatskunt, 1760——Von Sonnenfels, Grundsätze der Polizei, Handlungs und Finanz-Wissenschaft, 1765——Von Hess, Freimuthige Gedanken über Staatssachen, 1775——Von Pfeiffer, Lehrbegriff sämtlicher okonomischer und Cameral-Wissenschaften, 1770—1778——Herzberg, Sur la population des Etats en gênéral et des Etats Prussiens en Particulier, 1785（此係用法文寫的）——Jungius, Grundlehr der Staatswissenschaft, 1792.

（註七）見：Stangeland, op. cit. P. 316.

（註八）見：ibid. p. 317.

第十五章　十八世紀下半期的法國人口思想

十八世紀下半期的法國人口思想家包括迷拉豹和重農主義者，盧騷以次的社會主義者，其他不甚著名的作家，初期的人口統計學者，至康多塞爲止。

馬爾塞斯先驅者之一：迷拉豹

迷拉豹（Mirabeau, 1715-1789）（註一）是最著名之馬爾塞斯的法國先驅者之一。他關於人口現象與人口法則的研究，對於馬爾塞斯似有相當的影響。他的大著名爲『人類之友』（Ami des hommes, 1756），曾自稱其著作之精華，只在討論人口衆庶的利益與如何使人口擴展到無窮的方法。他認爲人口之增減，舍農業而外，再無其他原因，並謂其全部著作卽是討論如何鼓勵農業的方法（註二）。在迷拉豹看來，增加人口與繁榮農業是互相有聯繫的，而且這兩件事足可概括經濟政策的全體。

迷拉豹非統計家，亦非經濟學者，他是一個道德學家，政治家，一個富有感情的人。他以爲衆庶的人口是至尙的，在這一點與重商主義者大致相同。『窮人若有結婚的熱望，對於一個國家，是第一個上天的福賜』（註三）；而且『凡是有人的地方，皆可覓得財貨』（註四）。

迷拉豹頗能把握住人口增加與食料增加間的關連。他說：『食料的度量卽是人口的度量。』這句話可有兩種解釋：（一）或謂人口不能超過食料所能供養的限度以外；（二）或謂人口須達到食料所能供養的最大數目——第一種解釋本爲顯而易見的眞理，他的本意是屬於第二種。例如一種動物本來繁衍不息，除非到了食料缺乏的時候，不會停止的。如果世界的羊多於狼，這是因爲『草，對於狠是太短了，對於羊到是很廣的。』至於人呢？『他們如同洞中的老鼠一般，有了營生手段便會繁衍起來。』

然而生活手段或食料是由何處得來的呢？他的答案是：唯有由農業方面得來。所以當人口增加受着阻碍時，即是農業衰落的象徵，他以爲在當時是一個人口減少的時代，而人口所以減少的原因，即是農業衰落。如果戰爭，屠殺，專制，未能危害農業，便不能危害人口。有多數獨身者存在並不能使人口減少，因爲如果食料有一定，即或他們結了婚，一定會使其他人的子女減少。

食料增加可使人口增加，而人口增加又能使食料增加，是互相爲用的。迷拉豹說道：『食料的增加，即是人口的增加；更須知道人口的增加如何能使食料增加。』蓋人愈衆，土地耕種必愈廣，而且『土地一些也不是殘忍的母親，至少在我們的氣候下是如此的……除了因爲人的錯過而外，不育性（Stérilité）是一些也不能顯出的。』他大概一點也不知道所謂『土地報償遞減法則』吧！

迷拉豹以爲，用個人的平均消費額除食料總數，即等於人口數。這好似機械的『工資基金說』一樣，雖屬簡而易解，但是太古板了。自經堪奈（Quesnay）予以修正，迷拉豹依皈重農主義後，遂將這個機械的見解放棄。在『人類之友』中，他主張多數消費者和微少平均消費量；在『農村哲學』（Philosophie rurale）中，又認爲享受舒適生活而生的自動節育，能够直接損害人口的增殖。

補救人口減少方法當然還是農業，『故須愛好農業，光耀農業』（Aimez, honorez l'agriculture）——迷拉豹在『人類之友』中不斷的反復說着。他的政治理想與重商主義相反，是一個封建的，農業的王國，王國的基礎建設在安定的土地貴族和繁榮的農民上面；他反對城市主義和人民居流不定。

在『人類之友』的第三卷中，有一章專門討論殖民（Colonization，不是普通的移民）。他以為當時殖民政策還在幼稚時代。一般殖民的目的，或者為統治殖民地，或者為發展商業，或者為移殖人口。可是常常因為首兩種目的妨碍了第三種事業。這第三種事業——移殖人口——是迷拉豹認為最重要的。例如種地，在收穫以前，必須事先開墾，播種，與耕耘；那末，對於殖民地，必須首先從事人口的移入，不能立刻從事開發。所以，移殖人民於殖民地是最合理的政策，無論在經濟方面或政治方面，均無二致。

總之，迷拉豹——在馬爾塞斯之前——對於人口法則的力量有很清析的認識。他認為，除食料數量不足可以限制人口增加外，一切偶發的事故都不足以損害人口。他又相信，食料之供給如果豐富，則人口的增加是可以無限的；同時他又相信農業的生產力可以無窮的增高，所以沒有悲觀的必要：這是和馬爾塞斯最大不同之點。

重農主義派始祖塏奈

迷拉豹的同時人，重農主義的始祖塏奈（Quesnay, 1694—1774）關於人口却沒有系統的說明。在他的著作中，如"Le tableau économique"（經濟表），"le Droit naturel"（自然法），"les Maximes générales du gouvernement"（行政要例）等書，只有零碎的人口學說而已（註五）。

塏奈亦可稱為衆民主義者。他宣稱，如果一國的人口損失三分之一，國富將要減少三分之二。反之，在一個土地廣沃的國家裏，人口愈多，財富亦必愈增。以上是說富之多寡須視人口多寡而定。但是，有的地方，他又認為人口要依靠財富，而財富並不依靠人口。他更以為，人口無須獎勵，因爲財富一增，人口必增，甚至人口往往超過財富所能供給之數。

誠如Landry所見：堪奈認爲一切進化的原則是人民收入的增加。如果人們要繼續增加財富，必須事先積存相當[illegible]當的資財，以備人口增加之需要。若然，堪奈即是一位衆民主義者，但非重商派的衆民主義者：因爲他不主張直接獎勵人口；而相信人口一旦隨財富豐裕而增加以後，對於生產事業將有更良好的影響，這不但因爲人能勞動，並且人能消費，消費增加足使糧價不落，有利於『可貴之』農業者實多——此乃重農主義者的重要學說之一。

復次，堪奈認爲唯有農業是生產的，工商業固然是必要的，但却是『不育的』(Stérile)——換言之，即是農業能創造價值，能供給各級人民的『收入』。因此，唯有農業發展，才能使人口增加；凡是有害於農業的，即間接不利於人口。堪奈以爲土地每年有所謂『淨產品』(Produit net)，『淨產品』可變爲淨收入，淨收入愈多則人口愈衆；然而他又說過較多的淨收入，常在農業生產者人數減少時獲得：兩相對比，似有矛盾之處。最後要注意，堪奈謂人口視農業之發展而增加，並不是單因農業爲食料的源泉之故，而在『唯有農業能生產價值，能增加收入』的基本一義中，這是和馬爾塞斯很不同的地方。

堪奈學說的繼承者

堪奈在經濟思想史中是很有地位的，但是他的人口思想既無系統，又時有矛盾，而且主張亦不確切，只是重農主義說的延長，所以我們只略加叙述而已。

堪奈的正統承繼者似乎欲將其人口思想——如同對於他的基本理論一樣——加以系統化。這當然不會有很好的成績。麥赫西愛(Le mercier de la Rivière, 1720-1794)在他的『政治社會之自然的及主要的秩序』(Ordre naturel et essential des Sociétés politique，1767)一書中，主要於賦稅方面研究人口問題。他以爲加於農夫及工業生產者的賦稅足以使人口減少。因爲只有土地能生長財物，只有地主有力繳納賦稅………總之，他以爲賦稅制度的不良，足以使許多階級的人口減少。

杜邦(Dupont de Nemours,1739-1817)在他的『一個新科學的起源與進展』(De l'origine et des progrès d'une nouvelle science, 1768)一書中，把堪奈的人口思想加以簡斷的系統化。以下是他演繹式的推理：

『把收獲提去農夫的取資………餘下的叫做淨產品。

『淨產品是屬於土地產業的一部分。支出費及勞力的價格………用來把土地耕種起來。

『淨產品爲數愈多，對於地主亦愈有利。

『地主愈有利時，那末，把費用和勞力用到開闢、取得、擴充、及改良地產的人也就愈多。

『使用的人數愈多……耕田的範圍必愈擴大，方法必愈完善。

『若耕田愈擴大而愈完善時，則每年重生產可消費的產品必愈多。

『可消費的產品愈增加，人們必愈能得到快愉，結果人們所享的幸福亦必愈大。

『人們愈幸福，則人口愈增加。

『如此，則人類的繁茂寄於最大量的淨產品，寄於地主的最優狀態。』(註六)

這眞是機械的演繹了！但是重農主義的人口學說可以歸結成下面的一句話：『他們視人口爲淨產品的消用者，而人口多寡則視地主階級所處的環境而定。』

其他重農主義者如Baudeau(Première Introduction à la Philosophie économique, 1768)對於人口問題不甚注意，即有所述，亦未能超出堪奈之外。François le Trosne (De l'intérêt social, 1777)也是這樣。

托爾果

一代名人托爾果(Turgot, 1727-1781)在他的『商業概論』(Essai sur le Commerce, 1753)及『關於財富形成與分配的探討』(Réflexions sur la formation et la distribution des richesses, 1766)兩種著作中，研究過人口的問題。在『商業概論』中，托爾果以為，如果一切相等，國力須建設在最衆庶的人口上面。人口稀少的國家是一個貧弱的國家，因為無力擔當政治的鬥爭或工業的鬥爭。他並指出，人口增加，則食糧的需求亦增加，因地租(法則)的行使，結果使地主階級坐享其利。堪奈說明過：地主應當致富，為的是人口增加；托爾果則認為人口增加為地主致富之因，兩人之說是正相反的。當然啦，托爾果是一位有獨立性的重農主義者。此外，都知道他是第一個有統系的提出土地報償遞減法則的人，他在里加圖以前說明了地租法則和工資鐵律，這都是說明人口與食料問之關係的重要法則。但是，托爾果的學說——據康瀾(E. Cannan)等人的意見——似乎未嘗直接影響到英國古典派的經濟學者。

恭地拉的『單簡生活』說

『旁枝的重農主義者』恭地拉(Condillac, 1715-1780)在他的名著『商業與政府及彼此的關連』(Le Commerce et le Gouvernement considérés relativement l'un à l'autre)一書的第二十五及二十六兩章，有涉及人口問題的研究。他首先確定一條原則：『在一國之中，所有居民數目決不能超過此國所能供養的範圍以外。假如一切相等，如果每一居民的消費量加多，則其人數必將更少。』因爲，爲滿足奢侈的慾望起見，每人必要求更多的土地，於是人口必行比例的減少。那末，對於一個國家，有一百萬人而每人有十畝地的供應好呢？還是有一千萬人而每人只有一畝地的供應好呢？恭地拉回答說：『就大量人口的本身上設想，並不能判斷一國繁榮之大小，』一國的繁榮，要看『大數人口與各階級人的慾望的關係，即人口之衆庶是否與全人口的慾望滿足權相伴與否』而定。這種適當的大量人口是在『單簡生活』（Vie simple）制度下得到的，『單簡生活』介於『粗糙生活』（Vie grossière）與『細嫩生活』（Vie molle）之間，需要相當之藝術的進步，但是不要達到奢侈地步。此外，恭地拉不承認存在一種動的人口問題，沒有與馬爾塞斯相似的心思，他只看出靜的人口問題，而且是拿道德及政治的動機來討論的。雖然恭地拉却是一位有名的經濟學者！不過，他也同意於重農主義的自由放任和重農的主張，他說過：『凡是農業完全自由進行的地方，土地沒有不被利用的：那末人口數——與消費量成其比例——也將有它所可能達到的那樣多了。這便是國家的繁榮。』

重農主義者以外的人口思想家

十八世紀下半期法國人口思想史的人物，除重農主義者外，尚不在少數，其中著名的社會主義者如盧騷，馬不里，摩勒利等；不甚著名的作家如布魯克內，瓜雍等；可視爲法國人口統計學的建樹者和穆歐，麥尙時等；以上諸人的著作皆發表於一七五五至一七七五之二十年間。此後則有曼恩，芮克，拉瓦西愛及康多塞出，此段思想史殆至人口論出版後始告結束。

社會主義者

摩勒利（Morelly）在一七五五年發表『自然的法典』（Code de la Nature），主張一切人民達到成熟年齡時必須結婚，非過四十歲不許獨身，姻婚於十年間不許離異，十年後可以離婚，但須具備許多條件，再婚時所需具備的條件更多。——國家分成家庭、部落及城市，在可能範圍內，務使每部落及每城市的戶數相等。縱觀摩勒利的人口說，其精神頗與希臘哲人相似，視人民爲一種物質（Menschenmaterial），立法家可以隨意擺佈。

盧騷的人口說見於民約論（1762）第二卷第十章（題名爲『人民』）及第三卷第九章（題名爲『善良政府的標記』）。盧騷可算廣義的衆民主義者，並不是無限制的衆民主義者，他的理想是可與土地成平衡的最大人口：

『度量一個政治體有兩種方式：窺以領土面積及人民數目；而此兩種標準之間成一適當比例時，造成一國之眞正偉大。組成國家的是人，供養人的是土地：那末，所謂適當比例，即是土地足以維持它的居民，並且存在的土地又能供養衆多的居民。』

土地過多，則不能遍施犂耙，反遭鄰國之垂涎；土地不足，勢必取諸鄰國——於是攻守的戰爭必不可免。此外，盧騷研究到『良善政府的標號』的問題，他說：『政治組合的目的是什麼？乃是它成員的保持和繁榮。什麼又是他們能保持而繁榮的確實標準呢？又須視他們的數目和他們的蕃衍而定。』盧騷相信人口可以增加無窮，認爲人口稠密在本身是好的，如果人口不繁庶不增加時，乃因社會組織及法律的缺點過大，故其人口說與其社會主義的思想相符。至於人口與經濟的關係，則非盧騷所曾注意。

馬不里（Mably, 1709-1775）亦偶然論及人口問題。他頗不以重農主義之說爲然。他以爲，專制使人口減少，使國內各區變成荒地，並且證明中國人口之衆，農業之精，殊與政府專制無關——此點與堪奈亦相反。總觀其說，皆本社會主義的見地，認爲人口之多寡增減與社會組織、法律及分配制度的關係，更甚於與食料生產的關係：那末，共產主義之爲良善，私有財產之爲惡劣，在人口方面也同樣的証明了。

瓜雍（Goyon de Plombanie）在一七六三年發表『社會中人』，或名『爲使法蘭西人口達最高度之經濟的及政治的新觀察』（Homme en société ou Nouvelles vues économiques et politiques pour porter la population au plus haut degré en France）。他像當時一般人的意見一樣，認爲農民階級的環境殊爲惡劣。如果農業衰落時，一切的衰落必相繼而至：沒有農業就沒有人口；農業是國家富裕和勢力的源泉；農業發展，人口才能衆庶。瓜雍說到奢侈問題，以爲一旦統治階級榨取農民階級以求滿足奢侈慾望時，奢侈便成了有害的東西。

布魯克內（Brückner）爲新教神父，於一七六七年以法文發表 "Théorie du système animal"（動物機構原理），斯坦格蘭及甘納二人皆認爲這本著作爲馬爾塞斯以前最要文獻之一。布魯克內在該書中，提出一條支配動物蕃殖的法則：動物，在自然的或人工的環境許可之下，能自行蕃殖不息。人亦爲動物之一，同受此一法則支配。但是，『在動物世界，一如在植物世界，其族類與其所佔之地面成一相當比例時，始能得以營生；一旦他們的數目超過這種比例時，當然就要減少，就要毀滅，因爲在這個時候，到處都是生命的過多和滋養料的缺少。』在人類方面，此法則的行使，在大都市中特別顯著，大都市中的貧民因貧窮而死亡者，十居八九。因此，他反對一般衆民主義之說：他以爲，如果在國家能自由、淸平、富裕、强盛時，人口增加未始不可；但是一國不能具備這些條件，而仍欲人口增加，則徒使痛苦及死亡數增高而已。

布魯克內認為動物族類的蕃殖常遇自然性的障礙，此等障礙且不可少，如果動物的蕃殖毫無限制的話，最終將同歸於盡。人口增加的主要障礙有二：(一)食料不足，往往發生戰爭；(二)疫瘟和饑饉。這些障碍的作用，對於原始民族較比對於文明民族為直接明顯，因文明民族知道用種種方法求取養生資料。可是，對於文明民族却有其他障碍發生，如奢侈、懶惰、道德衰落、各種危險行動等等皆是。布魯克內雖然進入心理的觀點，但是沒有顯明的提出『道德的抑制』，此外，他沒有用數學方式把他的學說表現出來，這是和馬爾塞斯兩個主要不同之點。

初期的人口統計學者

關於人口統計方面，愛克皮利（Expilly）要算十八世紀最先用精密的分析方法估計法國人口之一人。他曾在一七六五年公表"Dictionnaire des Gaules"認為當時法國人口約在二千二百萬左右，不以迷拉豹所主張之一千八百萬左右為然。

翌年（一七六六年），麥尚時發表"Recherches sur la Population des généralités d'Auvergne etc."（此書係出自多數人之手），就各城區人口的各種統計，以求全法國人口，結果認為法國人口數在一七六六年為二三，一〇九，二五〇，較愛克皮利的估計稍高。他所用的方法是：先就有統計區域的每年出生數與居民數之間做成一個比例，然後得到一個因數，以計算全國人口數量，並證明人口增加。至此，麥尚時相信在人口現象中有自然法則存在：這一點已經德儒徐士密叙承認過了。他又曾提出人口增加的妨礙，如戰爭，疫瘟，疾病等是；並且說這都不是偶然的，也許為的是保持人數和食料間的平衡，因為一旦人類蕃衍過多，地面擁擠太甚，其結果又何止發生戰爭與疫瘟而已！麥尚時之說有足可非難者，如謂生育之繁與不繁與意志絕對無關等是。他認為重商主義時代的人口獎勵法爲無效；對於重農主義者的穀糧高價說（bon prix）亦不贊成，反以糧價低廉，乃使人口自行增殖的要件。

穆歐的『法國人口的檢討』

穆歐（Moheau）頗受麥尙時的啓示，然『青出於藍』，他的貢獻殊非麥氏所能及。穆歐之書名爲『法國人口的檢討』（Recherches et considérations sur la population de la France），出版於一七七八年（此書或謂出於 Montyon 之手，然一般認爲穆歐所著）。甘納教授對於該書備極稱譽，甚至認爲是第一部人口統計學的專書，有數字，有分析，有解釋，並有一貫的客觀態度。拉瓦舍（Levasseur）亦以穆歐爲人口統計學主要建樹者之一。

穆歐所用的方法是歸納：從事實找原理，從經驗求法則。『法國人口的檢討』共分兩大部分，第一部分研究『人口狀態』。他首先說明人口對於國家的價值，研究人口的效用，乃至認識人口的方法；然後估定當時法國人口的數目（結果是自二三，五○○，○○○至二四，○○○，○○○人之間），及其兩性，年齡，階級的分配，以至體高，體力，生殖力與死亡率的情形。此外，更討論外移民，並說到各項人口因素對於人口的影響。他是顯明的衆民主義者：人『是君主最完善的財庫』，同時是『各種生產品最終的項目和最終的工具』。穆歐也曾提到人口和生活資料的關係，並提出一種人口界限的學說：

『我們相信，人口的界限只有在地球可能食之衣之的人數上確定之；此種邊界對於世界全體是確實的，對於單獨一國則不存在；如果居民從他的工業上能夠得到供給慾望的資料並能使外國土地納貢時，則此國人口可以超出土地肥沃度以上……』（註七）

『法國人口的檢討』第二部分題名爲『人口擴展或降落的原因』。穆歐分此等原因爲兩大類：即物質的原因和道德與政治的原因。物質的原因有：氣候條件的不同，營養，財富的分配，習慣，職業。道德與政治的原因有：宗敎，政府，民法（結婚法及繼承法），一部分刑法，風俗，奢侈，財產之使用，租稅，戰爭，航海及殖民等等。以上種種，對於人口，於此情形有利，於彼情形則不利。至於以上兩類原因的作用，統言之，即認爲道德與政治的原因較物質的原因爲强烈——『放下你的眼睛到我們所居棲的大地上，他便能看見……人類的組織處於物質勢力以上的優越地位。』（註八）

穆歐相信宗敎對於人口增殖是有利的，天主舊敎爲尤然。自由對於人口亦屬有益，奴隸制度則適得其反。奢侈對於人口是危險的，因爲人種的繁殖和自身慾望的滿足處在對立地位。……此外，他更說明如何安定本國人民及如何吸引外國人民來歸。他建議君主，使其人民幸福，獎勵結婚，獎勵向內移民，招回僑民。至此，又說到人口和經濟的關係，穆歐以爲這既是生產問題，也是分配問題。總之，穆歐研究人口現象，從各方面着手，可謂週到之至。

十八世紀最末的人口思想家

到了十八世紀末葉，法國的人口思想大都包括在（一）曼恩的各種『論文』（Mémoires），（二）芮克的著作，（三）大化學家拉瓦西愛一本未竟的著作，及（四）康多塞的『人類靈性的進步』之中。

曼恩（Augustin Mann）於一七三五年生於英國，後流落於法國及西班牙等處，在比利時首都停留最久，他的論文皆於比京皇家學院發表，用法文寫成。一七七五年發表第一篇論文，題名爲『荷蘭增加人口及改善耕田的方策』；第二篇發表於一七八〇年，題目是『在一個肥沃而人口衆庶的國度，大地產對於國家是有用的還是有害的？』在第一篇論文中，曼恩確定兩項原則：

(一)耕種土地的勤勞人愈多，土地的出產亦愈多，土地出產愈多的地方，人口亦愈多。

(二)人口之多寡稀密視食料而定，所以使土地的出產愈多時，人口必愈衆。

他認爲產業集中爲人口增加的障礙；大地產不及小地產耕種之精細，使食糧昂貴，又使多數農夫過獨身生活。第二篇論文中，他說明一國有使人口與領土成其比例的必要，人口過庶或過稀皆爲貧困及衰弱的原因。

曼恩的第三篇論文題名爲『關於人文社會的經濟及其改善方策之思考』，發表於一七八一年，其中學說較上舉兩篇尤覺耐人尋味。他所提出的問題是：『在一個很有組織的國家裏，是否能在一切情形下使生活資料與人口可能之最大度增加成其平衡？』他的答案是：『在一個充滿善良風俗的民族，這種平衡是顯然的不能得到，因爲人口在它天然性質上就是一種遞增至無窮盡的級數，可是生活資料和投資手段必然的要受土地的限制』。這很近乎馬爾塞斯主義，而且比馬爾塞斯還要悲觀，因爲他相信『有善良風俗的民族』使人口與食料成其平衡爲不可能，且『道德的抑制』亦無所保留，那末，各國只有陷於飢饉或道德墮落了。

芮克(Necker, 1732-1804)在一七七五年發表『穀糧立法及其貿易』(Législation et le Commerce des grains)，書中之說一本陳腐之重商主義的傳統思想。他以爲：經濟學是『把一國的勢力建設在財富的廣大上，尤其是人民的數目上。』人民的數目就是良好政府的試金石。然而，人口增加有否過剩之虞？芮克固不否認有此可能，但是他不深慮人口過剩的發生，因他相信在實際上人口過剩極不常見。至於如何使人口增加？他主張獎勵農業並禁止食糧出口。按傳統主張中，每每一面謂獎勵農業，一面禁止食糧出口，殊不知不准食糧出口實於農業不利。

拉瓦西愛（Lavasier, 1743-1793）曾經計劃一部大著，其目的在做成關於法國土地財產的精確統計，惜未竟其業，只有其中的一部分曾於一七九一年公諸社會。他注重在實用方面和國家方面，認爲法國對於一切必需品皆可自足自給。他又參考麥尙時和穆歐的著作，斷定當時法國的人口有二千五百萬，並加以分類。拉瓦西愛之書在統計資料方面固不無貢獻，但於思想方面並不佔何等地位。

最後，康多塞（Condorcet）的思想本當在此一述，今爲行文便利起見，移於『馬爾塞斯的人口論』章內。

（註一）此處的迷拉豹（V. Riquetti Mirabeau），是法國大革命時的爭辨家H-Gabriel Mirabeau的父親。

（註二）見：Ami des hommes, éd. 1762, P. 75.

（註三）見：Idid. P. 76.

（註四）見：Ibid. P. 167.

（註五）法儒A. Landry曾加以整理研究，結果以Les idées de Quesnay sur la Population 的題目於 Revue d'Histoire des Doctrins économiques (1909)，發表。

（註六）見：De l'origine et des Progrès d'une science nouvelle. P. 14.

（註七）見：Moheau, Recherches etc., Réédition, P. 190.

（註八）見：Ibid, P. 225.

第十六章　十八世紀下半期的意大利人口思想

十八世紀中，在意大利經濟學者及政治家中間，討論人口問題者爲數甚多。我們可以把他們分成兩大派別：(一)重商主義傳統的衆民主義者，(二)與馬爾塞斯相似的節制主義者。(註一)

意大利衆民主義思潮的背景

十八世紀，多數意大利經濟學者所以仍舊主張傳統之衆民主義者，乃因其國之環境使然。蓋一方面由于大批的向外移民以及破壞性的戰爭，致使人口發生缺乏；而另一方面則因新工業之發展，又處處需要人工：在這種情形之下，衆多的人口，自然很需要的了。此外，他們眼見人口衆庶的鄰國繁榮日進，於是他們想像：如果一旦意大利人口密度與其鄰國達到同等程度時，其繁榮亦當隨之而增加矣。基此數因，于是他們便要求政府從事獎勵，以期人口增加，藉使國家富强。

加利阿尼

加利阿尼（Ferdinando Galiani, 1728-1787）在一七四九年發表"Della Moneta"（貨幣論）。他認爲一國的眞正財富不是貨幣，乃是繁榮之人口。他在這本著作中，所建立的原則是："Un Regno vale quanti uomini ha"（一國需要多數人民）。關於鼓勵人口增加的方法，他指出六條要徑(註二)，凡與此背馳時，人口勢必減少。此外，罪惡戰爭和瘟疫亦足以阻礙人口增殖。一七七〇年，他又發表"Dialoques Sur le Commerce des Bleds"（麥類貿易論譚），在這本著作中，他說：『麥子是好東西，因爲它能養人生命；金錢是寶貴的，因爲它能代表麵包；然而，人却是唯一的財富』。

哲諸未栖

意大利著名重商主義者哲諸未栖（Napolitain Genovesi, 1712—1769），在一七六九年發表"Lezioni di Economia Civile"（內國經濟論），首先主張衆庶之人口對於國家的繁榮及實力爲最

人口過多足使人口減少

重要，隨後考察阻止人口增殖的原因，更進而研究銷除人口障礙的方法。他固然相信人口有達到過剩的危險，但是所謂人口過剩必定只是短期的，並且容易矯正。至于矯正人口過剩一事，自然也十分切要，蓋人口過剩，倘不加以矯正，其結果人口反要急劇減少——政治家終日呼喊：『人口，人口』，而不知絲毫節制，這是不懂得 "Too great Populousness can become the terrible cause of depopulation" 這種道理的緣故。

哲諾未柄的人口思想仍舊是根據重商學說而來的，他仍舊屬於衆民主義者，不過因他頗知中庸之道，故其思想並不十分偏激。塵儒摩魯 (Von Mohl) 說他是馬爾塞斯一流的作家，這又未免過甚其詞了。

其他重商主義者

同時期，意大利作家中，Milanais Joseph Gorani (Ricerche sulla scienza dei governi, 1768) 把衆民主義學說推到極點，嚴厲反對獨身；Villano (L'ozio autumnale, 1768) 提出增加結婚人數的方策；Parruca (Altre idee sulla Popolazione, 1773) 認爲增加人口爲開明政治之第一種對象；Zanon (Trattato dell utilita morale, economica, etc.) 闡明同一理論；Marchesini (Saggio di economia Politica, 1793) 的目的在尋找一種維持衆庶人口的方法；他如，Brustoloni, Fiorentino, Costantini, Donandi delle Mallere, Nuytz, Carlo Maggi 等人，也無不反覆說明重商主義之說，主張衆民。(註三)

緩和派衆民主義者

以上是此期意大利衆民主者思想的大概。在衆民主義者與馬爾塞斯先驅思想者之間，還有許多緩和派的經濟學者，他們在原則上仍然主張衆民，但是却反對直接獎勵人口增殖的政策。他們認爲人類的增殖乃導源於自然法則，只要免掉障礙，肅清環境，人口便能自然而然的增加了，又何必加以人工之獎勵？這般人中，有的贊成鼓勵農業，有的主張發展工商，他們的手段固有不同，然其目的則皆在間接鼓勵人口。

味里

緩和派中，最著名的要算味里伯爵（Pietro Verri, 1728—1797）了。他發表許多經濟學的著作，其中最重要的是一七七一年發表的"Meditazioni Sulla economia Politica"。他相信，人口是國富要件之一。但是對於人工的獎勵人口策，却表示强烈的厭惡。他認爲人類的蕃殖能力是無限制的，只要發展生產，人口也必隨着生產之增加而增加。這可算樂觀派馬爾塞斯主義者了。味里既主張衆民主義甚烈，所以在事實上也未嘗不主張人工獎勵策，例如他主張限禁食品輸出，禁止移民到殖民地去，這都是人工的措施，只不過不是直接提倡生殖罷了。然則，味里所厭惡之人工獎勵法，或係專指獎勵結婚及獎勵多育兩事而言。

帕美里

帕美里（Joseph Palmieri, 1721—1793）在他的"Riflessioni sulla Publica felicità"(1788)及"Della richezza nazionale"(1792)兩部著作中，反對一切用人工增加人口的措施。爲了增加人口，他贊成平均分配職業及擴大實業活動。並謂增加一般人口，遠不如增加生產人口：『加入一百萬人，也許不如將同數的人由不生產階級轉入生產階級之爲佳。』此外，他分析人口減少的原因爲物質的與道德的兩種；他認爲如果願意增加人口，必須事先創造工作，使人人皆有職業可爲。至於國家救濟貧人，既不能造成一種有效的工作，其結果反使貧困蔓延，所以他對救貧一事，極端反對。與帕美里相似的意見早經班第尼（Bandini）在一七三七年主張過了；他的著作名爲"Discorso "sulla Maremme sienese"，在這本書中，他認爲歐洲自從羅馬帝國以來，人口曾經大量減少。他如阿科(Gherardo d'Arco: Dell' armonia Politico-economica della città, 1771)，瓦什克 (Gianbatista Vasco 一七八八年以法文發表 Mémoire sur les Causes de la mendicité et les moyens de la supprimer), Carli, Pecori, 普拉 (Francesco Plà), Tedeschi, Bottone, de Castellamare, 克申梯諾 (Cossentino) 諸人，先後無不主張相似的意見。(註四)

以上諸人都不贊成在人口方面採取干涉政策；都一致相信人類的蕃殖能力，倘能一任其自由進行，不加干涉，人口必能自行增加；他們都主張須造成有利人口增殖的環境，而其方法則爲實行良好的經濟政策，有的着眼於工業，有的却注重農業。

阿科及其他作家

阿科近乎重農主義，並具有馬爾塞斯主義的見地，但無悲觀成分。他說：『人的增加與生活資料的增加成正比例；凡是資料豐富的地方，人口亦必衆庶，每世代中，人口增加，何止一倍。』瓦什克認爲，在農業國家中，人口必與食料同時增加，二者間的平衡決難破壞；工業國家固然可以供養較多的人口，不過必須拿製造品交換外國食料，如果這種交換一旦停止，就會發生人口過剩的現象。普拉的思想更明顯的代表重農趨勢，他主張國家必須特別獎勵農業：當農業生產豐富時，倘無別種障礙，即足以使戶口增殖。克申梯諾也認爲人口增加的可能性很大，在很短的期間即能增加一倍。然我們要知道，以上諸人皆無馬爾塞斯悲觀主義的成分，他們都以爲，如果農工業十分發達，人口縱即稠密，也容易得到生活資料。他們相信人口蕃殖力很大，但不相信食料的增加一定落後，所以與馬爾塞斯的學說根本不同。

前期馬爾塞斯主義的思想家著名人口理論家奧提司

在十八世紀意大利經濟學者之中，有些人的人口思想與馬爾塞斯的人口原理相近，都是前期馬爾塞斯主義巨大思潮中的重要人物，其中最著名的是奧提司，利希，柏卡里亞，布立干提，飛蘭哲里，蒙尙地。

威尼斯僧人奧提司（Giammaria Ortes, 1713—1790）是其中最有創見的一人。在他的著作中有兩部值得我們注意：一是"Errori Popolari intorno all economia nazionale"(1774)，一是"Riflessioni sulla popolazione delle Nazioni Per Rapporto all' Economia Nazionale"（1790）陳達先生譯爲『人口與國家經濟』）。甘納教授說：這兩部書『同樣地顯示我們，他好似一個中世紀的人，一個封建思想家，一種奇異的現代想像，而又具有社會主義的趨勢。』(註五)斯坦格蘭教授則以爲後一部著作，與休謨的『古代民族的蕃衍』及徐士密叙的『上帝的秩序』，同爲人口論發表前關於人口方面的傑作(註六)。這兩部著作中，所包含的人口思想，可歸納如次(註七)：

『人口與消費財之間有一種不變的關係存在：即消費財一增加，人口也必隨之而增加。且新添的財貨自有新添的人口佔用，原有的人絲毫無份，想在增加財貨上面追求人民福利的增進，勢將徒勞無功；所以，欲使貧人的生活改進，只有改革分配制度，把富人過多之財貨分給貧人。

本來財貨一增加，人口也以同比例增加，然現在的實際情形却不這樣，這是爲什麼呢？蓋人口係依幾何級數增加，三十年便可增加一倍；今以七個人爲例，經九百年，便增至七，五一六，一九二，七六八人；而全地球的食料却永遠不能超過可供三十萬萬人口的數量。至于現在世界人口之所以不能超過此數者，乃因財富分配之不均，及事先阻止人口增加之故。在每一個國家中，因私有財產制度的存在，一方是自私，他方是貧困，幾乎有半數的人口不事工作。由此看來，獎勵結婚及類似的措施皆不可行；一部分人民實行獨身，對於人口已滿的國家，實屬必要。教會所提倡的獨身制有調劑人口過剩的功效，對於人群是很有益的。』

奧提司與馬爾塞斯的關係

奧提司的學說中包含許多馬爾塞斯的意見，最主要的是，他相信人口增加速於食料，及提出以獨身制爲補救方法這兩點。不過在奧提司的思想中，悲觀主義的成分遠不如馬爾塞斯之重，因爲他對於個人理性和預防思想之能減輕蕃殖力這一點，比馬爾塞斯更爲相信。他方面，他又相信在良善的分配制度上，有改善貧人命運的可能性，這也是馬爾塞斯所不能首肯的。奧提司的學說在表面上看來，好像有點和馬克思相似，可是實際上却也並不一致：因爲他認爲，一方面固有與人工需要相對的人口過剩，另一方面還有食料不足下的絕對人口過剩。

最後，我們要問：奧提司是不是馬爾塞斯的先驅者？馬爾塞斯的思想曾否受過他的影響呢？在這一點上，近代學者的意見頗爲分歧。據摩魯（Von Mohl）說，馬爾塞斯並未見過『人口與國家經濟』一書。這本書大約在一七七五至一七八七年間寫成，但直至一七九〇年才出版，比人口論第一版僅早八年。然而上面所舉的甘納教授的論文，其題名便是：『一位馬爾塞斯的先驅者：奧提司』。且又暗指馬爾塞斯爲奧提司的『英國後繼者』，可見他是如何承認二人的關係了。究竟這位人口論大師曾否讀過奧提司的著作？這個疑問，殊難回答，不過我們却始終以爲各版人口論中雖皆未曾提起奧提司的名字，但也不能因此便立即斷定二人無關。那末，這個問題，只好照摩魯及斯坦格蘭那樣，認爲是一件非關宏旨的事吧！

利希

利希（Ricci）在他的"Riforma degli istituti Pii della città di Modena"一書中，關於恤貧方面的意見，和馬爾塞斯十分相像。他認爲，漫無區別的救貧，足使人口無窮增加，結果不但不能救貧，反更使貧窮擴大。當時意大利所施行的救貧制，尤爲利希所不直：他以爲這種救貧制殊與『人口的自然法則』不合。他說：『營養力是地球上人類之唯一的支配者。』但是他也相信，好的分配制度能使人口得到一種穩定而合理的增加。

柏卡里亞

柏卡里亞（Beccaria, 1738—1793）在他的『經濟學綱要』(Elementi di economia politica, 1769)中，特闢專章討論人口。他認爲人口與食料不能平衡：食料不能無窮的增加（柏卡里亞的心目中已有『報酬遞減法則』的意思了），但是人口則有無窮增加的傾向；食料縱即不足，人口增加亦難有止境。人口增加是生活資料增加的結果，然生活資料增加却不是人口增加的結果。

然而很奇怪的是：柏卡里亞的人口原理既如上述，似應憂慮人口過剩之爲害，但叩諸事實，則適得其反。他相信，在食料許可的限度內，最多的人口是需要的；換言之，有一份食糧最好即有一個人食用。因此，對於減少人口的原因，務須加以肅清。至於『人滿之患』的危險，對於他則毫不感覺嚴重。

布立干提

布立干提（Filippo Briganti, 1725—1804）在一七七七年發表"Esame economico del sistema civile"一書，其目的在反對馬不里(Mably)盧騷及其他法國社會改良家的學說，這就好似馬爾塞斯爲反駁葛德文、康多塞等人的學說才寫人口論一樣。人口是一國繁榮的要件，衆民當然需要，但是，却無需乎人工的獎勵，大凡由于人類實業鼓勵『土地的怠惰性』而使土地能供給大量食料的地方，人的數目就會自然而然的增加起來——這是必然的現象。對於人口過剩一層，他並無何等憂慮，因爲『人數依食料增加，食料又依勞力增加』；因爲土地生產力頗俱彈性，所以人口一多，生產也必隨之而增加。

布立干提的人口學說不無前後矛盾之處。他認爲，自古至今，全世界人口大致沒有增減。如果『人數依食料增加』的一義是正確的話，難道自古以來，世界上的食料毫無增加，世界上的農業毫無進展嗎？也許因爲他以爲宇宙間每種生物數目的增減，都能擾亂天然的秩序，勢必天然的加以確定；但是這種從哲學思想方面的解釋，仍不足以削平他的矛盾。總而言之，他只見到局部的人口變動，沒有見到全體的變動。

布立干提雖然認爲全球人口是一向靜止的，但未嘗因此而漠視一國人口的變動。一個國家人口增加是需要的，也是可能的。他曾經分析過使人口增加的原因，認爲其中最主要的是財產，所以便把財產叫做“il ternometro della Popolazione”（人口的溫度表）。其次是良善習俗：『一個誠實的民族必是一個有節制的民族；一個有節制的民族必能把自然的衝動和理性的抑制很適當的調協起來』。關於人口減少的原因，他又分爲兩大類：一類是足以限制人類生殖力的原因，一類是限制營生基礎的原因，如無節制，惡習俗，奢侈，奴隸制，專制，重稅，獨身，戰爭，瘟疫，等等。他的結論是：衆庶的人口縱是一種繁榮的徵號，但亦殊不盡然，『營養從容的民族實優於赤貧中繁衍的民族』。如果有人口過剩發生，就當削除過剩的部分，此中補救的辦法愈合乎人道正義則愈佳。『合乎人道正義的補救法』至少在字面上與馬爾塞斯的『道德抑制』相似。

飛蘭哲里

飛蘭哲里（Filangieri, 1752—1788）在他的"Scienza della Legislazione"（立法學）第二卷中，討論人口問題。他說，政治法則及經濟法則的眞正對象有二：即人口與財富是也。關於飛蘭哲里的人口說，後人主張不一：摩魯認爲他是一個無條件的衆民主義者，然而西尼卡里亞（Sinigaglia）却把他排在馬爾塞斯先驅者的行列（註八）。

其實他們二人的見地都算有理，因爲飛蘭哲里一面願意人口增加，一面又厭棄人工獎勵。他的思想近似馬爾塞斯主義，因爲相信當生活資料充分時，人口勢必增加，甚謂資料即不足，亦不能停止人口增加的趨勢。他又是一個衆民主義者，因爲相信人口大量增加的可能性和需要性，並要求消滅那些減少人口的因素（如農業衰落，財產歸少數人獨占，寺院財產太廣，重稅，軍國主義，惡習俗）。

蒙苟地

此世紀最後一位作家，馬爾塞斯的同時人物，名爲蒙苟地（Francesco Mengotti, 1749—1830），他的著作"Il Colbertismo"（Colbert 所行的政策），是討論重商主義政策的。在這部書中，他的結論之一是：唯有土壤供給人的食料，所以土地對於人口最爲重要。食料數量之多寡隨着時代，環境，以及文化程度而有改變。當每年生產量既大而又遞增時，當實業穩定時，當國家太平無事時，總之，當國家全體財富及幸福遞增時，結婚必繁，出生超額必大。並且，隨着人口的增加，國力和國富亦必同時增加。所以，衆庶的人口是需要的，凡屬阻碍人口增加或福利增加者，務須把它消滅。消費與生產必須使之平衡，過多或不足都是同等的有害。農業及其他一切生產事業必須提倡，因爲這種實業所生產的營養資料就是人口的源泉，而人口又是國家富庶、強盛及獨立所不可少的要件。

他們和馬爾塞斯的異同

以上所舉的意大利人口思想家，從奧提司到蒙苛地，在主張上都是衆民主義者；在大體理論上，都與馬爾塞斯相似，但是沒有悲觀主義的成分。他們一致承認人口有迅速增加的可能性，與食料平行增加的不可能性，到了一定的時候，人口增加將受强迫停止的處分。然而他們並不多慮，因爲有的視爲那些人口減少的原因所支配的範圍甚廣，有的相信無須費力即能限制人口增長，他們和馬爾塞斯所不同的是：『一種平衡(人口與食料間)的思想支配他們的學說，一種平衡破裂的思想支配馬爾塞斯的學說』。『無論由於意大利的傳統思想，無論由於重農主義的影響，對於自然法則的協和性以及農業的生產力，都保存一種樂觀主義的信心』。(註九)

(註一)關於意大利此時的人口思想，甘納教授舉出以下數種參考書及論文——Sinigaglia, La teoria economica della Popolazione in Italia(Archivio giuridico, 1881)——Arias, Les Précurseurs de Malthus en Italie (Revue d'histoire économique et sociale, 1922)——(Gonnard, Un précurseur de Malthus, Giammaria Ortes (Revue d'Economie Politique, 1904)——Pierre Raynaud, La théorie de la Population en Italie, 1904.

(註二)加利阿泥所提出的六條獎勵人口的道路見：Stangeland,op. cit. P. 290.

(註三)見：Gonnard, op. cit. PP.246—247.

(註四)見：ibid. PP.248—249.

(註五)見：ibid. P.250.

（註六）見：Stangeland, op. cit. P. 334.

（註七）根據 Gonnard, Un Prêcurseur de Malthus, Giammaria Ortes; Gonnard, op. cit. PP. 250—252.

（註八）見：Gonnard, op. cit. P 255.

（註九）見：ibid. P. 256.

英國在十八世紀中葉以後，傳統的衆民主義，經由塔刻（Yosiah Tucker, 1713—1799）于一七四九年發表的"Essay on the Commerce"和一七五五年發表的"Elements of Commerce"極力提倡後，遂曾一度復活。

福蘭克林的人口學說

同時，福蘭克林（Benjamin Franklin, 1706—1790）也發表他的『人類增加及國土蕃殖的觀察』(Observation concerning the increase of mankind and the peopling of countries, 1751)。這時候他還是英國國民；在這本書中，他列舉使人口增加或減少的主因，並指出民族技術生產之不同與人口多寡的關係。——大凡遊牧民族需地最廣，農業民族需地較少，商業民族需地更少。需地廣者，人口密度必小；需地少者，人口密度必大。福爾克林特別提出，歐洲的人口現象不適用於美洲，因爲美洲的居民，結婚旣勤，生育亦繁。一般說來，他相信人口之增加頗屬易易。他認爲美洲人口加倍的時間大約不到二十五年。蓋此『新英國』於一七五〇年所有之百萬居民，乃由於八萬移入之民所蕃衍者；至一八五〇年，此一百萬人的子孫後代勢將多過歐洲英國人數。

休謨與華勒斯古今人口多寡的論辨

一七五〇年以後，關於古代人口與現代人口比較的問題，在英國發生了熱烈的爭辨。法人孟德斯鳩的主張又重新現於華勒斯（Wallace, 1694—1771）之書，法人福耳特耳之說又重現於休謨（David Hume, 1711—1776）的言論。

休謨之書名爲『古代國家的人口』(Essay on the population of the ancient nations, 1752)：這

本著作是馬爾塞斯自認為引起執筆人口論動機者的著作之一。休謨此書之作，其目的在反辨孟德斯鳩和服細阿斯（Vossius）的謬論。他由批評古代史家所供給之材料入手，証明世界的人口絕對未嘗減少，而且一向增加，並且仍在向增加的道路上走。他認為人類欲為父母的本性，在實際上很有力量。他說：『一切普通的人，凡是自信可以維持一個家庭的，便願意有一個家庭。』除遭受壞政府或悲困環境危害時外，這種需要一定極為强烈。由此觀之，人口便是好政府的結晶品，便是國民繁榮的合力品。休謨以為，於此有利條件之下，人口的增加一定很快。『如果人人到了成熟年齡即行結婚，則人類於每一世代（Generation）尚不止增加一倍。』並且『縱即存在戰爭，瘟疫，及其他災難之不幸影響，然當一人自信能有一個家庭，他一定要成立一個家庭。災禍決不能像一般想像的那樣使人口減少，因為人的本能立刻又使人口恢復原狀。』如此損益相殺，人口不但不減，且因生活能力係隨着文化進步而提高，而人口又必與生活能力處於同一水平，是故人口必能順次逐漸增加，而毫無疑義。

華勒斯在他的『古今人數的論辨』（Dissertation on the number of men at the ancient and modern times, 1753）中，反對休謨之說。他的出發點是：人類在原始時不過是很少的數目，其繁衍當極速，然而今日之人口實低於應有之數甚遠。假定一對普通夫妻有子女六人，其中有二人夭折，那末在第一輩已有四人，再承認每一世紀包含三輩，如此下去，不久即可達到一個大數（在十個世紀以後，將有八百十七兆人；至第十一世紀將有一千六百三十二兆人，與今日全球人口總數相若。）但是——華勒斯相信——自從聖經中洪水記錄以來，直至當時，不知經過幾十個世紀了，而人口還不到十萬萬（一百兆），豈非過去時代的人口多於今日嗎？

為什麼地球上今日的人口數遠低於應有之數呢？為解答這個問題，他於是從事分析妨礙人口增加的原因：自然的原因和道德的原因。自然的原因，如氣候不適，土壤貧瘠，天時及地理的驟變等等，固能阻止人口增殖，然尚不如道德原因之重要。

華勒斯，在說明人口增加的障碍以前，提出幾種基本的人口法則：（一）食料豐富足以鼓勵結婚及生殖；（二）人口之多寡與土地的性質及肥沃度成正比例；（三）人口又與土地分配之均否成正比例；（四）人口視結婚數與結婚法律及意志而定；（五）人口視食料工業的狀況而定——『若想世界上的居民衆多，必須全體人類皆直接從事於食料的生產。』

從以上數項法則出發，華勒斯考察障礙人口增加的道德原因，再由這些原因方面，說明現代國家的人口之所以少於古代國家。他所提出之道德的障礙如下：

（一）在宗教方面，基督教的獨身主義既使人口減少，而回教國的多妻制度亦不利於人口。

（二）現代國家的貧乏日益加劇：例如愛爾蘭一百五十萬居民中，赤貧之人竟達十萬人。華勒斯以為赤貧之人生育不繁（馬爾塞斯及其他若干學者的意見恰恰相反），因此現代人口較前減少。蓋當古代行奴隸制度時，貧乏未嘗如現代之甚。

（三）尊重宗子權的繼承法（長子繼承）亦足以減少出生人數；因為這樣一來，年幼之弟兄多不欲結婚；長子獨承巨產，必多用僕婢，而僕婢又多為未婚之男女。此外，比較次要的原因尚有：

（四）古代民族對於結婚的獎勵法，今已取消。

休謨及華勒斯以後：經濟立場的採納

(五)近代之軍國主義使花柳病傳播四方。

(六)大商業之興起，固可使三五大都市日行繁庶，然歐洲人口亦因此向外大批移出。

(七)古代之鄉村生活習慣及對於農耕之愛好心，今已失掉。

(八)近代國家版圖遼闊，除鄰近都會之土地外，深耕亦不多見。

(九)自古以來，當諸國崩潰時，此滅彼興，殺戮極衆，尤以羅馬人的征伐爲甚。這些殺戮足以大量減少人口，現代西方國家仍舊受其影響。

(十)奢侈日甚，奢侈品的需要因之日增，其結果使生產食料的人數日減。

總之，如果和古代世界比較，尤其是和亞利山大至奧古斯都之時代比較，現代國家的人口已經大大的減少了。人口減少是可悲的現象，國家應籌補救之策。凡能供養多少人口，就應該有多少人口。最强盛的國家，它的土地要全體耕種，它的人口衆多，足以消費全部的穀糧。他相信農業的生產力可以達到極高點。農業實爲百業之首，因爲它能供給食料。他是一位衆民主義者，他是一位國家干涉主義者。

休謨及華勒斯之後，英國的人口理論家重重疊出，他們的觀點漸漸與馬爾塞斯相近。

英國重商主義最後代表之一斯條亞特(James Steuart, 1712—1780)，於研究經濟學中，討論到人口問題。斯坦蘭德教授且以斯條亞特爲一代出類拔萃的經濟學者。同時，還有三位不甚有名的學者，卡德威耳 (Cadwell) 紹特 (Short) 及弗格森 (Fergusson)，亦皆以經濟之立場研究人口問題。

斯條亞特認爲禽獸的繁衍和它們的食料成其比例，人類亦復如是。人口必視食料之生產，氣候土壤之優劣，以及實業之發達如何而定。

亞丹斯密的工資決定人口說

號稱經濟學之父的亞丹斯密（生於一七二三年六月五日，死於一七九〇年七月十七日）對於人口問題並未曾特別注意：原富之中只有片斷的觀察。斯密之影響於馬爾塞斯，在一般經濟理論方面很大，對於人口論也算是最初的啓示人之一，但是他於人口理論方面的供獻却不甚多。斯密在原富第一篇第八章中說過：『一國繁榮的左証莫過於人口增加。』他又說：『歐洲大部分的地方，人口至少要有五百年才能增倍；但在北美之英國屬地，人口增倍的時間只要二十年或二十五年而已。北美人口的增加所以能若此之速者，其原因在工資提高，蓋工資提高足使工人家庭子女衆多，所以高價工資『乃一富饒及繁榮的源泉』。總之，斯密認爲人口的增加特別要視『維持勞動之基金』的增加而定。他又進一步的說道：『貧乏並不能永遠阻止結婚，……而且貧乏似乎更利於種族之蕃衍。愛爾蘭山邑的婦女，她的生活資料尚不及半個人，却常常爲國家生產二十個孩子；而一個豐衣足食享用優厚的婦女，甚至一次母親也未曾做過；……但是，貧乏雖不能阻礙生殖，至少也不利於幼童的教養。』若然，高原之婦女，生子雖不下二十人，然而『她們尚不能保存二個子女的，亦實非罕見。』由此觀之，斯密的主要意見是：大凡工資提高，人口即有增加的趨勢；貧乏的結果足使死亡率過度增高，人口的增加便受其妨礙了。後來，斯密又說：『人工的需要——如同其他貨品的需要——一定要決定種族的增殖：當種族增殖過緩時，人工需求勢必把它加快，當種族增殖過速時，人工需求勢必把它擋住，就是這人工的需求來規定並決定人口的形態。』這似乎說，食料一增加，人口即不久達到同一之水平（與馬爾塞斯的結論相似）。斯密的結論是：『工資提高同時是財富增加的結果和人口增加的原因。』

工資之所以提高必有賴於維持勞動之基金的增加。斯密以爲社會收入或資財的一切增加，便是勞動基金的增加，因此，他又斷定國民的幸福和社會下層階級的幸福是一致的。馬爾塞斯曾經討論過這種見地，而不以斯密之說爲然；他說：『這剩餘資財或剩餘收入，就佔有這剩餘的個人說，固常被認爲追加的基金，可用以維持更多的勞動：但這不一定會成爲眞實有效的維持追加數勞動者的基金，除非社會收入或資財的增加額的一部分得轉化爲比例的食物量；如果這增加僅由於勞動生產物，不由於土地生產物，這轉化便是不可能的。社會資財所能僱用的工人數，和社會領土所能維持的工人數，在這場合，顯有區別。』（註一）在這一點，也可以看出馬爾塞斯的悲觀主義了。

至了十八世紀末年，英國的人口理論家越發層出不窮，其中足爲代表者，有蒲賴士，瓦路士，郝萊特，阿轍楊，湯森德，謙莫斯。於是把馬爾塞斯的路線事前籌備的寬寬坦坦了！

馬爾塞斯的主要先驅者之一：蒲賴士

蒲賴士（Dr. Richard Price, 1723—1791）是『英國人口論』（註二）的著者，是影響馬爾塞斯很大的一人。他相信人口在有利的條件下，十五年即能增加一倍；馬爾塞斯曾經注意他的估計，並且把他的名字舉出來；供給人口論第一版材料的四五位著者，蒲賴士就是其中之一。蒲賴士還有一本著作，名叫『關於繼產清付的觀察』（Observations on Reversionary Payments etc.,1769）雖然沒有『英國人口論』之著名，可是這本書對於馬爾塞斯的影響也很大；馬爾塞斯在發表人口論以前，讀了蒲賴士這本書，使他的信念益加確定。馬爾塞斯在第一版人口論中說過：

『當我對於人口方面引起困難，將要離開這個有奇趣的問題時，……不能不注意蒲賴士博士之兩卷的『觀察』中異常的文句，……我在以前，有的時候就注意到人口與食料是以不同的比率增加，而且在腦筋裏還浮着一種游動的見地，即此二者，只能由於某種的窮困和罪惡才能保持均等，但是有了這種見地以後，再細讀蒲賴士博士的兩卷『觀察』，立刻把它（這種見地）增高了成爲確信』。（註三）

蒲賴士的人口學說

蒲賴士研究英國人口，他認爲英國城市中的人口過多，其他各地的人口減少；而所謂『其他各地』是指鄉村區域而言。他相信，人口，如果沒有妨礙的話，本來可以無限增加的；但在實際上，人口增加却要遭受物質的及道德的妨礙。關於人口增加的妨礙，他舉出軍國主義，向外移民，都市主義，奢侈，生活昂貴，苛稅及國債。下面是他著作的原文：

『人口減少的原因已經很厲害的流行了，這好似一種罪惡，雖然是不應該有的，但是結果畢竟遭遇着了：這就是，我們（指英國而言）海陸軍的增加，以及爲保持軍隊必需的常期之人力的供給，一部貪婪的資財（對於維持軍隊是太多了）；我們曾經傾其全力的三次長期的、毀滅性的大陸戰爭，向我們海外屬地的殖民（尤其是向東西兩印度的殖民），農田的壟斷，糧食的昂價；而尤甚者，是奢侈以及我們國稅與公債的增加。

『奢侈，在十八年間，損失了我們二十萬公民。

『我們的貿易，所謂繁榮的貿易，只是把我們的貯藏携之以去，並且加重我們的擔負，把錢財付給外國人士。』

這都是人口的妨碍，或人口減少的原因。此外，他也相信一國人口之增減又與衛生有莫大關係。

蒲賴士在當時思想界的影響：瓦路士和郝萊特的繼起討論

蒲賴士之書發表於一七八〇年，立刻引起新的討論。一七八一年，瓦路士(William Wales)首先發表『英國人口現狀的考察』(註四)；同年，郝萊特(John Howlett)隨即發表『蒲賴士英國人口論的檢討』(註五)。瓦路士承認蒲賴士的基本學說，但是在他否認自古典時代人口曾經減少的一點，却與蒲賴士不同——瓦路士以爲近代城市工商業的活動，足以激勵農業生產，所以對於鄉村人口是有利的(有利於增加)；不過倘由都市主義(Urbanism)的本身着想，對於人口却是有害的（有害於增加)了。

郝萊特的研究比較進步。他指出人口問題中的三個要素：房屋，食品及生活標準。他確認高的生活標準適足以妨礙結婚。社會裏下等階級人的結婚數多於上中階級人，二者間的比例大約爲九比一——『九比一』之數當然是過分誇張了。但是，郝萊特說出貧人因環境惡劣而無暇顧慮將來，於是結婚反較早，生殖反較繁，則不失爲卓見。

以上通俗學者的思考，已經準備造成馬爾塞斯主義的疑問：即人口增加是否永遠是需要的？這種疑問，在此世紀的中葉及更後之二十年間，並未能存在於一般人的心目之中。這不能不使讀者回想到，Goldsmith 在 "Vicar of Wakefield" 卷首所說的諧謔話：『我是的確屬於這種意見的，高尚的人結了婚，並且造起一個廣大的家庭，比他口口聲聲談人口，而自己仍舊獨身，所供獻的要多的多啊。』(註六)

與馬爾塞斯同時的人口思想家

英國作家中，在馬爾塞斯稍前的時候，討論人口的，有阿輸楊(Arthur young, 1741—1820)，湯森德(Joseph Townsend, 1739—1816)及謙莫斯(George Chalmers)諸人。

阿轍楊與馬爾塞斯的關係

影響馬爾塞斯最大的要算阿轍楊。阿轍楊研究、著作及旅行的時間很長，所留下的著作很多：凡關於十八世紀特徵的經濟活動無不加以研討。他在一七八七至一七八九年漫遊法國，至一七九二年，發表『法蘭西游記』(Travels in France)，遂爲一般人士所共曉。阿轍楊曾與馬爾塞斯書函來往，討論人口與農業諸問題。馬爾塞斯在人口論第二版的序文中，曾置阿轍楊於其先驅者之列，稱爲預備樹立『人口論』基址的一人。阿轍楊自認爲一實行家，未嘗有意建立任何法則，然與理論家之馬爾塞斯却能互相帮助。邦納述二人之關係時，說道：

"The theorists exist to help the practical men, the pratical men to help the theorists" (J. Bonar, op. cit. P. 222)。

阿轍楊的人口思想

阿轍楊對於人口問題的主要意見，是認爲人口數視職業之多寡而定(Population is proportioned to employment)。昔時職業未嘗多於今日，所以人口也不會多於今日。如果職業增加了，人口也必隨之而增加。職業是人口的主要因素：工業上勞力的需求量增加，並不能使工資提高，只能使勞動人數加多：

『增加一製造業的勞力需求，不能抬高勞力的價格，却能增加製造業中勞動者的人數；蓋較大數量的或有規律的職業，以附加的價格給與供給方面(指勞動階級)，能創生新的手足（勞動者)。』

然而，職業的增加何由而來？阿轍楊則非常重視農業。他說：『農業是一切實業中第一個而最要緊的實業，並且是支持製造業的基礎』。所以，獎勵農業是最重要的。他的中心對象是農業，人口不過是次要的對象而已；但是爲完成農業方面的研究，又勢必研究人口問題。關於人口品質方面，他區分爲劣質人口與優質人口(Population of poor quality and of high quality)；而人口品質之優劣，則一視農業品質的優劣而定。農業不但能確定人口數量，且能確定人口品質：此爲阿轍楊的主要見地，與『人口論』之大旨頗爲相似。

在『法蘭西遊記』中，阿轍楊認爲法國人口過庶，而其不良結果，是土地過度的分割。他以爲，法國人口若是再少五六百萬的話，法國一定更爲富裕，更爲繁榮。他反對獎勵結婚的政策，因爲繁殖人口，便是繁殖不幸。『就是不去獎勵，凡可以結婚時，即無人不去結婚，爲什麼還去獎勵呢？結婚不與自立能力成其比例，而能供給大量的職業與工作的例子，是在任何國家找不到的』。

湯森德否認共產主義的可能性

緊隨阿轍楊，湯森德在一七九一年發表『西班牙遊記』(A Journey through Spain in the years 1786 and 1787)說明人口依賴生活資料的關係，用以否認共產主義實現的可能。他以爲人口現象極端複雜，不易透澈，所以最好由一小範圍着手研究。當他觀察一座西班牙的村莊時，他說：

『因爲他們的食料有限，所以他們的人數，必須有限制；設使他們成立一種財產共有體制，那末，他們務必，或者抽籤來決定某某人移向他方，或者餓死在一起；除非他們寧肯同意於每一家庭中只許兩個人結婚，並且當着一間茅舍空閒了，即設法安置，使候補人聯合一起而實行佔有時，(才能免除上述的惡運)。』

湯森德說明恤貧法

湯森德在他的『恤貧法評議』(Dissertation on the Poor Laws,1787)一書中，認爲下層階級生齒極繁，所以國家縱即加以救濟，亦無補於彼等之貧困；甚至反因恤貧而貧人益增，其結果反不如

的不當謙莫斯說明人口增加與生活資料的關係

不加恤救之爲妙。——這豈不是馬爾塞斯的論調嗎？

最後，謙莫斯在人口論發表前四年（一七九四年）發表『大布列顛國力的估計』(An Estimate of the Strength of Great Britain during the Present and the Preceding Reigns)，內中說明他的人口思想。斯坦格蘭教授認爲，由以下所舉之數段文句中看來，可與當時最進步的人口學說並駕齊驅：

『哈魯(Lord Chief Justice Hale)言之於前，斯吐亞特(Sir James Steuart)與畢風 (Count de Buffon) 言之於後，人，爲其先天本能向前推進，一如其他動物然；爲同一之蕃衍動機所引領，亦與其他動物無異；隨後，人之營養以及破壞，亦以相似手段進行。』

『根據這些有名作家之意，這種本能便是生殖的原因；但是保存人口完滿，並使達到大數者却爲食料。舉凡海中之魚，空中之鳥，田野之獸，能常年出產者，皆爲人類充食料。可是我們從後面一項感覺到重要的結果，這就是每年因缺乏食料而死亡許多人口的一件事。』

『經驗的的確確証明，有了充足的食料，家畜可以繁衍到極大的範圍。依同一之方式，人類曾經本着他們生活資料的標準和安適程度，在任何環境和任何時代下從事生存，並向前增殖。』（註七）

謙莫斯同意於休謨之意見，認爲大凡存在最智慧的制度和最大快樂的地方，其人口亦必最庶。他從英國歷史中找到許多証據。

謙莫斯認爲人口總要達到食料的水平，這是和馬爾塞斯的學說異常相似之點——馬爾塞斯人口論第二版以後，開明宗義的話，就是這一句。

（註一）見：人口論，郭大力譯本第一四四頁。

（註二）浦額士此書全名如下：An Essay on the Population of England from the Revolution to the Present time with an Appendix containing Remarks on the Account of the Population, Trade, and Resources of the Kingdom in Mr. Eden's Letters to Lord Carlisle.

（註三）見：Malthus, Essay, Cannan's ed, PP. 333—340. 又：河上肇資本主義經濟學史的發展，林植夫譯本第一百二十五頁。

（註四）瓦路士此書全名如下：An Inquiry into the Present State of Population in England and Wales and the proposition which the Present number of inhabitants bears to the number of former Periods

（註五）郝萊特此書的全名如下：Examination of Dr. Price's Essay on the Population of England and Wales and the Doctrine of an increased Population established by Facts.

（註六）見：James Bonar, Theories etc. P. 213.

（註七）見：Chalmers. An estimate etc. P. 1—2. Stangeland, op. cit. P. 249.

第十八章　清人洪亮吉的悲觀人口說

洪亮吉在中國人口思想史中，應佔第一席；但此乃就思想本身的價值而言，至於他的思想對於後世之影響，則幾乎毫無。近年始由張蔭麟先生提出研究（見：洪亮吉及其人口論，文載東方雜誌第二十三期第二號），陳長蘅先生對於洪氏之說，更屢屢稱道（見增訂再版中國人口論附錄，及三民主義與人口政策第三十五至三十八頁）；湮沒百數十年之學說，至此始大彰明。

洪亮吉的著作及其時代背景

洪亮吉字稚存，江蘇陽湖北江人，生於乾隆十一年（公元一七四六年），死於嘉慶十四年（公元一八〇八年），生平著作極富，都搜集在洪北江遺書二百二十二卷中。遺書意言一卷，其中治平，生計，寺廟諸篇，爲洪氏人口思想之所集。

清初取消丁稅與人口總數的增加

洪氏的人口思想有否時代背景，或全憑觀察切近事實而來，論者往往略而不談。自從清聖祖頒佈『滋生人丁永不加賦』之上諭，及清世宗將丁稅併入地租以後，人口總數——至少在調查報告中——驟然增加：此項事實，對於洪氏未嘗不能予以刺激。

按康熙五十一年（公元一七一二年）下『滋生人丁永不加賦』之上諭，同時又另有上諭解釋前項上諭之目的：

『朕覽各省督撫，奏編審人丁數目，並未以加增之數，盡行開報。今海宇承平已久，戶口日繁，……朕凡巡幸地方，所至詢問，或一戶五六人，僅一人交納錢糧；或九丁十丁，亦僅一二人交納錢糧；……民之生齒實繁，故朕欲知人丁之實數，不在加增錢糧也。』

按中國自徵收人頭稅以來，人民為逃稅起見，家庭人丁每每少報，因此歷代人口統計完全不確。西漢平帝年間（公元一年至四年），已有人口五千九百餘萬（見漢書地理志）；此後經七百餘年至唐開元時（公元七一三至七四一年）人口反減為四千八百餘萬（見唐書地理志）；宋眞宗年間（公元九九八至一〇二二年），又減至二千二百萬（見眞宗本紀）；明成化中（公元一四六五至一四八七），又為六千餘萬（見大明一統志）；至清康熙四十九年（公元一七一〇年），又減為二千三百餘萬（見東華錄）；或時增時減，或歷千數百年不增反減，考諸常理，殊覺可笑！然其中主要原因，厥為人頭稅之為祟所致。聖祖為確知人口實數，許免新生國民之人頭稅，誠為有效之法；只以法行之初，舊有國民既尚須納稅，為父母者尚持懷疑心理，仍不敢據實呈報。及至雍正間，以新國民無稅，舊國民有稅，辦法欠妥，乃將丁稅併於地租，新舊國民一律不納人頭稅，於是戶口調查與賦稅才完全脫離關係了。此法施行之初，人民尚有戒心，恐人頭稅再行復活，仍不敢實報戶口，久而久之，知無此患，人民報告始近乎實情，人口調查亦因此而易得確數。自乾隆六年（公元一七四一年）以後，人口調查雖難確實可信，然大體業已步入正軌，溯本追源，不能不歸功於康熙之『滋生人丁永不加賦』之上諭。今依陳長蘅先生的搜輯（註一），將乾隆六年以來調查所得的人口總數列下，以明此後調查結果的眞象：（平均以十年為一段，中間的人口數從略）

乾隆六年（一七四一年）……………一四三，四一〇，五五九
十四年（一七四九年）……………一七七，四九五，〇三九
二十四年（一七五九年）……………一九四，七九一，八五九

三十六年（一七七一年）	二一四，六〇〇，三五六
四十六年（一七八一年）	二七九，八一六，〇七〇
五十五年（一七九〇年）	三〇一，四八七，一一五
嘉慶五年（一八〇〇年）	二九五，二三七，三一一
十六年（一八一一年）	三五八，六一〇，〇三九
道光元年（一八二一年）	三五五，五四〇，二五八
十年（一八三〇年）	三九四，七八四，六八一
十五年（一八三五年）	四〇一，七六七，〇五三

自一八三五年起，中國人口始有四萬萬之稱，至今仍爲一般人常識中的數目。

洪氏書成於一七九三年，自一七四一至一七九〇年，五十年間，人口增加一倍有奇，每年平均增加率千分之一五·一四，爲近百八十餘年來的最高紀錄：此增加率極屬可驚，如常此以往，人口過剩的危險，可以立見。洪氏目覩當時人口稠密以及生計艱難的情形，於是有感於心，遂發於文字。

洪氏的悲觀人口說

戶口增加速于生活資料

洪氏意言中，有關人口思想的文字，早經張陳二先生舉出，二人的書文皆足參考。現在爲綱目分明起見，不採取張陳二先生的統總敘述方式，而採分述辦法，分成數項，逐一說明：

（甲）戶口的增加速於生活資料的增加——洪氏以爲，當『治平』之時，戶口增加毫無障碍，必較生活資料爲快。此與馬爾塞斯人口論中所指出者同，惟未言幾何級數及算術級數二名詞而已。洪氏曰：

『人未有不樂爲治平之民也，人未有不樂爲治平既久之民者也。治平百餘年，可謂久矣。然言戶口，則視三十年以前增五倍焉；視六十年以前增十倍焉；視百年百數年以前，不啻增二十倍焉。』（治平篇）

此段文中之數目，似非依人口統計數字而言，其所述者，或爲當人口增加毫無障礙時所應有的情形。但洪氏的假設，亦不免稍爲誇張，他以爲每三十年，可增五倍，……恐怕是在任何情形下所必無的。洪氏隨着把戶口與生活資料（田屋等）的增加情形加以比較：

『試以一家計之，高曾之時，有屋十間，有田一頃，身一人；娶婦後，不過二人；以二人居屋十間，田一頃，寬然有餘矣。以一人生三子計之，至子之世，而父子四人。各娶婦，即有八人，又不能無傭作之助，是不下十人矣。以十人而居屋十間，食田一頃，吾知其居僅僅足，食亦僅僅足也。子又生孫，孫又娶婦，其間衰老者或有代謝，然已不下二十餘人；而居屋十間，食田一頃，即量腹而食，度足而居，吾知其必不敷矣。又自此而曾焉，而玄焉，視高曾祖時，已不下五六十倍。是高曾時爲一戶者，至曾玄時不分至十戶不止。其間有戶口消落之家，即有丁男繁衍之族，勢足以相敵。

『或曰：高曾之時，隙地未盡闢，閒廛未盡居也。然亦不過增一倍而止矣；或增三倍五倍而止矣；而戶口則增至十倍二十倍。是田與居之數常處其不足，而戶與口之數常處其有餘也。』（治平篇）

洪氏之言，以近代通用語道之，即：人口常較生活資料為過剩。其言與馬爾塞斯大致相同；惟缺乏歷史上的觀察，故其想像中之人口與生活資料增加的倍數甚不可靠，只能使我們發生一種深刻的概念而已。

人口過剩的副因

（乙）生活資料不足的次要原因——除上述自然的人口較生活資料過剩而外，還有些由社會制度不良而造成之生活資料的不足。考洪氏之意，社會制度不良，可算是人口與生活資料間不均衡的次要原因，洪氏對此曾舉下列二種：

㈠大產主壟斷——『兼併之家，一人據百人之屋，一戶佔百戶之田………。』（治平篇）

㈡僧道寄生——『東南之患，在土狹而民衆。民之無業者已多，而又積此數百萬人之僧徒道士，使耕夫織婦，奉之如父母，敬之如尊長，罄其家之所有而不惜，俗安得不貧，而民安得不困。』（寺廟篇）以生產者供養寄生的僧道，國民生計因之日窘。滿樓叢書沈赤然寒夜叢談卷三引王逋蚓庵瑣語的話，說：『康熙六年七月，禮部題奏，臣等計算直隸各省巡撫造送冊內，敕建大寺廟共六千七十三處；小寺廟共六千四百零九處；私建大寺廟八千四百八十五處；小寺廟共五萬八千六百八十二處；……以上通共寺廟七萬九千六百二十二處。』這是距離洪氏著書大約六七十年前的統計；在這個期間，佛道的勢力日漸發展，寺廟自然有增無減。在康熙六年，僅直隸各省，就有八萬座寺廟，大小平均，每廟僧道三十人，則共有僧道二百四十萬人了；洪氏著書時，說東南各地，有僧道數百萬人，還不算十分誇張。

人口過剩

（丙）戶口過剩的調劑法——人口過剩亦有調劑之法。洪氏曰：

的調劑法

『曰：天地有法乎？曰：水旱疾疫，即天地調劑之法也。然民之遭水旱疾疫而不幸者，不過十之一二耳。曰：君相有法乎？曰：使野無閒田，民無剩力，疆土之新闢者，移種民以居之；賦稅之繁重者，酌今昔而減之；禁其浮靡，抑其兼併；遇有水旱疾疫，則開倉廩悉府庫以賑之，如是而已矣』。（治平篇）

洪氏所謂『天地調劑之法』，與馬爾塞斯所謂的『積極的妨碍』(Posittive Check) 毫無異差。至於『君相調劑之法』，則指國家輔助及救濟而言。洪氏固不識生育節制 (Birth-Control) 之法，苟其時醫學一如今日，洪氏未始不贊成節育。洪氏繼謂：

『治平之久，天地不能不生人，而天地之所以養人者，原不過此數也。治平之久，君相不能使人不生，而君相之所以為民計者，亦不過前此數法也。且一家之中，有子弟十人，其率教者常有一二；又況天下之廣，其游惰不事事者，何能一一遵上之約束乎？一人之食，以供十人已不足，何況供百人乎？此吾所以為治平之民慮也。』（治平篇）

洪氏認為二種調劑之法，皆不能澈底解決人口問題，因此遲早終須變亂，治平絕不能持久：所以他始終抱悲觀態度，成一位澈底悲觀主義的人口思想家。陳長蘅先生說：『洪氏之人口論係專就治平時代而言，明乎戰爭與變亂之為例外，且暗示人口問題為一治一亂之主要原因也。』（註二）

人口過剩的惡果

（丁）戶口過剩的惡果——戶口過剩的惡果總括為人民生計艱難及社會擾亂。人口過多，生活必需品求過於供，物價因以高漲，而人民覓求職業尤感困難，於是只好賤價出賣勞動力了。然而即以賤價出賣勞動力，尚有多數人遇不到買主，人既不能束手待斃，其中自不免有挺而走險者，於是發生

洪氏人口論的批評

擾亂。洪氏之言曰：

『……今則不然：爲農者十倍於前而田不加增；爲商賈者十倍於前而貨不加增；爲士者十倍於前而傭書授徒之館不加增。且昔之以升計者，錢又須三四十矣；昔之以文計者，錢又須一二百矣。所入者愈微，所出者益廣。於是士農工賈各減其值以求售，布帛粟米又各昂其價以出市。此即終歲勤勤，畢生皇皇而自好者，居然有溝壑之憂；不肖者遂生攘奪之患矣。然吾尚計其勤力有業者耳。何況戶口既十倍於前，則游手好閒者更數十倍於前。此數十倍之游手好閒者遇有水旱疾疫，其不能束手以待斃也，明矣。是又甚可慮者也。』（生計篇）

總觀洪氏之說，前後一貫，言簡意賅，雖間有誇張之論，仍不能減其光輝。張蔭麟先生說：『西方自馬氏人口論出，經濟學及社會學乃闢一新天地；其直接間接影響於政治及社會上一般人之思想，至鉅且重。反觀洪氏之論，則長埋於故紙堆中，百餘年來，舉世莫知莫聞。不龜手之藥一也，或以伯，或不免於洴澼洸，豈不然哉？』（註三）然今日讀張陳二先生之書文者既已甚衆，一般人遂給洪氏加上『東方馬爾塞斯』的徽號，却又是他不幸中之幸了。（註四）

（註一）見：中國近百八十餘年來人口增加之徐速及民勢之變遷（中國人口論補遺二）。

（註二）見：三民主義與人口政策第三十七頁。

（註三）見：洪亮吉及其人口論。

（註四）日人飯田茂三郎評論洪亮吉人口論的價值，亦稱公允：『醉心西洋人口論之徒，或者要以洪亮吉所說，在人口論上，尙未具備科學的體型。不過用東洋的簡潔的文辭，不但能夠把馬爾塞斯同趣旨的議論，無遺憾地敍述出來，且能認識人口過剩，不唯由於人口對於物質增加的不調和，其由於富者所行的兼併的影響，也不在小；在這點上，可以說超越馬爾塞斯，而說到今日社會主義者所欲說的了。』（見：中國人口問題研究中譯本第四十一至四十二頁。）

第三篇　自馬爾塞斯至現代

第十九章　馬爾塞斯的人口論

馬爾塞斯人口論的重要性

馬爾塞斯的人口理論開近代人口思想的紀元，在人口思想史裏劃分了一個時代，甚且使一般讀了馬爾塞斯著作的人，或者間接認識了他的學說的人，竟把以往的人口思想忘記呢乾乾淨淨。今世的社會學者、經濟學者、時論家、政治家，試問那一個肯把『人口論』輕輕的放過得？有了馬爾塞斯，才有古典的分配法則；有了馬爾塞斯，人類無不岌岌自危；有了馬爾塞斯，思想界受了空前的擾動；有了馬爾塞斯，大家才確信人口問題是人類的基本問題；有了馬爾塞斯，才造成近代五花八門的人口學說；你肯定他的學說，或是否定他的學說，可以使你從甲變成乙，可以使你轉變了性格、志趣、和一切的主張！

固然，大凡一個學說的完成，斷乎不能歸功於一人，在所謂集大成者之前，不知有多少有名的和無名的英雄預先替他闢開了道路，造成了工具，只待這位天之驕子從容的完成他的功勳。這些先驅者，有的對於這位完成者發生直間的與較大的影響，有的只有間接的與較微的影響，他們的數目常常是很多的，甚至使後世的研究者每每掛一漏萬。我們已經用了很長的篇幅，從古今各國尋找馬爾塞斯的先驅者，由此可知馬爾塞斯的人口學說不但不是由他一個人的力量所完成的，並且我們知道他的先驅們所做的『逢山開路，遇水搭橋』的工作是何等的盡職啊！但是先驅只是先驅，成其全功的却是元帥——馬爾塞斯。

馬爾塞斯的著作，以『決定人口增加的原因』爲主要對象，其議論的詳密，主張的顯明，推理的系統，目標的確實，都是前人關於此類的著作所望塵莫及的：可見一種榮譽之獲得都不是偶然的。馬爾塞斯的時代足以產生一部人口論，但若不是馬爾塞斯的天才也必不能把握住他的時代。他爲什麼想起寫人口論呢？就便是他的時代背景的問題。

× × × ×

他的時代背景

馬爾塞斯於一七六六年二月十四日生於英國薩立州(Country of Surrey)路刻立(Rookery)地方，死在一八三四年十二月二十九日，他的生涯共有六十八個年度及十個月有零。他的朋友(據說是Otter 僧正)有他的墓誌裏認爲他是：

"One of the best men and truest philosophers of any age or Country......"

馬爾塞斯人口論的第一版是在十八世紀的末年發表的，那時候歐洲的人口已開始迅速的增加。從這時候爲始，一直到十九世紀末年，歐洲人口的增加可算空前絕後。歐洲人口在一八〇〇年約爲一萬八千萬，到了一九〇〇年增加到四萬萬零一百萬，而十九世紀中歐洲向美洲移出的人口尚不在內。人口迅速增加的現象足使馬爾塞斯有所感覺(註一)，然激刺此人口理論大師最甚的，却是當時英國的國情。當時英國的情勢甚覺不安，其中最令人注目者有以下幾種現象(註二)：

(一)食糧漸感不足——十八世紀前半期，英國農業的發展一日千里；及至十八世紀末葉，社會漸呈不安現象，農業出產漸感不足以供給人民的食用。其結果，穀價高漲，民生艱窘，當時愛爾蘭的情形亦極不佳，馬爾塞斯曾謂愛爾蘭已有人滿之患，其貧乏情況常隨人口的增加而益轉劇。

(二)工業革命的惡果已行暴露──工業革命的不良影響，亞丹斯密尚未之見，而當馬爾塞斯完成其思想時，已全暴露。當其時，失業，貧乏，疾病，擾亂，紛然興起；農業現狀亦愈不可以支持。

(三)英國恤貧法發生流弊──卹貧法行之既久，人民漸習於游惰，其結果，受恤濟之貧民人數日益增加，勞動者亦漸失其獨立性格。

英國情勢既如上述，歐陸的情勢亦正急轉直變。一七八九年法國大革命終於飢困不安之環境下爆發。大革命不知驚動了多少思想家的心靈，在此不可終日的情形下，『自由，平等，博愛』的口號隨着大革命風靡了全歐，關於當時的情勢，馬爾塞斯在人口論第一版的開首就以很生動的文句描述過：

『……法國革命，像一顆炎炎的慧星，注定了要以新的生命與活力，感動世間的畏縮的人民，不然，就是把他們燒盡滅絕。這等等，一齊發生，引導許多能幹的人們，懷抱這樣一種意見：我們已經觸到了一個時期，這時期，富有最重要的變化，這變化，將會在某程度上，決定人類將來的命運。』(註三)

這自然要產生許多理想家，擬出方案來拯救人羣的危機了。當時最著名的思想家，也就是馬爾塞斯所反對的理想家，是英國的葛德文 (William Godwin, 1756-1836) 和法國的康多塞 (Marie Caritat Condorcet, 1743—1794)；

葛德文的思想

葛德文的名著『政治的正義』(An Enguiry Concerning Political Justice, and its Influence on General Virtue and Happiness)起稿於一七九一年七月，完成於一七九三年一月，還算在法國大革命中寫的，所以不免受大革命理想的影響。葛德文是屬於後世所謂之空想共產主義者(註四)，從宗教和道德的立場上主張共產主義。他以為共產主義的實現，不是用革命或暴力的方法所可達到的；須待人類的智識進步，一般人都確信這樣制度是合乎正義的要求時，才能實現。依他所見，這種人類一致的確信，頗有成立的可能，因為他最重視人類的理性：理性能使人類一致要求合乎正義的組織。重視理性的結果，使他變成極端樂觀主義的人。那末，靠着理性，社會可以無限制的進步發展，一切罪惡，貧困等等現象將來究竟會完全滅跡的。但是有人要問：如果照他的理想實現，世界上的財物能不能永久足以供養那不斷增加的人口呢？葛德文以為這個問題亦不難解決，因為理性亦足以左右人類的繁衍，一旦人口無須增加時，性慾既可免除，生育亦可廢止，甚至人們皆可長生不老(註五)。

康多塞的思想

康多塞死後所發表的名著：『人類靈性進化之歷史的觀察』(Esquisse d'un tableau historique des progrès de l'Esprit humain, 1794)，恰與葛德文之書同時出現。他的思想和葛德文極端相似，他也確信人類社會必能走向幸福之路，萬能的科學縱不能免除死亡，至少能延長壽命近於無窮。問題和葛德文所遇到的一樣：設死亡應當免除，然則地球如何供養此無限增加的人口？他的答案又幾乎和葛德文一樣：科學必能保証無限量的食料，理性更足以節制人口過量的增加。康多塞為避免砍頭之刑，在獄中飲酖自殺，其遭遇如此的不幸，然而他對於世界又如此樂觀，豈不是很可驚異的嗎？

葛德文『政治的正義』出版時，正當法國大革命所燃燒的理想正盛的時期，所以立刻大受社會的歡迎。當時許多人士認爲其書爲必讀的文獻，工人甚至集資購買，細讀於樹蔭之下、酒舘之上。康多塞的遺著亦頗風行，流傳所及何止法國：該書出版之翌年（一七九五年）即譯成英文。

人口論第一版

葛德文和康多塞的極端樂觀論不久便遇到反動的思想，其中最著名的當然是馬爾塞斯的學說了。人口論第一版的全名如下：

An Essay
on the
Principle of Population as it affects the Future Improvement of Society
With remarks
on the Speculations of Mr. Godwin, M. Condorcet, and other writers.

人口原理概論
及其關於社會之將來改善
附關於葛德文氏
康多塞氏以及其
他著作家之思索
的注意

可見他著書的原意是在攻擊當時風靡一時的樂觀派社會思想的。馬爾塞斯的父親(Daniel Malthus)是葛德文等人的信徒，但是他的兒子却持着反對的意見，父子已經互相辨論着；後來我們這位人口大師以爲口述不如筆述，但是還未敢太露鋒芒，人口論第一版出書時，還沒有標明著者的名字。

人口論第二版

第一版公表後，在社會上所生的反應極大，而馬爾塞斯的態度也就特別愼重了。他一面搜輯歷史的材料，一面到各處游歷，所以第二版所增加的頁數很多。第二版已失去反擊他人學說的面目，完全站在科學的立場，而且把自己的名字公開了。第二版的書名改變如下：

An Essay on the Principle
of Population;
or, a View of its Past and Present
Effects on Human Happiness;
With an Inquiry into our Prospects respecting the Future Removal or Mitigation of the Evil which it occasions.
by T. R. Malthus, A. M.,
Fellow of Jesus College,
Cambridge.

人口原理概論
或名對於人類幸福之過去及現在諸影響的觀察，附觀測將來關於除掉或緩和因人口原理所生之罪惡的研究。
馬爾塞斯著

人口論確定版的內容

人口論經過修改後的內容分爲四卷——卷一：世界中文化落後部分及過去時代之人口的妨礙；卷二：現代歐洲各國人口的妨礙；卷三：以前曾經提出的或於社會通行過的制度或方策及其與人口原理所生成之災禍的關係；卷四：由於人口原理所生成之災禍的轉移或減輕說到我們將來的希望。(Book I: of the checks to population in the less civilised parts of the world and in past times; Book II: of the checks to population in the different states of modern Europe; Book III: of the different systems or expedients which have proposed or have prevailed in society, as they affect the evils arising from the principle of population; Book IV: of our future propects respecting the removal or mitigation of the evils arising from the principle of population) 全書六百餘頁，然馬爾塞斯的學說主要見於該書之第一第二兩章，不過十四頁而已(Bettany版)。其他六百頁之長文，從歷史及空間兩大方面攫搜例証，並對於人類的將來加以預料，也有詳細閱讀的價值。

馬爾塞斯生前，人口論共出六版(第六版於一八二六年出書)，第一版與第二版不同之點最大，第三版及第三版以後也有若干的修改，今若一一註出，殊非本書所許，亦非必要，是以爲便利起見，可視馬爾塞斯之說爲先後一貫的而加以敘述。其實，我們可以把第一版的內容視爲馬爾塞斯的前期思想，把第二版以後的內容視爲他的後期思想，然後分別敘述，線索自能清析；不過，如果這樣去講，恐怕不勝其煩了，而且不免要有許多前後重複之處，因此，著者採取折中的辦法，一面以綜合敘述爲原則，一面把前後主要的不同點隨時指出，而以不妨害主文爲標準。以下以馬爾塞斯的成熟思想爲主，順序加以說明。

馬爾塞斯的目的

馬爾塞斯研究人口原則的最終目的是這樣：『一種關乎社會改進的考察，統領方式中的主題自然而然的顯現出來，是，

(一)細心考究一直到現在阻礙人類向着幸福進步的原因何在；及

(二)考察將來時這些原因全部或局部轉移的或然率若何。』

『食色性也』的出發點

可見他的目的是在預測人類的命運。人類的命運由什麼來決定呢？當然最要緊的是人類的本身。人類在兩種共本的慾望，是與生俱存的：這就是食慾和性慾。不但『食色性也』，並且『第一，食料乃人類生存所必要的，第二，兩性間的情慾是必要的，而且略當維持它的現狀』(見：第一版)。這兩個大前題自然不容否認，但是葛德文則推測兩性的情慾將來會至於絕滅，究竟兩性關係是否將來會至於絕滅，我們還不能預測，葛德文無乃太過於想入非非了。

人口的增加與生活資料的增加

人類既然永遠還要有性慾，其結果，人類應該不斷的有增加的潛在力了；而人口又必須有食料或生活資料(Means cf Subsistance)以維持，是則人口增加非生活資料同時並行增加不可。然而實際上，二者增加的情形是怎樣呢？爲解答這個問題，便有了人人知道的兩大級數：

『人口若是沒有妨礙，是以幾何級數增加；但是生活資料，只以算術級數增加』

(Population, when unchecked, increases in a geometrical ratio; Subsistance only increases in an arithmetical ratio.)

馬爾塞斯認爲大約隔二十五年完成一次增加，那末，二者皆從『一』起始，則：

人口的增加爲——一，二，四，八，十六，三二，六四，一二八，二五六……

生活資料的增加爲——一，二，三，四，五，六，七，八，九……

兩個世紀以後，人口與生活資料成二五六與九的比例；由此推算，到了三世紀以後，二者的比例將爲四〇九六與一三；再推至二千年以後，則二者間的懸殊眞不可以數計了。

人口增加的例證

然而，何以見得人口每二十五年可以增加一倍呢？馬爾塞斯乃以美國爲例，証明他的主張。後來他的信徒用更完全更充分的材料，証明他的主張之爲正確。現在借用 Alfred Naquet 的"Religion, Propriété, famille"一書中的一段文字，說明他的例證：

『在美國，土地尚未完全耕種，曾經無須偌大的努力便足使移入之民獲得必要的食料，因此，在八十餘年間，人口平均於二十五年增加一倍。

『下表指出美國人口增進的情形，以十年爲一階級：

一七八二年	二，四八九，〇〇〇人
一七九〇年	三，九二九，〇〇〇人
一八〇〇年	五，三〇五，〇〇〇人
一八一〇年	七，二八九，〇〇〇人
一八二〇年	九，六三八，〇〇〇人
一八三〇年	一二，八六六，〇〇〇人
一八四〇年	一七，〇六二，〇〇〇人

一八五〇年…………二三，八〇六，〇〇〇人

一八六〇年…………三一，四四五，〇〇〇人

『今以一八四〇年的人數（一七，〇六二，〇〇〇）與一七九〇年的人數（三，九二九，〇〇〇）比較，可見五十年間人口增加至四倍有奇。同樣，如以一八五〇年的人數（二十二兆八十萬）與一八〇〇年的人數（五兆三十萬）比較，可見在前世紀頭兩個二十五年中，人口亦增加而至四倍。』

生活資料增加的例證

美國在這個期間，地廣人稀，生活資料毫不缺乏，可以說人口不受任何妨碍，其結果平均每二十五年增加一倍。由此觀之，『人口若是沒有妨碍，是以幾何級數增加』這一句話，大致是眞實的。

何以見得生活資料每二十五年只能增加和最初額相等的數量呢？馬爾塞斯關於人口增加的實例雖取於美國，可是生活資料增加的實例却撇開美國不論。在這一點頗受他人的責難。他說：『隨便選擇一個地方，譬如我們英國，生活資料的增加率是怎樣呢？』他以為在最初的二十五年增加一倍是可能的，到了第二個二十五年，决不能再加倍，即是說决不能在兩個二十五年，加到四倍。為什麼不能呢？『因為這是反乎我們地質的常識呀。』他為什麼關於生活資料的增加不拿美國為例呢？大概他的心目中以為，無論那個地方的人羣，他們的生殖力大致都是相等，我們要考察人類生殖力究竟有多們大，勢必要到人口不受妨碍的地方去找；但是地球的各方土地的收穫則决不一致，其間肥薄有異，新舊有別，美國是個新大陸，在地球上可算一個例外，不能拿美國的地力做為一般的標準。

穆勒的詮釋

後來，穆勒把『人口論』與土地的報酬遞減法則結了不解之緣，這是馬爾塞斯萬想不到的！穆勒把報酬遞減法則當做『生活資料只以算術級數增加』之說的基礎，後人往往如此承認，也往往認爲這就是馬爾塞斯自己的說明；其實誠如康瀾教授所言：『如果認爲『人口論』無時不建設在報酬遞減法則上的，這是把穆勒詮釋的馬爾塞斯主義和馬爾塞斯自己說明的馬爾塞斯主義，混爲一談。』(To imagine that the "Essay on the principle of population" was ever based on law of diminishing returns is to confuse Malthusianism as expounded by J.S. Mill with Malthusianism as expounded by Malthus.)(見：Cannan, Theories of production and Distribution, p. 144)。但是自從穆勒以後，『人口論』的可信程度越法增大起來了。(註六)

現在假設人口每二十五年增加一倍，而生活資料只增加和最初額相等的數量，那末世界上的人口豈不早已無衣無食了嗎？那末今日的人又豈止十八餘萬萬而已呢？福耳特耳(Voltaire)在他的『通史』中說的好：『人類之緊衍非如想像的那般易易。』馬爾塞斯也說的好：『若是沒有妨碍，』人口才能於二十五年增加一倍。

人口增加的妨礙

實際上，阻止人口增加的妨碍是不一而足。在在可以直接促短人類的壽命，間接漸少人類的數目。馬爾塞斯認爲人口增加的妨碍，歸根原本乃是食料或生活資料的不足，他名生活資料不足的這一妨礙爲『結局的妨礙』(Ultimate Check)，以對『直接的妨礙』(immediate check)而言。食物不足，除掉飢饉而外，均不能成爲直接的妨礙。但是這兩種妨礙在實質上不能以對立看待，因爲直接的妨礙都是由於食料不足所起，結局的便是根本的，直接的便是由根本方面演成而直接影響人口的；結局的如同機器的發動機，直接的好似機器的器械，沒有發動機則機器不動轉動，沒有器械則機器便不能發生改製物質的效力了。直接的妨礙又分為兩種：

（一）預防的妨礙(Preventive check)

（二）積極的妨礙(Positive check)

預防的妨礙

預防的妨礙是人類所獨有的，由於顧慮將來之一念而生，即是預防無限制的增加，或名節制生育（指廣義的而言）。然而馬爾塞斯是忠實的基督教徒，為不違反教義起見，又分預防的妨礙為道德的及不道德的兩種抑制。道德的抑制(Moral restraint)是『預防的妨礙中不伴着罪惡的，即由於注意的動機而避免結婚，且於此期中完全不做不道德的事』。簡言之，即是不結婚，並避免一切性愛生活。不道德的抑制或伴着罪惡的抑制即是『在預防的妨礙中，亂雜的性交，不自然的情慾，強姦，以及隱蔽不正性交結果的不正方法。』馬爾塞斯認為墮胎與人工節育（如近世的Birth Control）都是不道德的。所以他只勸告大衆說：當你尚不能維持你的家庭及教養子女時，最好不要結婚吧！

積極的妨礙

積極的妨礙與洪亮吉所謂之『天地調劑之法』相若，是帶有強迫性的。人口對生活資料為過剩，罪惡與窮困立即發生，其結果皆足以阻止人口的增加。積極的妨礙『不問起的罪惡，抑或起於窮困，在任何程度上，多少總是促短人類自然壽命的許多原因。』積極的妨礙初分為罪惡與窮困兩種，又可細分為多種：（一）一切不健全的職業，（二）激烈的勞動與曝於寒暑之下，（三）極端的窮困，（四）兒童不適當的養育，（五）大都市（生活），（六）各種放蕩生活，（七）普通疾病及傳染病，（八）大瘟疫，（九）飢饉……。

人類的命運

積極的妨礙是天的責罰，預防的妨礙是人的抑制，如果人類自己不知抑制的話，天會强迫抑制人類的。在人口增加的速度遠過於生活資料的大前題下，人類的前途註定了不幸的運命！馬爾塞斯前期的思想以爲這是無可挽回的；從人口論第二版起，他放棄了這種極度悲觀的意見，他希望人類免掉『積極的妨礙』下的刑罰，而採取道德的抑制。

馬爾塞斯關於人口增加之妨礙的見節，從第一版到第三版頗有更動，以上所述屬於第三版以後的內容，下表表示各版關於此點的變動情形：

人口增加之妨礙
- 結局的妨礙（第三版以後）
- 直接的妨礙（第三版以後）
  - 預防的妨礙（第二版以下）
    - 未伴着不道德的——道德的抑制（第二版以下）
    - 伴着不道德的——罪惡
  - 積極的妨礙（第二版以下）
    - 能以人力避免的——（原因）罪惡、（結果）窮困
    - 不能以人力避免的——窮困

（罪惡、窮困：第一版）

（上表錄自河上肇著之資本主義經濟舊史的發展第一百六十八頁）

人口論的結論

以上便是馬爾塞斯人口學說的內容，他在人口論卷一第二章之末，自己揭出三條結題：

『人口是必然的受生活資料的限制。

『人口，若是不爲强有力而且很顯著的妨礙所阻止，凡是生活資料增加的地方，一定也要增加

的。

『這些妨礙，以及抑制人口增殖的優越能力，使其結果與生活資料保持平衡的妨礙，可以歸納爲道德的抑制，罪惡，及窮困。』（第二版以後）

Population is necessarily limited by the means of subsistence.

Population invariably increases, where the means of subsistence increase, unless prevented by some very powerful and obvious checks.

These checks, and the checks which repress the superior power of population, and keep its effects on a level with the means of subsistence, are all resolvable into moral restraint, vice and misery.

× × × ×

他對於人口問題的意見

馬爾塞斯的人口原理既如上述，他又以其基本理論爲根據，進而提出他對於人口問題的意見。他對於這個問題的意見，是放任的，個人主義的，和道德觀的。

（一）自由放任（laisser faire）是英國古典經濟學派的共同主張，馬爾塞斯亦非例外。社會中所以有人陷入可悲之境遇的，乃由於人口的自然法則之所致，因爲人口太多了，人羣過於擁擠了。不能維持家庭的人不去結婚，當然是最好而最有效的補救方法，但這只能任憑個人自己去做，『他們所棲息的社會，他們所受統治的政府，對於此點是完全無力的』。國家如何能不許貧人結婚呢？所以只有聽其自然好了。國家既不能干涉他們結婚，是否可以救濟他們和他們的孩子呢？馬爾塞斯認爲這也是辦不到的，而且不當去辦。國家愈救濟，貧民必愈多，結果必救不勝救。英國的卹貧法不是一個極恰當的例子嗎？如果聽其自然，使人民親受天的刑罰，尙能痛知改悔，將來也許有知道自身節制之一日，國家何樂而不任其自由？總之，對於馬爾塞斯，自由放任是解決人口問題無辦法中的最好辦法。

（二）個人主義也是古典經濟學派的特色之一，恰恰與今日所謂責任連帶主義（solidarism）相反。他以爲，你所以窮困的，是因爲你的命運不佳，社會及你的同類對你的窮困毫無責任可言。『一個生在業經佔滿了的這個世界，由他可以要求的父親方面，如果得不到生活的資料，或是社會不需要他的勞動，那末，他對於食料的最小部分，也是沒有何等權利的，對於他所生存的地方，也沒有權利存在的』。他有一句警語，常常爲人傳誦着：

『在自然的大宴席上，爲他所設的空位，一個也沒有了』！

來而被拒，不是世界太無情義，因爲這在公益上設想是無可恨怨的：如果來者不拒，來者勢必立刻加多，乃至於無窮，這一來秩序和調協都要破壞無餘了。生存權是人權嗎？但是他却否認！

（三）馬爾塞斯的道德觀念很重，他認爲唯一補救的方法是自動的實行所謂道德的抑制。縱能得預防人口過度增加之實，然而如果不合基督教義，也須在摒棄之列；反過來，不遵道德抑制的主張和行動，也以不道德論，不過可以隨他的便好了。他說：『若是有人不管他能否支持家庭生活，而即想結婚，他固然有完全的自由……像這種情形的結婚，據我的意見，明明是一種不道德的行爲』。

自第二版起，馬爾塞斯提出道德的抑制以後，他承認了社會的改進是可能的，但是還要自由放任，還要靠着個人。在人口論開始所提出的社會將來改進的問題，就算這樣的解決了。(註七)

× × × × ×

我們這位人口理論的大師在社會科學——尤其是經濟學——上發生多大的影響？我們隨後就要論到。關於他的學說之批評，我們不願拿出主觀的見地來，還是聽取他人的批評吧。

(註一)有些人認爲馬爾塞斯思想的時代背景是當時的人口過剩，而"The historical Setting of the Malthusian Controversy" (in London Essay of Economics in Honor of prof. E. Cannan, 1927)一文的著者 Mabel C. Buer 則加以否認。他以爲，十九世紀以來，在惡劣時期中人口增加很快，而且依着空前未有的大速率增加；但是在馬爾塞斯發表人口論(一七九八年)的時節，人口過速的增加尚不甚爲人所識。

英國的人口調查，始於一八〇一年，此次極不完備。第二次調查舉行於一八一一年，結果尚差强人意，然因第一次調查結果不確，以致增加率仍不能確計。至一八二一年時，始確知人口增加的情形。

十八世紀上半期，英格蘭及威爾斯的人口只增加五分之一，但於下半期竟增加二分之一：如以上半期的增加率計算，人口的加倍約須二百年，但實際上自一七五〇至一八二〇年共七十年間，人口已經倍加了。這種情形似乎可以影響馬爾塞斯了，實則不然。因爲，這七十年間人口增加所以如此之速的，乃是社會進化與改善的結果，死亡率非常減低，出生並未增加，其情勢並無可悲之點。馬爾塞斯亦深知此情，所以當時人口增加過速或人口過多並不是他的思想的背景。

以上 Buer 之說，亦似有理，姑述於此，以就正於讀者。

(註二)參看：臧啟芳譯 Haney 之經濟思想史，第二五六至二五七頁。

(註三)見：郭大力譯，人口論第一頁。

(註四)李特及若干學者認爲葛德文爲無政府主義者的第一人，因爲葛德文最先說過這一句話：「一切政府，就是那最好的政府，也是一種禍患」。(見：Gide et Rist, Histoire des Doctrines économiques, p.141.)

(註五)讀者欲詳知葛德文的思想，可參看：河上肇著，林植夫譯，資本主義經濟學之史的發展，第一百四十至一百五十四頁。該書關於「政治的正義」之原文有較長的引証，述葛德文的生涯亦詳。

(註六)關於報酬遞減法則，在一般經濟學的書籍中都有講述，著者認爲無須在此重復一次。後面說到「時中人口說」時，再加以討論。

(註七)最近 James Bonar 說馬爾塞斯對於人類的熱望有三：

(一)普遍的死亡率減低；

(二)貧苦階級的生活標準提高；

(三)終止青春人類生命的浪費(即免除夭亡)。

(見：The Commemoration of T.R. Malthus, in the Economic Journal, Vol XLV No, 178, June 1935).

（附註）關於闡明馬爾塞斯人口理論的書籍，較好的有：資本主義經濟學史的發展（第三章第一節），河上肇著，林植夫譯。經濟學史（第一篇第三章），基特、里斯特合著，王建祖譯。經濟思想史（第二編第一卷第十章），韓納著，臧啓芳譯。人口問題（第一編第二章），陳達著。Cannan, History of the theories of production and Distribution in the english political economy from 1767 to 1848 (Ch. V, §3 and §4)—Gonnard, Histoire des Doctrines de la population (3e partie, Ch. I)—G. Hardy, La question de la population (Livre premier)—James Bonar, Malthus and his work.

第二十章　附孟德斯鳩及馬爾塞斯論中國人口

引言

歐西學者對於中國文化雖一向不甚了解，但是他們都知道中國領土很大，而人口數目又甲於各國。他們多半知道中國人口極庶，災荒頻仍，而他們對於中國歷史第一個知識就是中國重視農業和朝代的變革平均二三百年實行一次。

中國人口問題，在中國智識階級的人士還未能普遍注意的時節，有的歐西學者已經加以研究，並且時常把中國人口當做他們學說的例證。其中最著名的，要算孟德斯鳩及馬爾塞斯二人。關於馬爾塞斯的學說等等，我們早已詳加叙述過了，無須再為重複；關於孟德斯鳩的法理學說及其影響也都是普通法學書籍的主題之一，至於他對於古今人口孰為多寡一問題的意見，已如前述，也無須贅述於此。現在所要討論的，只限於二人關於中國人口的意見。

孟德斯鳩研究中國人口的材料

孟德斯鳩討論中國人口的主文，在他的名著法意（L'Esprit des Lois）一書的第七卷第六第七兩章及第八卷第二十一章——第七卷中的兩章的主題是『中國的奢侈及其必然的結果』；第八卷中的一章的主題是『中華帝國的政治要素』。孟德斯鳩研究中國現象的根據，是：Duhalde 的『中國史』(Histoire de la Chine, 2 vols), Parennin 及Mairan的『通信集』(Lettres édifiantes)

他認為中國的氣候使婦女的

孟德斯鳩認為中國婦女的生殖力最大，而所以最大的，是由於中國氣候適於蕃殖之所致。一則曰：『在中國……婦女是這樣的好孕善育………』；再則曰：『中國的氣候極端適合人類的繁衍

生殖力變成猛大

」。三則曰：『婦女的生殖力極大，在全球上看不見同樣的了。……』。這就是中國人口稠庶的原因。

又因生殖太繁，人口必要有過剩的趨勢，即是食料不足供給全體人口。他說：『在中國……婦女是這樣的好孕善育，人類的繁衍到了這一點上，土地——有些是已耕的——已覺不足以供給居民的食用』（註一）。中國人口增加之速，大概不能使它停止或遲慢：因爲中國『婦女的生殖力極大，在全球上看不見同樣的了。至殘極暴的君王也絲毫不能阻止人口擴張的進行。……縱有暴君在，由於氣候的力量，中國還能永遠增添人口，並且把暴君推翻』。但是爲什麼說人口增加的結果能推翻暴君呢？孟德斯鳩有以下的回答：

中國容易因人口過庶而發生飢饉：飢饉的結果往往是朝代的變革

『食米之國，必常常陷入飢饉，中國就是其中之一國。當人民將要飢餓而死時，勢必散於四方以求生存。流亡的人民則三五成群爲盜：大部分的盜匪爲官殲滅，其他滋長强大者亦終被殲滅。但是，在省區如此之大，距離如此之遠，其中不難有一二匪群機會特幸者，此幸運的匪群保持着，並日漸强盛，遂成一軍兵隊，最後攻佔國都，而擁其首領爲王。

『此乃事理之必然，不善政府立受刑黜。擾亂事態常驟然而生，因爲這個大民族缺乏食料的緣故……』（註二）。

所謂『合久必分』，所謂朝代變革無常，歸本潮源，便是因爲飢荒，因爲人口過剩，因爲食料缺乏。

中國政府

中國人口增加，眞正無法阻止它了。因此，爲解決這個問題，只有使食料增加，所以惟有提倡農業的一道了。——『中國棄嬰之風雖盛，人口仍增加無已。所以必須用耐苦辛勤的勞動，從土地裏收獲養生之物：在這點上，需要政府方面的特別注意。』(註三)

提倡農業之必要

孟德斯鳩從Duhalde的報告及著作中，舉出一些中國古代皇室大臣奬勵農業的事實。他舉出唐高祖毀天下佛寺銅像詔書中的話：『一夫不耕，或爲之飢，一女不織，或爲之寒』。又舉明成祖(所謂第二十一朝之第三帝)的事例：明成祖禁伐山採玉之工，以爲玉之爲物，飢不能食，寒不能衣，不願耗費人工於此。

中國禁奢的必要

爲使人民有衣有食起見，出重農而外，又須禁止奢侈。孟德斯鳩又舉漢文帝之言爲證，實則爲賈誼之對文帝陳政事之言，賈誼之言曰：『且帝之身，自衣皁綈，而富民牆屋被文繡，天子之后，以緣其領，庶人孽妾以緣其履，此臣所謂舛也。夫百人作之，不能衣一人，欲天下亡寒，胡可得也；一人耕之，十人聚而食之，欲天下亡飢，不可得也；飢寒切於民之肌膚，欲其亡爲姦邪，不可得也』。(註四)

中國歷代創業之主，多知務本勤儉，及傳至後世，所謂『不肖子孫』，每每窮侈極慾，其國祚因以危亡，而爲另一氏族所代替。奢侈之害所以於中國爲最大的，仍然是因爲中國人口增加過快而食料不足的緣故。

結論

孟德斯鳩對中國人口問題的意見可歸納於以下數點：

(一)中國人口之所以衆，增加之所以速，乃由於婦女生殖力特大之所致。

(二)中國婦女生殖力之所以大，因爲中國氣候環境適於蕃殖子女之所致。

（三）中國人口的增加無法阻止：雖有暴君，雖盛行棄嬰，仍舊增加無已，其結果食料感覺不足。

（四）解決中國人口問題惟有獎勵農業：中國歷代明君每每致力於此。

（五）人口過剩的結果，擾亂時發，朝代更替。

（六）食料既已不足，再務侈靡，足以促進擾亂及亡國。

最後，孟德斯鳩認爲今世人口不及古代之庶，似以中國爲例外，因爲他相信中國人口縱有妨礙亦不能停止增加。

× × × ×

馬爾塞斯研究中國人口的材料

馬爾塞斯在人口論第二版，第一卷，第十二章中，專論中國人口（附論日本人口）（註五）。他的主要參考書除 Duhalde 的『中國史』以外，有 G. Staunton 的『中國出使記』（Embassy to China），Duhalde 的『通信集』（Letters Edif.）——這幾種文獻就是當代歐西學者研究中國問題的主要根據了。馬爾塞斯對於中國人口的論斷，只佔人口論的一小部分，當然也不是他研究的主要對象，不過當做一種例證來檢討的。最近，日本人田中忠夫把他關於中國人口的論斷整理出來，經何健民先生譯成中文，在『馬爾薩斯的中國人口論』的題目下，發表於『中國經濟』第二卷第十期中；這對於我們的研究是有很大的幫助，尤其是給了我們很大的便利。

他對於中國人口總數的估計

馬爾塞斯根據 Duhalde 所記錄的康熙時代的人口調查（被計入的人口只限於壯丁），斷定當時中國人口很衆，『那 Duhalde 或 Stauton 所記述的全人口三萬三千三百萬之數目，決不會再少

中國人口衆庶的原因：否認孟德斯鳩之說

的』。三萬萬餘人的數目實在可以嚇倒歐洲人，因為十八世紀末或十九世紀初的全歐人口還不及此數呢！然而，中國人口為什麼這樣衆多呢？孟德斯鳩認為是氣候的原因，即因中國氣候使中國婦女的生殖力變成極大，於是子女繁衍之甚，甲於全球。但是馬爾塞斯反對這種意見，他說：『要說明人口現象，我們不需要孟德斯鳩的中國氣候極適於孩兒的生產，及其中國婦女比世界其他各國的生殖力要大的論說』。馬爾塞斯以為中國所以人口衆庶的，其原因有四：

第一，土地廣大肥沃，氣候溫和，位於最適合土地生產力的地帶。

第二，歷代獎勵農業：全國最大多數的人民，皆從事食料的生產。

第三，生活程度低下，每人消費量很小。

第四，社會獎勵結婚。

人口論中，舉出一些中國歷代重農的例子，又指出中國人所以急於結婚的原因：他認為中國人結婚的目的在（一）延續祭祀，及（二）增殖種族。他所舉的事實和中國人的傳統思想，都是我們所熟知的，也都是從Duhalde等人的書中錄下來的，所以此處把它略去不談。

中國的人口過剩

又因為中國獎勵結婚，子嗣觀念極重，中國人口增加的很快，超過了生活資料的增加。土地是吝嗇的，受着報酬遞減法則的支配，縱即獎勵農業，收獲也必定有限度的。所以人口的增加就要受着妨礙。由於食料不足的結局妨礙所發生的積極的妨礙和預防的妨礙便直接予中國加以打擊。他說：

『由生殖力看來，中國人口，在二十五年間，能夠容易加倍，這和美國是同樣的。但我們知道，中國的土地，不能維持這麼多的人口，這是極其顯明的』。

中國人口自然增加的妨礙

馬爾塞斯所舉中國人口增加的妨碍大致如下：

（A）屬於積極的妨礙，有：

（一）由於凶年所發生的飢饉；

（二）普通疾病及傳染病；

（三）棄嬰；

（四）戰爭及內亂。

以上四種之中，要算第一種最重要：『凶作並不是希奇的，又隨凶作而發生的飢饉，恐怕是中國人口之積極妨礙中最有力的因素』。

（B）屬於預防的妨礙，有：

（一）僧侶的獨身；

（二）赤貧人民的遲婚；

（三）奴婢的不婚；

（四）妓娼的盛行。

僧道與中國人口問題：馬爾

根據 Duhalde 的記載，中國有僧侶一百餘萬人，其中未婚者有三十五萬人，而事實上的未婚者也有九萬人。這裏可以使我們做一種有趣的比較：在研究僧侶對於中國人口問題的影響方面，馬爾塞斯和他同代的中國學者洪亮吉的意見有些不同。洪亮吉認為僧道的寄生，不事生產，徒知消費

塞斯與洪亮吉之不同的意見

，足使人民既貧且困，人口問題因此益加嚴重。馬爾塞斯則認爲僧侶實行獨身，爲預防妨礙的一種，可使中國人口問題的嚴重性減低。洪氏固未嘗有馬氏之見，然馬氏亦未嘗有洪氏之見。洪氏由生活資料虛靡及國民勞力減少方面着想，馬氏則由人口出生率減少方面着想。洪氏以爲有僧道寺院足爲中國病，馬氏則否。

中國民衆的赤貧化

中國人口雖然有了這許多的妨礙，可是獎勵結婚太利害了，宗法觀念太强烈了，人口還是過多，增加還是過速，所以數千年來，中國人民向着赤貧化的道上走，而且差不多達到了頂點，於是發生了不可數計之可悲的現象。馬爾塞斯由Duhalde的記載中，早已知道中國人民赤貧的情景！(註六)

(註一)法意，第七卷，第六章。

(註二)同書，第八卷，第二十一章。

(註三)同上。

(註四)參看：孟德斯鳩法意的嚴復譯本，卷七，第六章。原文見前漢書賈誼傳。嚴氏所舉與原文有出入，今依其原文。

(註五 Eassy of Malthus, Book I, Ch. 12: On the Checks to Population in China and Japan".

(註六)關於馬爾塞斯論中國人口的原文，我們引証的很少，這是因爲原文中引証Duhalde等人的著述很多的緣故。況且馬爾薩斯的中國人口論一文中，已經引証的很詳盡了，讀者去讀那篇文章好了。

第二十一章　十九世紀的馬爾塞斯主義經濟學者

馬爾塞斯主義在理論及實際上重要性

在英國古典學派經濟法則中，馬爾塞斯的『人口論』要算最爲人注意，並且爭辨最利害的一個。爭辨是無以復加的熱烈，不但當作一個科學問題，而且當成一個社會的、政治的論戰——不但着眼在『人口論』的本身，並且着眼在『人口論』的推論。

在經濟科學上，馬爾塞斯主義是古典學派的柱石，此派另一柱石的里加圖，他的基本理論還是建設在『人口論』的信仰上面。

在政治上，馬爾塞斯主義成爲一種保守學說，主張社會和政府對於貧苦階級的窮困不負任何責任，所以易爲統治階級所贊許，並能壓制社會主義者的憤懣，可算做一種『富人的哲學』。對於全人類是一個大的警告，使人類憂慮在饑饉和痛苦的壓制下生活。這是樂觀和悲觀的關鍵，不僅是關乎經濟，同時也是哲學的，也是宗教的。

反對馬爾塞斯主義的人固然大有人在，然而在五六十年的時光裏，大多數的經濟學者却加以信任。凡是相信『人口論』爲眞理的經濟學者，我們叫做馬爾塞斯主義經濟學者。這個命名，乍看時有些礙眼，苟一加詳究，也許就不以爲奇了。

在英國里加圖的

在英國，自由學派經濟學者差不多一致接受『人口論』的推論。馬爾塞斯主義又特別是里加圖學說的神髓。有的人從批評里加圖所完成的『土地報酬遞減法則』入手，以反駁『人口論』；也有的人從批評『人口論』入手，以反駁『差等地租說』。可見里加圖的主要學說是建設在『人口論』

的信念上面了。差等地租說的前題是人口永遠的增加與營生困難的增加。他的『必要工資說』是建設有工資提高必使勞動階級出生率提高的前題上面。最後，他也勸告勞動階級實行道德的抑制，並勸告發展殊適的生活，因為這都足以防止工資降落的啊。

經濟學說與『人口論』的關係

里加圖不願人口過度之擴展，即無論馬爾塞斯所指出的人口問題，即僅就人口的本身說，人口過度的擴展也沒有什麼好處可言。因為這位經濟學者不以人口來多算做社會或國家的力量，如果人多了並不能增加社會的財富，又有什麼好處可言呢？他說『使用更多的人並不能允許我們加入一兵一卒到我們的陸軍海軍裏，也不能加進一個基阿那(Guinea英國舊幣名)到我們的錢庫裏。』後來法儒西士蒙地(Sismondi)反對里加圖的意見說：如果這樣，最好叫英皇一個人住在大布列顛的海島，一個人管理一部機器就做了全國的事情了。西士蒙地的反駁當然是故意過甚其詞的：其實里加圖不過是認為當時的人口對於經濟活動已經夠用，不必再行增加罷了。

申奧的工資基金說及樂觀論

稍後，申奧(Senior 1790-1864)在他的‘‘Principles of Political Economy’’(1830)裏，暢論工資基金之說，其說馬爾塞斯已略言及，該說的內容却很簡明，認為自然工資是一個商數，它的除數是工人數目，被除數是流通資本中用以雇用工人的錢數(工資基金)：即 $自然工資=\frac{工資基金}{工人數}$。此說的結論是：如果工人階級想要改善他們的環境，只有減少他們的數目之一法(申奧之說後經穆勒的發輝光大成為著名的『工資基金說』)。

不過申奧對於人口問題的意見並不與馬爾塞斯完全一致。他反對極端悲觀主義，他不相信人口的增加依一種有害的速度進行。他說：

『……流行的學說確認人口增加有一種超過生活資料的趨勢，換言之，不論生活資料有多少，人口總有一種趨向，或者與生活資料平衡，甚且鬥爭着把它超過，而在這個鬥爭裏，人群必要遭受罪惡和貧困。我相信人口(在一種抽象的態度設想)有這樣增加的能力；並且我也相信，在缺乏智慧的組織的影響下，這種能力便要見諸實行，那末，生活資料的總量和人口數的比例一定要較往昔薄弱了，而罪惡及貧困，因各種環境的不同或廣大或狹小，總是它結果了。然而，我否認那些，(因爲)在智慧的組織統治之下，必定沒有發生這樣事態的趨勢。我確信(這時的)趨勢恰恰是正相反的』(註一)。

申奧只是把馬爾塞斯的悲觀移到一種可望的樂觀上，他以爲到了一個好的社會，『人口論』或能反轉過來。這不能算是根本反對馬爾塞斯的學說。邦納說申奧不用他的眼睛，卻相信了他的耳朵，對於馬爾塞斯的理論未能認識清楚，往往加以誤解(註二)。

穆勒對馬爾塞斯的推崇

蔣，斯梯亞特，穆勒(J. S. Mill, 1806—1873)在他的名著"Principles of Political Economy"特別的擁護馬爾塞斯的學說。他把馬爾塞斯的學說溶化到一切經濟理論當中，並認爲經濟科學從此完成。穆勒對於馬爾塞斯是如何的推崇啊！他說過：

『馬爾塞斯的人口原理對於我們曾是軍伍集合的旗幟和信號』。("My Memoirs")

在其書的第四卷中研究經濟的動態，他認爲經濟的動態包含二種研究：一方面是經濟進化對於價值及價格的影響，他方面是對於各種所得之重要性的影響，而所謂『經濟的進化』即指『財富及人口的進化』而言。第一，他認爲這種進化所表現的，是生產成本的降低，隨着是生產品價值的降低，但是土地及地下的生產品卻是例外：土地生產品的成本反隨人口的增加而日益高漲。第二，穆勒討論一系的假設，討論的根據是看資本、技術及人口三者的增加，誰快誰慢，或是速度一致。他由此得到他的結論是：一個社會分成地主、資本家及勞動者三種人，經濟進化的結果，使(一)土地所有者獲利獨多，(二)資本家的利潤減少，(三)生活費提高，因此反使勞動者的名義工資（當然不是實質工資）提高。總之，穆勒贊成里加圖的意見，亦贊成馬爾薩斯的理論。

穆勒『靜止狀態』的理想

因為『經濟進化』的結果不能認為滿足，所以他希望保持『靜止狀態』。財富的增加不但趕不上人口的增加，而且即使財富增加了，也不過是地主的利益罷了，所以最好是保持靜止狀態吧——靜止的生產，靜止的人口。如果能這樣，社會必能向更智慧，更道德，更文明的方向發展。

穆勒的『經濟學原理』第四篇第六章題為『關於靜止狀態』（of the stationary state），把生產及人口的靜止看做經濟社會的最終理想。他以為，在未開化的國度裏，生產的增加固然是重要的問題，但在最進步的國度裏，把生產更增加到現存水平以上，生產增加便沒有什麼要緊。當生產及資本的增加對於大多數人沒有利益的時候，生產既已達到了某種程度，社會所應要求的，不是更多的生產，乃是較好的分配。可是實現這個較好的分配有一不可少的手段（one indispensable means）存在，即是對於人口增加須嚴厲限制，否則財富的分配方法便不能改善。他說：『唯有在正當制度之下，加之把人口的增加置於恰當的籌劃指導之下，則由於科學發明者智力和作用所征服的自然力，纔是人類的共同財產，纔能成為改善一般境遇而使之向上的對象物。』（註三）穆勒受過社會主義——尤其是聖西門——的影響，他所提出改進社會的方案是改善分配制度，然又須以節制人口爲大前題。

最後，穆勒『靜止狀態』的理論，實能解決馬爾塞斯至里加圖思想的矛盾。看來似乎令人奇異，其實眞乃澈底合乎邏輯的。因爲『靜止狀態』的理想是英國悲觀主義經濟學說應有的結論。十九世紀初年及中葉以後，在英國著作家裏面可以找到多數的馬爾塞斯主義的信徒，有的是經濟學者，有的不是：如 Russels, Brougham, Mackintosh, Place, Bird, Summer, Mac-Culloch (Principles of Political Economy, 1849)，其中(即如Mac-Culloch)有的意見比較溫和。

最後，歷久馳名的達爾文(Charles-Robert Darwin,1809-1882)，他的物競天擇之說所得自馬爾塞斯『人口論』的啓示，特別顯著。他說過：生存競爭法則便是馬爾塞斯法則的普通化，推廣到一切的有機生物界(註四)。其實這種普通化的工作，馬爾塞斯自己又何嘗沒有做過，只是最終僅僅偏重在人類方面罷了。

× × × ×

法國人口的繁庶

馬爾塞斯主義的趨勢

十八世紀的末年，法國人口的出生率很高，法國人口數，除俄國外，要算歐洲最大的了。一八〇〇年，法國人口已達二千七百萬(其時英國僅有一千六百萬人)。當時下等階級的窮困，爲一般經濟學者及政論家認爲人口過剩的結果。在這種環境下，馬爾塞斯主義是很容易傳播的——當然其中也有反對『人口論』的人。在一八〇二年，著名詩人沙都布里安(Chateaubriand, 1768—1848)在他的："Génie du Christianisme"(基督主義的精微)一書中，已經痛駁了衆民主義之說，他以爲：『一切國家之所以崩壞永遠不是因於錯過，却是由於人民太多。過量的人口直是國家的災患……』

。當時的天主教徒多半相信馬爾塞斯主義，甚至新教徒在『獨身爲必然說』之前，亦與舊教教義相合。梅斯特(Joseph de Maistre)說過：『應該有一種法令，一種原則，一種力量，去阻止結婚的連續……教會用它聖教的獨身法，能以完善的方法解決這種人類要發生的問題，因爲天主教的『抑制』不僅是道德的，並且是神聖的。』(註五)

塞的主張

蔣，巴蒲替斯特，塞(Jean-Baptiste Say, 1767—1832, 以下簡稱『塞氏』)在一八〇三年發表他的巨著『經濟學專論』(Traité d'économie politique)，已經闡明『一國人口必與它的產品數量成正比例』的道理。塞氏當時也許還沒有讀過人口論，似乎是不約而合的。他以爲，人類爲延續生命之最效的方法，『是過度的蕃衍種子，縱即發生突變……所蕃衍的仍要較比足以延續的數目多些。並且，如果這些突變，這些破壞，不能停止有機物的蕃衍，那末，沒有一種動物或植物不能於數年間佔滿全球地面的。』又說：『人和其他有機物共有此種能力；縱然人有優越的智能，可以增多他的生存手段，但是最終，必像其他(生物)一樣，總要達到了邊限。』

但是人類因爲感到來日的艱難，所以知道事先顧慮，結果可以使他們當受的損害減輕。可是縱即人類行使理性的、法律的、意志的抑制，他們的繁衍仍舊要稍微超過生活資料。『即使在最繁榮的國家，每年必有一部分的人口不能滿足他們的慾望。』(註六)由於以上種種，塞氏所推得的結論是：只有發展生產才能使人口增加；只有損壞生產和富源才能使人口確實的減少。

一八二八年，塞氏發表『經濟學教程』(Cours d'économie politique)，重新追認馬爾塞斯的學說——大概這時候塞氏已經讀過人口論了。他說：『一國決不能保持它所不能供養的人數，而它所能供養的人數……必定永遠是充滿的人數。』（註七）換言之，人口必擴展到最高可能的限度，在實際上，既不能超過，也不能不及。

塞氏似乎主張意志的或自動的節制，因爲他說過：『最利於人類幸福的組織是趨於增加資本的組織。獎勵人們儲蓄更强似獎勵他們生殖子女。』此外，塞氏又認爲向外移民亦不失爲解決人口問題的治標方法。

婁西

塞氏之後，又有婁西（Pellegrino Rossi, 1787-1848）。婁西在他的『經濟學敎程』一書中及人口論法譯本的序文中，都表示同意馬爾塞斯的學說。他認爲美國人口於二十五年中增加一倍的事實，足以證實馬爾塞斯第一個命題（級數），因爲『很顯然的，能够在美洲發生的，就能在任何地方發生』（註八）。然而他對於馬爾塞斯第二個命題並不立刻加以信仰，但是歸終還是信仰。他只相信有發現新食料的可能性，有使土地肥沃度增加同時使財富分配達到公平的可能性。如果土地是『一個唯一的而廣大的產業，對於一切人是公開的』，並且如果一切人組織一個大家庭，我們就可以說，『人口方面的悲慘鬥爭可以延期到數千年之久』（註九）。

然而，現在的情形並不這樣。人類分成許多民族，地球又分成許多國家；向外移民成爲一種煩惱的源泉。因此，實行道德的抑制去限制一國人口當然是可歡迎的事了。一位政治家能說二百萬的瑞士人不如六百萬的愛爾蘭人嗎？一個國家，如果有一種有節制的、康健的、幸福的人口，一定比有一種衆多而貧困的人口要富强得多 。婁西詆毀鼓勵人口無限制增加的人，勸告勞動者少生子女。勞動者未來運命操在他們自已的手裏，只有謹慎和兩性間的道德觀念才能保證他們的命運；放任他們自由繁衍，其結果不外使資本家任意操縱勞動市場而已。

舍發黎

舍發黎（Michel Chevalier, 1806-1879.）提出相似的忠告。在他第七次公開講演中說過：『人口節制它的增加，總要使它落在工作或生存手段的後邊爲原則』。

加尼葉

加尼葉（Joseph Garnier, 1813—1882）之信仰『人口論』尤甚於婁西，大概是法國自由學派中最忠於馬爾塞斯主義的人了。『在它一般的觀點下，人口問題包括經濟科學的全體』（註十）。他認爲馬爾塞斯的兩種級數是天經地義，而由於人口與生活資料失却平衡所生出的危險，只有個人的節制才能除。加尼葉用一句簡明的話道出人口的法則：

『人口增加有超過生活手段的趨勢；——但是，在個人的自由裏，存在一種反抗力』。

這種反抗力應當使之發生實效，這就是意志的節制了。如同馬爾塞斯本人，如同婁西，加尼葉在節制人口這一點，仍舊脫不掉道德觀念—基督教的教義——，所以是正統派的馬爾塞斯主義者。

杜挪夷的資本主義維護論

杜挪夷（Dunoyer, 著有"Liberté du Travail"）把『人口論』當做一種武器，以維護資產階級的及自由主義的經濟制度，以反抗社會主義。他根據『人口論』的推理，主張勞動者對於他們的貧困應由自己負責，因爲他們太不知道謹慎了。

此外，較比有名的法國馬爾塞斯主義經濟學者，甘納教授舉出：Molinari (Questions d'économie politique, 1851); Puynode (Des lois du travail et de la population, 1860); Passy (Le Principe de la population, 1858); Courcelle-Seneuil (Traité, 2e, édit. 1867); Jourdan (Cours, 1882); Maurice Block (Progrès de la Science économique, 1890)。

德國的馬爾塞斯主義者

及至十九世紀中葉以後，法國人口出生率的降低亦較他國爲甚，於是有人一面在原則上贊成『人口論』，但把法國算做例外：Baudrillart 便是如此主張的一人。

× × × ×

在十九世紀中，尤其是在十九世紀的上半期，馬爾塞斯主義在德國也得到了許多的信徒。歷史學派的創建者洛瑟（Roscher）在他的“Grundlagen der Volkwirtschaft”一書中，接受馬爾塞斯的人口法則。

洛瑟，摩魯及呂梅林

摩魯(Robert Von Mohl)在他的“Die Geschichte und Litteratur der Staatswisenschaften”（國家科學的歷史及文獻，一八五八年出版）裏，研究許多馬爾塞斯的先驅者的學說，他自己則亦皈依馬爾塞斯主義。稍後，呂梅林（Rümelin）除於次要之點略加批評外，認爲馬爾塞斯有建樹經濟科學的功績。呂梅林反對國家救貧，以爲人口過剩是德國的危機之一，結果必會發生天然淘汰的現象，並否認個人以社會的犧牲爲代價而生殖許多子女的權利。雖然如此，呂梅林並不過於悲觀（如同法人塞西一樣）：『我們可以認爲沒有什麽值得悲哀的……我們可以指出，在二百年以上要有今日這許多的人口是不可能的。我們可以計算依靠那些不可確定的可能性，那些化學的發現，工業的發明，以及不能預測之世界轉變的結果。我們可以想像空氣將來會變成一種食品，輕氣可以用來取光取暖……，從來一份的收獲變成兩份，等等』。這種幻想，這種科學萬能的幻想，使他由悲觀轉入了希望主義！

瓦格諾之社會主義

瓦格諾（Adolph Wagner）及其以次的左派經濟學者，認爲『人口論』的基礎是不可搖動的；可是他們本此所得到的結論却不是應當放棄社會主義（這一點和馬爾塞斯不同），乃是應當用權勢

的人口節制論

限制人口的繁衍。瓦格諾在他的"Grundlagung d. polit. Ökonomie"一書中，承認國家對於人口的干與權：社會主義制度在出生毫無限制下不能存在（見原書第二版第四三九頁）。馬爾塞斯以爲，爲限制生殖起見，必須發揮個人的責任心。瓦格諾則以爲應訴諸權勢，以便由個人主義制度轉入社會主義制度。

扣恩（Cohn, System der Nationalökonomie）以爲馬爾塞斯的學說固然有缺點及誇張的地方，可是他的基本原理是不能否認的。他相信人口原則下的悲慘結果總會發生的，他主張實行『道德的抑制』。著名經濟學者如布倫坦諾（Brentano），也同樣尊重『人口論』的基本原理。

考茨基

著名社會主義者考茨基（Kausky, Der Eiufluss der Volksvermehrung auf dem Fortschritt der Gesellschaft, 1880）認爲人口問題屬於生理的範圍，並相信意志的節制頗有必要——尤其是在社會主義的國家爲然。由這兩點看來，考茨基可算一位馬爾塞斯主義的社會主義者了。不過他並不贊成『道德的抑制』，似乎主張『節制生育』，所以不是正統派的馬爾塞斯主義者。

× × × ×

意大利的馬爾塞斯主義者

十九世紀初年的意大利經濟學者多半是馬爾塞斯的信徒，不過他們對於『人口論』的信仰有程度的差別罷了。Bosellini (Nuove exame delle sorgenti della privata e pubblica richezza, 1816) 提倡道德的抑制；Scuderi (Principe di civile economia, 1827), Gioja, Sanfilippo, Delle Valle, Fuocco (Saggi economici) 諸人，大都以爲人口過剩的恐懼不若馬爾塞斯所想的那樣嚴重，因爲他們都以爲人口的生活資料不僅要看土地生產如何，還要想到工業的發展；工業的發展是有很大的希望的，因此人口過剩的壓迫可以減輕了許多。 Boccardo (Tràttato teorico politico di economia politica, 1863) —— 類似法國的塞氏及 Courcelle-Seneuil —— 用『生存手段』代替『生活資料』或『食料』的用語：這種修改，在正統派馬爾塞斯主義者看來，是多餘的，並且是不幸的。

此外，關於意大利的馬爾塞斯主義經濟學者，還可以舉出 Ressi (Dell economia della specie humana, 1818) 與 Messedaglia，二人對於『人口論』加以微小的修改。Minghetti (Della economia pubblica, 1868) 注重人口問題的歷史方面。屬於正統派的，還有 Evola, Ciccone, 及今世意國經濟學者 Nazzani 與 Cossa.

× × × ×

美國的情形

最後，在美國，因為天賜獨厚而人口尚稀的緣故，人口過剩的危險不易為人覺感，所以在十九世紀的時候，美國的馬爾塞斯主義很不發達。然自由主義學者如瓦路克(Walker, Political economy, 1883) 在科學立場上，則相信馬爾塞斯的學說。到了十九世紀末及二十世紀初，美國國勢雖日漸興盛，但是却變成新馬爾塞斯主義運動之著名的發育地帶了。

(註一)見：Senior, Two lectures on Population delivered before the University of Oxford in Easter term 1828, to which is added a Correspondence between the auther and the Rev. T. R. Malthus, 1829, p. 35-36, 參看：Cannan, History of Theories etc. Ch. V. §5.

(註二)見：Bonar, Malthus and his Work, p. 3—4.

(註三)見：J. S. Mill, Principles of Political Economy, Ashey's ed. P. 751. 又，資本主義經濟學史的發展第三百

四十六頁有此段譯文。

(註四)達爾文在他的物種原始一書中，有下面的一段話，足以看出他和馬爾塞斯的關係：

『一切有機物，皆以甚高之速率增加；生存競爭，自不能免。各生物在自然生活期中，生產數卵或數子實者，在其生活之某時期內，或在某時某季某隔年內，每受破滅之禍。不然，據幾何級數增加之原理，其數將多至非常，以至無地可容其生產也。於是個體之生產，多過於其能存活之數；是必在每一場合內，皆有生存之競爭：或一個體與同種之他一個體競爭，或與異種之他個體競爭，或與生活之物理境遇競爭。是爲馬爾塞斯之原理，以加倍之力應用於動植物二界者。在此場合內，既不能以人工增加食物，復無良法制限婚姻，某物種今雖能增加其數，速率大小不等，而一切不能如是，因此非此世界之所能容也。

『每一有機物，皆以甚高之速率，自然增加。若不受破壞，則唯一配偶之子孫，不久即遍於地球。此定例爲一切之所不能外。雖生產甚遲之人類，二十五年即增加一倍。依此速率，則不及千年，地球之上，已無其子孫之立足地。……

……』（見：馬君武譯達爾文物種原始，第一冊，第八十八至八十九頁。爲原書之第三章第三段。此段標點爲著者所加。譯本將 Malthus 譯成『馬爾泰司』，今改爲『馬爾塞斯』，以求一律）。

(註五)見：Du Pape, I, III, Ch. III, §3.

(註六)見：Traité d'économie politique, t. II, p. 144 et suite.

(註七)見：ibid. VIe partie, Ch. V.

(註八)見：Introduction à l'Essai de Malthus, p. XXXVI.

(註九)見：ibid. p. XL.

(註十)見：Traité d'économie politique, VI, Ch. XXXVII. 除此書外，加尼案倚著有"Du principe de Population"，爲人口學中的佳作。

第二十二章　新馬爾塞斯主義

新馬爾塞斯主義的起源

新馬爾塞斯主義的發祥地是英國，生育節制的運動也以英國爲最早。在人口論出版不久的時候，馬爾塞斯所反對的人工節育法已經爲許多人士加以首肯了。一八一八年，詹姆士，穆勒在大英百科全書之"Colony"一目中，認爲重要的實際問題是在研究如何結婚而限制生殖數的方法。他說：這種方法『去實行時，既不應認是可懷疑的，也不應認是困難的。』詹姆士，穆勒的宣言可視爲新馬爾塞斯主義的前奏曲。

新馬爾塞斯主義（Neo-malthusianism）也叫普拉士主義（Placism），卡來爾主義（Carlilism），或德賴特耳主義（Drysdalism），用以紀念最初提倡新馬爾塞斯主義的普拉士（Francis Place, 1771-1854），卡來爾（Richard Carlile曾被監禁十年）及德賴特耳（Dr. Georges Drysdale, 1827-1904）三人。

第一部節育主義的著作：普拉士的『人口原理的解說與証明』

普拉士，在一八二二年，以馬爾塞斯的理論反對葛德文的學說，但是他主張用節育方法以補救社會的貧困。他的名著命題爲『人口原理的解說與証明』（Illustrations and Proofs of the Principle of Population），要算第一部主張生育節制的系統著作。在這本書中，有以下兩段重要的話：

『如果一旦完全明白，結婚的人採用不礙健康又無毁婦女高雅的預防方法，從事阻止受孕，並非羞恥之事的時候，那末，便可立刻停止人口超過生活資料以外的增加。隨着，罪惡和窮困將來會消滅的……』

『現在時機已至，凡是的確明瞭過剩人口——不幸的、窮困的、異常罪惡的人口——的原因及防止人口過剩之方法的人們，趕快去指示這些方法吧，並且要清楚，要公開，要不顧羞愧。……
……』

卡來爾的工作

卡來爾，在一八二五年，公開的贊助普拉士的主張，又於翌年發表一本小冊，名爲『婦女必携』(Every Woman's book, 1826)，把當時知道的避孕法加以系統的說明。後來，他又發表許多同類的著作，其中最著者爲"Marrying made harmless"及"What is the love"。

德賴特耳的學說及其努力

最後，在一八五四年，倫敦發現一本匿名之作，它的命題是『社會科學綱要或名物理的、兩性的及自然的宗敎』(Elements of Social Science or Physical, Sexual and Natural Religion)。這本書對於新馬爾塞斯主義的理論及實際雙方面的影響極大，這位匿名的作者便是大醫生德賴特耳！作者的文筆富於感情，時至今日，其書仍舊流行不衰，歐洲各國幾皆有譯本刊行。他的信徒洛賓(Paul Robin)甚至奉爲『人類的聖經。』

德賴特耳以爲，社會問題不外爲一兩性問題。貞節是有害的，結婚是可厭的制度，生育比他應該生育的子女數更多時便是一種罪犯，人口衆庶的家庭是一種社會的災害，多育的已婚者比賣淫婦還不可恕，只有實行不斷的節育才有自由的愛情……。他反對貞操的主張，他從生理學，病理學和治療學的觀點，証明貞操的弊害。

至一八七七年，『馬爾塞斯同盟』成立於英倫，德賴特耳之弟(Charles—R. Drysdale, 1830-1907)爲第一任的主席。以此爲始，新馬爾塞斯的運動遂呈突飛猛進之勢。

以下將此新馬爾塞斯主義的基本理論——特別是與馬爾塞斯本人之學說的差別——大略加以說

明。

× × × ×

新馬爾塞斯主義的理論

馬爾塞斯曾經用力說過：『我永遠反對應用一切人工的方法及外乎自然法則的方法到人口上面，因爲這是不道德的。』那末，同爲信仰馬爾塞斯基本原理而欲解決人口過剩問題的人們，便在道德觀念之前分成兩派：凡主張守貞的獨身與晚婚不婚的人，便算馬爾塞斯主義者或馬爾塞斯的正宗信徒；凡主張採用避孕方法的人，便是新馬爾塞斯主義者。新馬爾塞斯主義者主張避孕或節制生育，反對馬爾塞斯的『道德的抑制』。馬爾塞斯所認那種抑制爲道德的，正是他的修正派目爲極不道德的。不婚或過度晚婚乃至免除一切性愛生活，其結果必生許多弊病出來，今綜合各家之說，略述於次：

過度晚婚及免除性愛生活的弊病

（一）反生理或妨礙健康——經多數醫學家的證明，免除一切性愛生活是有害的。守貞的結果，使人發生煩惱病，不幸，憂鬱病和暴燥。那末，以禁慾爲必要的主張，始終不過是一種神學論罷了！其實『生理的愛是一切男女生來的慾望』，所以一切男女的性愛生活是不能禁止的，兩性的嗜好即在罪惡、疾病、痛苦的責罰下，也必須要滿足的。總之，禁慾是反生理的，不能見諸實行，即勉强行之，亦必有害於人體健康。反之，適當的性生活對於男女心身兩方面的發展，都有很大的益處。結婚過遲，也有類似的害處，而女人因遲婚而產兒太晚，更有莫大的危險。

（二）守貞適足以發生不道德行爲——獨身的男子常常以妓娼爲滿足性慾的對象，獨身的女子也有流於淫亂的危險。那末，守貞的結果造成一種社會的弊害，即是貞操主義的信徒也無法使它消滅。有人說：『沒有因爲守貞而死的』。這句話也許對！但是因爲守貞，一生却受了痛苦：得不到愛情可使人瘋狂，這是慢性的死。

（三）造成貧富階級間新的不平等——馬爾塞斯主張貧人不宜結婚，應當禁慾；而富人滿可結婚，因爲富人有支持家庭生活的能力。那末，貧人當遭『愛情被沒收』的命運了！司命之神向貧人說：『麵包？愛情？任取其一！』然而實際上二者的重要性大致相等，『愛情被沒收』所生的痛苦未必弱於『麵包被沒收』所生的痛苦吧！歐洲有一句古歌說：『一茅屋，一顆心，便夠幸福的啦。』貧人的戀愛權，我們拿什麼道德原則可以否認的呢？否認那不當否認的權利，是道德的或不道德的，眞乃不言而喻了。

『生育節制』

禁慾主義在今日已無存在的價值，新馬爾塞斯主義拼棄『道德的抑制』，採取『生育節制』的辦法，是無可非難的。

生育節制（Birth-Control）是指應用機械的、化學的與其他方法以避免受孕而言；故亦名避孕（Contraception）——是新馬爾塞斯主義者最頌揚的方法，用這種方法可以減少出生數而解决人口過剩的問題，同時可以免除實行『道德的抑制』所發生的痛苦。再由生育節制爲出發點，講求優生、幼稚教育與教養，以期達到改良人口品質的目的。

節育與優生：一位醫生的意見

關於實行生育節制的重要性，暫介紹一位紐約城名醫魯賓孫（W. J. Robinson）的學說。魯賓孫是美國醫學協會主席及醫學雜誌 The Critic and Guide 的主編者。他在該雜誌一九一二年三月號中，發表一篇論文。他寫道：『何爲從優生基礎出發之人種改良的三種主要辦法？我曉得每一個談論人種問題者，各有其改良的方法。以我數年研究的結果，得到如下的答案。

『（1）使國民學得最好的避孕法，使每人在有力養育子女時，始生子女；及當有子女的需要時，始生子女；

『（2）結婚的候補人（即預備結婚的人）須有健康證明書，證明無花柳病及其他遺傳性的病症，始能結婚；

『（3）用割斷生殖腺等方法消滅不健全的、愚痴的、犯罪的人們的生育能力。（此種措施已由美國數州實行，其普遍化不過是時間問題罷了）。

『三種辦法中，最重要的是第一種，但也許最後才能做到吧，因爲人類虛僞的心靈還以爲它是不道德的。雖然，我要重說一遍我所常說的話：除掉使國民學得管束生殖的方法外，再沒有更積極更直接的辦法，而能達到人類幸福和進步之目的了。』

節育與國際和平

此外，節育對於國際和平也能有很大的貢獻。按人口過剩的壓迫是戰爭的一個主因，在有史以來是如此，在今日亦無不然。戰爭就是人口過剩下之天的責罰，如欲避免這天的責罰，就有了節育的必要。近世各國之中，往往有以人口過剩爲藉口，而實行武力侵略者，如戰前的德國和今日的日本，已經鑄成了大錯，可惜有的還不肯覺醒！湯姆生（Thompson）在世界人口之危機（有中文譯本）中，特別注重人口壓迫與國際戰爭的關係：他主張各民族不同的人口壓力要使它平均，即實行合理的移民，但是更要實行生育節制。爲免除國際鬥爭的人口原因，合理的移民固然有用，不過只有在五十年以內有用罷了，如果把目光放遠些，並沒有多大的價值；所以從根本上設想，節育却是唯一的方法。

節育運動的推進

新馬爾塞斯主義是一個實行的主義。其宣傳工作，世人亦稱爲生育節制運動或生育革命。大醫生戴斯持耳實爲此運動之先鋒，其所組織之同盟在一八七七年七月舉行首次會議，此又爲各國新馬爾塞斯主義者組織宣傳機關的濫觴。自斯以還，節育運動漸已彌漫全球。爲宣傳節育所組織的同盟，如雨後新筍：荷蘭在一八八五，德國在一八八九，法國在一八九五，比利時在一九〇六，古巴在一九〇七，瑞士在一九〇八，瑞典在一九一一，意大利在一九一三，墨西哥在一九一八，新馬爾塞斯主義者同盟相繼成立。中國近年亦有節育運動發生，大多數人口問題研究家主張生育節制。一九二二年，山額夫人環遊世界，在中國曾停留相當時日，夫人之來，實造成中國節育運動之發端，自是日漸發展，不過即於今日仍不過限於智識階級而已(註一)。由各國新馬爾塞斯主義者合組的世界新馬爾塞斯主義者聯合會(International neo-malthusian Conference)，一九〇〇年在巴黎舉行首次會議，茲後一九〇五在列日，一九一〇在哈哥，一九一一在得萊斯敦，一九二五在紐約，繼續舉行數次。至於有關人口問題及節育實行方法的科學著作和宣傳品，在今日更是汗牛充棟了(註二)。

(註一)關於中國節育運動，看：蘇汝江著中國的節育運動，載北平晨報二十三年七八九三個月的人口副刊。

(註二)關於新馬爾塞斯主義及生育節制的參考書，在英文社會科學大辭典"Birth control"一目的後邊，舉出很多。關於各國節育運動的實況，讀者可參看：G. Hardy, La question de Population(有各國譯本)，及陳達之人口問題第十五章。

第二十三章　馬爾塞斯人口論的批評家

引子

馬爾塞斯的人口論在科學界所發生的影響，可謂至深至巨，為前此所未曾有。信仰馬爾塞斯學說的學者為數頗多，其內容已如前章所述。但自人口論公表以後，持懷疑或反對態度者，亦大有人在。他們不願奉信人口論內的學說，而寧願加以批評。批評人口論的結果，有時建立了他們自己的人口理論，成為現代人口思想的總匯。

自十九世紀初年以來，『人口論』實為衆口爭訟的學說，批評它的人何止千百！其中言之成理而持之有故者亦復不少。況且我們要想估量『人口論』的眞價，要想對於『人口論』有一正確觀念，關於前人批評『人口論』的學說，何可不知？我們如果能用心做些批評的批評，反復思維，一定會有較大的心得。現在為線索清楚起見，以國籍為準，依次加以敘述，至於敘述的範圍只能涉及其中主要的學說，次要不著之論自然要略而不提了。

英國的批評家

最初的反對者

馬氏自己在他書的附錄裏曾舉出若干首先反對『口人論』的學說，並加以反駁(註一)。初期反對『人口論』的有阿輮楊(Arthur Young)，格萊河姆(Grahame)及維蘭德(Weyland)三人。阿氏對於馬爾塞斯幾種宣言和對於互助法的反對論，認為不合人道。格氏反對『人口論』說：從人口過剩裏面，對於人類的罪惡和貧困，反能得到有益的改良方法—這是極不對的了。維氏的批評理論實高出二人之上，他的著作名為『人口及生產原理』(Principles of Population and Production)，他想要攻破馬爾塞斯的基本法則，極力發揮下面的主旨：『人口論上的錯誤和謬論的根源，乃因視人口增加較速的一事為自然的及一般可能的，其實(人口增加較速)只是在若干特殊環境之下，才會發生的。』；換言之，人口論把一種可能性和一般的趨勢混為一談。

葛德文

以上三人所發表的著作都在一八一七年以前。所以首先反對馬爾塞斯的，並不是引起馬爾塞斯著書的葛德文(Godwin)，因為葛德文的『關於人口的研究』(Essay on the Population)到了一八二〇年才發表的。葛德文盡力想要攻破馬爾塞斯的『級數』，尤其是關於人口增加的級數。他以為馬爾塞斯所用的美國例証，其價值極屬有限；可是他的論調過於薄弱，主旨亦不甚堅强。馬爾塞斯人口論的結論，對於社會主義有很大影響，所以必然不斷的發生反應。稍後，愛渥賴脫(Alexandre Everett)的『關於人口的新意見』(New Idia on the Population)繼之而出。

至一八三〇年間，英國經濟學界為馬爾塞斯主義的巨流所漫沒，一般第一二流的經濟學者都擁護馬爾塞斯的學說。然而也有例外。塞路德(Salder, Law of Population)認為民族的繁殖力與土地肥沃程度成正比例，並且民族的繁殖力隨人口密度的加大而轉弱。趙恩吞(Thornton, Overpopulation and its remedy, 1846)堅認生殖的限制與私產分散有關——這一層，馬爾塞斯早經發揮過了。

達布戴

達布戴(Doubleday, The true law of Population, 1841)是英國經濟學者之中，根本與馬爾塞斯主義相遠的一人，可是他的理論却是『人口論』的一種補充。他以為，滋養豐富的人口必趨於靜止。豪富使繁殖力減退：這是在富人階級中可以見到的事。反之，營養愈劣的人口繁殖愈庶。達布戴的學說在今日又重新論到：蔬食階級的豐富繁衍力和肉食階級生殖率的迅速低落成了對比的兩種現象。最後，根據這種學說推斷下去，在一個貧乏的社會，除非因偶然的幸運，或技術進步，而其效果迅速發生足使財富充裕時，則繁殖能力必不能低落。

斯賓塞的生物說

達布戴以後，有斯賓塞（Herbert Spencer, 1820—1903）出，把達布戴學說的狹隘基礎擴展起來，建立了一種完整的人口理論，並能自成一派：今世所謂『生物學派』即以斯賓塞為始祖。斯氏的學說，主要的是指出個體發展與延續種族成反比例，今將其說闡明如下：

據生存競爭的定律，生物為保持它的族類，必須大量蕃衍，以備將來的死亡。下級生物的自存力小，生殖力不得不大；上級生物的自存力大，不易被淘汰，所以生殖力也較小。可見自存力和生殖力適成反比例關係。斯氏說：

『種族的保存力有二：即個體自存及其誕生新個體是。其一是個體的自存力，其他是生產新種力，這兩種力，是成反比例的。有些下級生物因為組織的簡單，抵抗外來危險的力量小，所以生殖力必須大，否則因個體死者必多，種將滅亡。反過來講，對於天賦較高的生物，其自存力加增了，所以生育量不必大。因此，如果外界的危險力是一定的，每一種的抵抗力也應該是一定的；這種抵抗力就可分兩面：一為個體自存，一為新種的生產。這兩種力是成反比例的，當一種力增加的時候，其他一種力必減低。』（註二）。

人類既站在生物的最高級，當然要最顯明的適用上列的原則。人類的生理組織的高度分化，腦力的發達和使用，又皆足以使生殖力減退。人類之中，彼此所受的教育不同，彼民族與此民族文化有差，其間也要有不同的生殖力存在。一切文化的進步，都能使個體發展，自存力加大，所以都能使人類的生殖力減退。一旦全世界為所謂文明民族佔據時，人口必呈靜止或近乎靜止的狀態，故人口過剩殊無憂慮的必要。可見斯賓塞的學說趨向於樂觀主義。他的學說在生物學界和社會學界比較在經濟學界有更大的影響，它的勢力至今未衰。

其他英國學者的反對論

白哥灝特（Bagehot）及法耳（Farr）等人否認馬氏學說全體的科學價值。蓋爾頓（Galton）認爲『人口論』是一種危險的有害的思想。里特起（Ritchie）則贊成斯賓塞的觀點。恩格萊姆（Ingram）在他的經濟思想史裏面，以爲馬爾塞斯及其信徒過於誇張『他們所提出之危險的重大性和永久性』；『從這種存在的力量，如果它不爲人節制，便能產生一些結果，但是這些結果並不是永久的或是必能的，在經驗之中能够知道是如此的。』

近代英國經濟學者，如蒲萊斯（Price），開恩斯（Keynes），里特爾頓（Littelton），康瀾（Cannan）等人堅信人口學說的相對性，當視時代所產生的客觀事實之不同而有不同。他如塞德維克（Sidgwick），奧幾爾維（Ogilvy）和陶恩敗（Toynbee）諸人無論在科學上和實用上都反對『人口論』，認爲是一種有害於進步、道德及文化的思想。

馬謝爾和緩的批評

英國現代經濟學大師馬謝爾（Afred Marshal）也可視爲馬爾塞斯人口論的批評家之一，但只能算一位和緩的批評家罷了。因鑑於他的經濟學原理一書影響之大，故特將該書中討論『人口論』的文字節錄於下：

『馬爾塞斯的推理由三部分構成，各部分必須明確的區別。第一部分關於勞動的供給。他藉着細心的事實研究，證明以下之點。即是，凡有信史記載的各民族都很多產的，若人口數的增殖，不爲生活必需品的缺乏或其他原因……所阻止，則人口數的增殖應急速而且繼續的了。

『他舉第二個命題關於勞動的需要。即是，……沒有一國，當其領域的人口已成爲非常稠密之後，能够得到生活必需品的豐富的供給。自然報酬人數的工作的生產物，就是自然對於人口的實效需要。他又證明，迄於當日，稠密人口的急速增加，不曾引起這需要的比例增加。

『第三，他作如次的結論。即是，在過去發生的事，在將來恐怕也會發生，以及人口的增殖，如不由自動的節制阻止，則必爲貧乏或其他的困苦所阻止。他因此勗勉世人用這種節制，度道德純潔的生活而戒免非常的早婚。』

馬謝爾敍述『人口論』的內容，即不算深切，也極其別緻了。以下是他的評語：

『他(馬爾塞斯)關於人口供給的命題在實質上依然妥當。因時勢的進展，人口學說上所起的諸變化，主要與他的第二第三步推論有關。……馬爾塞斯之不能豫想海陸蒸氣運輸的大發展，不是他的過錯。有了這些大發展，現代的英國人可用比較小的費用，得到世界最肥沃地的生產品。

但是，他未豫想到這些變化的事實，他的論斷的第二和第三段在形式上陳舊了。不過，實質上大部分仍是妥當。』(註二)

馬謝爾的批評比較以前的批評進步多了。他在大體上並不否認『人口論』的眞實，不過因爲時代變了，生產技術進步了，自然需要一些不可少的修正了。

總括英國一切『人口論』的批評學說觀之，在英國，關於人口思想一向是一時萬變，更覺顯明了。但是馬爾塞斯主義的勢力還沒有消滅。反之，因大戰後情勢的轉變，今日生活的艱難，工人失業的延漫，最近經濟恐慌的深刻化，都使在這個國度裏發生新馬爾塞斯主義或生育節制的運動。

×　×　×　×

法國的批評家

在法國，反馬爾塞斯的學說首先在社會主義及近似社會主義的經濟學者中間發生。稍後，樂觀派經濟學者亦起而反駁，因爲『人口論』實在和他們自然協和（harmonies Naturelles）的理論不能相容。最後，因法國人口增加遲緩，生殖率繼續降低，到了十九世紀中葉──或稍晚的時候──發生一種返歸衆民主義說的傾向。這時候，就像在重商主義時代一般，站在國家民族的立場來討論人口問題，那末，人口減少被視爲一種嚴重而永恆的危險了；同時，也站在科學的立場，認爲馬爾塞斯把心理要素及自願節制的作用估量的太低，所以說『人口論』有了錯誤。

西士蒙地

西士蒙地（Sismondi, 1773-1842）（註四）對於馬爾塞斯博愛的熱忱表示敬意，但是他反對把兩種級數接近起來，兩種級數縱然都眞，可是其一是可能的眞，其他是確實的眞，如將二者合併起來，實在是一種罪惡性的結合。西士蒙地願意叫人把這兩種級數都視爲可能的，或者都視爲確實的實體。這是够幼稚了的意見，濫用的平行主義：因爲在實際上，人口的級數並不能眞個超過生活資料的級數，只要人口一超過生活資料，就會有天的抑制發生，這種趨向亦足堪憂慮的了。然而他對於『確實性』（Virtualité）却有較好的說明，他探討關於人口超過食料的問題，或是相當於一種實效的、具體的趨勢，或相當於一種簡單的生理或數字的可能性：這便是他批評『人口論』的中心觀點。復次，他相信耕種面積還有很大的增加之可能性。現在所以不能增加的，主要因爲地主的意志使然，因爲食糧的需求不甚急切時，地主便不肯把耕種範圍擴大。他方面，他相信個人意志有限制人口的作用，上等階級的人們，因爲担憂他們社會地位的降低，不願多生子女。西士蒙地以爲，在以前行會制度下的生產者以及農村世系家庭的生產者，都明瞭他們將來的收入情形，所以常常預算將來的生活，於是晚婚或不結婚。反之，在今日，工資勞動者的工資是要變動的，不能預知的，結果放棄了一切計量和一切預算，更不爲他們的子女打算，他們不關心子女運命的改善，因此也就毫不限制子女的數目。那末，人口過剩乃一近代生產方式下的產物：這樣的人口過剩不是絕對的，却是相對的，却是局部的，只限於勞苦階級，這種人口過剩是經濟與社會的原因之結果，並沒有生理或自然的原因存在。總之，人口原理，在馬爾塞斯是自然的和生理的，在西士蒙地變成社會的了：西士蒙地的學說可算做奧提司和馬克斯學說中間的過渡。

奧提司與馬克思學說中間的過渡

西士蒙地雖然認爲食料只是相對的不足，只是在勞苦階級不足，並不是在全人類都不足，但是他仍照提倡道德的抑制。還不止此，他還希望加以立法的干涉，在結婚法上，附入結婚人支持家庭能力的判斷。他特別認爲，貧困及前途的渺茫使着窮人毫無預算的繁衍，他於是主張對於這些人予以相當保証使其生活安定，原來無計算乃是無希望的女兒啊。大凡使人民有改善運命之希望的地方，人民必有預算，同時便能限制人口過庶的繁衍。西士蒙地因此提出『職業保障』(Garantie professionnelle) 原則——這正是馬爾塞斯認爲是人口過剩的種子。但是，在 "Nouveaux principes" 的第一版中，西士蒙地允許雇主(工業家及大地主)至少在相當情形下，和爲節省他們的担負起見時，行使他們阻止傭工結婚的權利：這眞是一種封建式的辦法，這位經濟學者却把它放在他那複雜的學說裏面，使他的學說同時帶上一隻近代的面孔和另一個古代式的面孔——不過在後來的版本，他把

法國社會主義者一致的站在馬爾塞斯的反對地位

這種意見撤銷了。與他的學說一般趨向相符合，他又以爲人口問題，與其說屬於政治經濟學，勿寧說是屬於社會經濟學爲佳。（註五）

十九世紀上半期大部分的法國社會主義者都站在馬爾塞斯學說的反對地位。這原來是很自然的事，因爲(1)他們接受前世紀的傳統，有對於自然美善的信心；(2)勞動既經加以組織，於是他們有對於勞動效能的信任；(3)他們反對苦行主義的趨勢，其中許多人的感覺神秘說（Mysticisme Sensualiste）和他們肉慾恢復的學說，皆使他們反對『人口論』的推理，他們願意人的先天本能自由發展，不應加以抑制。在另一方面，馬爾塞斯使他們感到兩重的可厭處：第一，馬爾塞斯否認立法改革及國家措施在消滅貧乏上的効力；第二，贊揚道德的抑制，認爲是唯一的補救方法，而這種道德抑制的本身又是建築在私有財產和個人責任的上面。他們認爲，馬爾塞斯學說乃『孟雪斯特個人主義』（Manchesterian individualism）的護衛，而『人口論』的著者久已被人認爲是社會主義的『黑獸』了。因此，新社會主義者拋棄馬爾塞斯主義的信條，否認他的原則，或者認爲『人口論』只能應用在那應該毀滅的資本主義社會。

傅里葉（Fourier, 1772—1837）對於人口問題有一種奇特的觀感。他，有與達布戴同樣的認識，以爲營養過豐或營養良好即足以限制生殖能力。但這並非唯一的辦法，此外還有三種方法，可與此法併用，便足以保持人口的平衡。三法爲何？即：(一)使婦女體力加强，他說：『在四位少育的婦女中，其二爲體力强壯的，而纖弱的女人，其生殖力竟超乎常人以上，生子過於繁密了。』(二)提倡『顯花植物性的情緒』；(三)練習全身運動，使成熟期遲到，並減輕性慾。傅立葉以爲以上各法實行起來，生殖力的減退可指日而待，人口將無過剩之患，所患者只有過少了。可是他認爲人口過少亦沒有什麼要緊，因爲野蠻或缺乏理性的人生子每每成行，常以十數計，兩相抵償，可望適中。

路易白朗(Louis Blanc, 1811-1882)有時漫駡馬爾塞斯；但是在大體上，他對於『人口論』並沒有否認。蒲魯東(Proudhon, 1809-1865)在他的『貧困的哲學或經濟矛盾』一書中，認爲生殖能力與『工業的』能力相對立；他的結論是：文化能使生殖本能減低。

巴斯梯亞以次的自由主義學者

自由主義經濟學者巴斯梯亞(Bastiat, 1801-1850)並不否認『人口論』中的基本原理，但是削除了悲觀主義的成分，世界還是『協和的』呀！

巴斯梯亞以後，法國自由主義學派無不傾向樂觀主義，所以都不贊成馬爾塞斯的學說。此派大師爲標力葉(Leroy-Beaulieu, 1843-1916)以當時的環境着眼，認爲『人口論』不能適用於現代，也未必能適用於今後幾世紀，這當然不是原理的否認呀。後來標力葉依附了另一種學說，對於『人口論』加以無保留的反對。他如維益(Villey, Principes d'économie politique)，反抗馬爾塞斯最力，認爲『人口論』的原理既毫無科學根據，結論更是貽害匪淺。天主教自由主義者如哈豹(Rambaud)認爲馬爾塞斯的學說在全體上是正確的，但是人類的志願行爲却有重大的作用——這是極和緩的批評了。

國民經濟派學者詰外

國民經濟學派大師詰外(Cauwès)，他的名著固然很有價值，但關於學說的批評却很脆弱。他反對『人口增加速於食料增加』的命題，然而多有曲解原義，並謂馬爾塞斯惟曾說明一種趨勢而已，未及其他。國民經濟學派反對『里加圖——馬爾塞斯』的經濟學，對於『人口論』每多偏見。

季特

季特的批評意見為法國近代大多數學者所一致贊同(註六)。他以為馬爾塞斯的錯誤是陷於一種『生物學的混同』，即是合『性本能』與『生殖本能』為一物。其實，生殖本能乃是一種社會性的本能，其動機千變萬化，既不是永恒的，也不是普遍的。人類現在已經把這兩種本能分離開了，二者之間有了區別，沒有了必然的連鎖。他以為今日世界——尤其是各文明國——的憂患卻是人口減少了。這種意見當然以法國人口狀況為其背景。法國今日正在鬧人口慌的時候，法國人所以不喜歡生育子女的，除掉經濟原因外，愛美觀念和『現代個人主義』的發達等等都是主要的原因。所以人口增減與蕃殖緩速的原因是多元的，也可以說是社會的。然而今日世界果真憂患人口減少了嗎？這是未必的！增加率的降低並不能單獨決定人口實數的減少，也不能單獨決定人口增加實數的減少(註七)。『人口慌』的動議是政治的，是軍事的。

人口統計學者顧亞

十九世紀中葉以來的人口學者，以統計為武器，來檢閱『人口論』的眞偽。稱為人口統計學創始者的顧亞(Guillard)始為馬爾塞斯主義者，後來致力人口統計學，他認為人口出生率隨密度增加而減低，所以出生數無慮過多：『養人者不是土地，卻是勞動』，這是一種樂觀主義的宿命論。

× × ×

德國的批評家

在德國，馬爾塞斯主義遇到了一些主要的敵人。人口論著作的動機在反駁社會主義的可能性，馬爾塞斯在某種意思上可算維護資本主義的健將。因此在社會主義裏面遇到了一種有系統的反對論，其說以社會主義的大師馬克思的理論為主腦。

馬克思(Karl Marx, 1818-1883)認為世界上並不存在一種抽象的、不變的人口法則，每一歷史階段都有它特殊的人口法則。馬爾塞斯在資本主義社會裏面看出人口法則是一個人口過剩法則，這固然是有理的，但是他有兩種錯誤：(一)他以爲他的人口法則是沒有時間性的，無時不能適用的；(二)現社會人口過剩原因的誤解，它的眞正原因不在生活資料的絕對不足，却在現社會分配制度的不良。

馬克思的社會經濟說

馬克斯認爲：資本家從勞動者身上榨取『剩餘價値』，使資本不斷的增加。資本又可分爲兩種：其一爲『不變資本』，是用來購買生產工具和原料的；其一爲『可變資本』，是用來購買勞動力的。可變資本構成勞動的需求。可是隨着總資本的集聚，不變資本的增加每每速於可變資本，因此勞動的需求相對的減少，他方面即發生了人口相對的過剩——其實工人階級的人口並不過多，只是對於可變資本爲過剩罷了。總之，馬克斯認爲人口只有相對的過剩，是資本主義社會中的現象之一，人口沒有絕對的過剩。他說：『吾人眼目中所看出之人口絕對的過剩者，實不外乎對於資本之需要之人口相對的過剩耳。在資本家的生產支配之下的社會，凡資本之一切要求，皆以絕對的形式表現之，因此資本家所不要求之人口亦以絕對的、不用的過剩人口而表現』。(註八)此外，資本所不要求的工人便組成所謂『產業後備隊』，是預備被資本家榨取的人羣。

洒夫雷

洒夫雷(Shaeffle)，如同馬克斯一樣，認爲一般的和永恆的人口法則是不存在的：人口法則是一種歷史的法則，它的方式是因時而易的。可是他却認爲人口過庶所生成的鬥爭，能促進優劣選擇的進化。然而洒夫雷並未因此而拋棄馬爾塞斯主義，因爲他證明現時人口與食料間的不平衡仍然存在。他主張結婚的限制法，並頌揚那些限制結婚中生殖數的法律措施：例如，他主張丈夫須留於妻的名下一部『預贈財產』，以爲孀居時的贍養費；爲父者須爲其子女預先指定一定的基金。他說：

生存權排除無限度的蕃殖權。

西白耳

西白耳(Max Shippel)重提馬克斯的理論，他認爲今世社會所感受的禍害是資本主義組織的結果，勞工人口的相對過剩是私有財產制和工資勞動制的結果。社會主義或集產主義使勞動者在社會所得中得到很大的部分，窮困自將滅跡。

赫遲喀

確信社會主義爲人口過剩的解決方法的，尚有赫遲喀(Hertzka，爲"Freiland"的著者，1894)其人。他以爲不必打算較遠的將來，因爲我們不能預知將來技術及科學的進步至如何程度。滿足人類慾望的能力在今日已早隨人口的稠密而增加，所以食料之不足並不是眞正不足，乃因制度的不良而起。

拜伯耳

拜伯耳(Bebel)於其名著"Die Frau"中，表示對馬爾塞斯主義的厭惡。他的思想代表一種無限制的社會主義的樂觀論。他認爲，在集產主義制度下，人類的發展『本着意志，並遵循自然的法則。』——本着意志和遵循自然法則，其實就是一種矛盾！

諾道

諾道(Max Nordau)於其『契約的欺騙』書中之『經濟的欺騙』一章中，確認現在對於增加食糧生產或土地生產力所下的功夫是太少了，因爲『資本主義給予人類文化上一種錯誤的、背反自然的發展。』他認爲應該向下面的目標去走，即：

『減少孟雪斯特的棉織品和塞非爾德的刀剪器，加多麵包和肉類』。

歐芬海瑪

最近，歐芬海瑪(Oppenheimer)指出馬爾塞斯主義是一個階級性的法則。『如果我們一刻否

的社會主義人口說

認此爲資產階級信徒的階級性之法則時，必定要永久離去了眞正的觀點；這種法則的存在理由便是無產階級的法則之否認』。歐芬海瑪以爲眞正的人口法則不是一個自然法則，却是一個社會法則；同時他認爲，『在一常度的經濟狀態下，即是說沒有封建階級去阻碍一個民族的進步並榨取最後的一滴血時，則食料增加應速於人口，而所以然者，因爲農業技術進步很快，足以抵補報酬遞減法則的結果），或能抵補之而有餘』（註九）。在今日，這眞是大胆的論斷了！他以爲用德國的例子可以反駁『人口論』，他証明德國人口雖有增加，國民福利並未嘗減低，而且提高了。可是馬爾塞斯亦未否認食料可以在事實上平行的或超過人口的增加，只要人口的增加足夠遲緩就行了。德國人口增加率在歐洲國家中固不算低，然距『二十五年增加一倍』之數當然尚遠。自一八七〇年至一九一八年差不多五十年的光景，德國人口只增加了百分之七十。德國民族的生殖力也許能在五十年中增至四倍，現在僅僅增加百分之七十，也許受了馬爾塞斯的『積極及預防的妨碍』的作用了吧？所以生存着的人們福利的提高未必是全民族人人福利的提高！所以在實際上，他只能指出：人口生殖的社會的『趨勢』與生理的『可能性』是很不一致的。

×　×　×　×

意大利的批評家

馬爾塞斯的見地本與意大利民族的傳統精神不合，『人口論』是有絕對性的，而意大利民族的靈魂裏是現實主義、中庸和審愼。羅瑪紐西（Romagnosi）在他的著作"Sulla crescente Popolazione"（『增加着的人口』，一八四五年出版）裏面，謂馬爾塞斯主義是"la piu impia, la piu esecranda, la piu spaventosa delle eresie"（最大的傷害，最大的憎恨，最大的邪教之恐佈。）。許多其他的意大利近代經濟學者否認人口過剩的傾向，或認爲一種良好的社會組織便是對於人口過剩的補救方法De Augustinis, Baldassare Poli, Valdei, Rusconi, Scopoli, Meneghini, Marescotti 諸人皆屬此派，他們的著作發表於一八四〇至一八六〇年之間。茲後，還可以舉出 Grecco, Marletta, Zobi, Giuliano, Daveri, Garelli 諸人。

婁利亞

現代的經濟學者婁利亞 (Achille Loria) 關於人口的主張近乎德國社會主義者的理論。他以爲——與馬克斯相似——人口過剩並不是自然的或永恆的現象，只是暫時的現象，特別是今日土地私產制度的結果。如果土地是『自由的』(即土地不私有)，人口與食料的增加必能平行共進。但是土地既爲私有，便不能如此了。土地使所有者得到收入；於是在土地的四周成立兩個階級：一個富有階級，是顧及將來的，是馬爾塞斯主義的；一個貧困階級，是無預算的，生殖繁密的。所以回到『自由的土地』來，便是人口問題的解決方策。

輓尼

另一位意大利經濟學者輓尼 (Vanni) 贊成斯賓塞的見地，認爲個體發展與生殖力爲對立的，並希望人口與食料之完美平衡的實現：他承認人口有超過食料的趨勢，可是他相信人口必隨時間的前進而知節制，所以完美的平衡是可以期待的。

× × × ×

美國的批評家卡雷的樂觀論

美國物力豐盈，久被認爲前途無限，而人口又較稀少，確是反馬爾塞斯主義之最好的環境。當十九世紀中葉，卡雷 (Carey, The Unity of law) 對於里加圖及馬爾塞斯的一切主要理論與學說皆加以批評和反駁。他首先認爲人類生殖力行向減低之途，而馬爾塞斯則認爲生殖力不變。他又從上地報酬遞減法則的批評，來駁辨馬爾塞斯的學說。馬爾塞斯曾以美國爲例，証明人口於二十五年可增加一倍；卡雷也以美國爲例，却去証明人口增加足使生產同比例增加，或超過人口的增加。如果說人口達到某種程度的密度就要發生過剩問題了，但是在一切文明國中還未能看到那一國達到人口之最高點呢，所以『人口論』是不能得到確實的証明。

與卡雷類似的樂觀主義侵佔了許多美國經濟學者的腦海。即是放棄這種樂觀主義的人，他們也並不憂慮人口過剩，反去担憂人口過少，因爲，尤其在美國東部各洲，出生率之降落是很快的。然而，美國人士並不一致的樂觀，也不是一致的主張衆民主義，在美國，新馬爾塞斯主義運動是很風行的。山格夫人這位有毅力的婦人，她的努力幾乎震動了全世界，我們大概還都記得她來華的舉止行動吧。婦女運動的勃興，個人主義的盛行，當然都是美國生育節制運動所以風行的要因。

亨利喬治

如同在其他國度裏一樣，美國的社會主義者也可以列入反馬爾塞斯主義的花名冊，但是只是在理論方面反對，在實行上又多半宣傳新馬爾塞斯主義。其中最著名的是亨利喬治(Henry George)。這位聲望顯赫的"Progress and Poverty"的著者，認爲貧困不能視爲人口過剩趨勢的結果，因爲生產的增加可能超越人口的增加。這種主見不免覺得幼稚一點：如同一切批評馬爾塞斯第二個級數的人一樣，歸根結局是說相當有限的土地可以供養無限的人口——這是太武斷了！這是不能推翻『人口論』的！

× × × ×

本章結論

批評馬爾塞斯的『人口論』，除以好惡爲取舍者外，大約有四種途徑：

「批評人口論」的四種途徑

(A)從法則的本質着手，或者認爲人口法則只是一種趨勢，一種可能性；或者認爲是暫時的，相對的，資本主義社會所特有的。這一派有英國的維蘭德，恩格萊姆；法國的標力葉（前期的批評）；德國馬克斯以下的社會主義者；意大利的婁利亞，等人。

(B)從馬爾塞斯的人口增加級數着手，指出生殖的社會趨勢與生理上的可能性不是一件事，或者否定馬爾塞斯的例証，或者認爲營養與繁殖及文化的進步與出生率皆成反比例的關係，或者指出出生率降低的趨勢。這一派有英國的葛德文，達布戴，斯賓塞；法國的顧亞，季特及今日一般經濟學者；意大利的輓尼，等人。

(C)從馬爾塞斯的生活資料增加級數着手，認爲食料可以與人口平行增加，或超過人口的增加，有的否認或修正報酬遞減法則或否認此法則的實際效力，有的相信技術的發達足以抵償自然的吝嗇。這一派有英國的康瀾（見後面的「時中人口說」章）；美國的亨利喬治，等人。

(D)從人口及生活資料兩方面着手，否認「人口增加速於生活資料」的命題：或者認爲二者是聯袂而進的，或者認爲後者尚能超過前者。這一派有英國的塞路德；法國的詰外；美國的卡雷，等人。

大致看起來，(A)(B)兩派的勢力要大一點，立場也較比穩一些，(C)(D)兩派是遠不及他們的。

（註一）現在完全根據 Bettany 所作的節要，將馬爾塞斯人口論之第一附錄所搜輯的反對意見和他自己的答覆，分條譯述於下：

(一)謂著者(指馬爾塞斯)的人口原理反抗造物者的命令，造物者命令人類一增加，繁衍，充實地球。」

(答覆)造物者決不能不顧生活資料之如何，而一味命令人類增加；欲知造物者之意，必須考驗生物的自然法則。著者十分認爲人類須服從造物者的意旨。

(二)謂著者爲一「人口之敵」。

(答覆)他只是罪惡及貧困的敵人；當人口與食料不成比例的時候，罪惡及貧困就會發生。康健的、道德的，快樂的人口到是可欲的。

(三)謂天然的妨礙已足限制人口，無須他種帮助。

(答覆)的確如此！但是著者之意在提倡那些能減少罪惡及貧困的妨礙。

(四)地球生產食料的能力可以增加到無窮之大，所以人口過剩的危險不會發生。

(答覆)是的！但說生產力能永久和無限的增加，而與人口成其平衡，則殊無證明。

(五)謂著者否認貧人蕃生的權利。

(答覆)是的！貧人要結婚生子，維持家庭，固有其全權存在；不管實際能否供給他們的食料，就這樣去做，亦未嘗不可。但是實際上往往要對於這種權利加以否認。自愛心強於慈善心不知幾千百倍，知自愛的人可以自行節制，專以慈善爲出發點，其結果必無濟於事。

(六)漸次取消恤貧法的結果必很可怕，亦覺不義。

(答覆)以此計劃與他種方案比較，可以思過半了。

(七)謂著者主要用純潔獨居之法使其計劃成功。

（答覆）並非如此；但是這與道德義務及良操並非二致，此乃著者諄諄叮嚀的。當預戒、實業及個人的品行改進了以後，降低的結婚率就要發生。

（八）吾人只要改善一般政府及人民幸福，降低的結婚率及出生比例必隨之而生。

（答覆）這種好的反對論殊值提倡，但是要把真正的幸福及貧困的原因認識清楚。

（九）謂人口論一書在人類改進的希望上投一黑影。

（答覆）著者並不以此為失望。我們最好面對真理，無須希冀太多太快的改進，這樣才能合乎過去歷史和現在趨勢啊。

（參看：Bettany 版之人口論，"Introduction" PP. xxiv–xxv）

（註二）原文見：Spencer, Principles of Biology, Vol. 2. pp. 401–403. 本段譯文見：陳達著人口問題第四十二頁。

（註三）各段見：馬爾薩斯著經濟學原理第四章第三節，劉譯本第二三〇至二三四頁。引證文句多依劉譯本，只於字句間加以修改，使之通順。

（註四）Nouveaux Principes, 1819. Etudes sur l'economie politique, 1837–38.

（註五）西士蒙地也曾說過下面一段的忠告：「在一切險象尚不能有所保証，在一種違反對於他人的真正義務——尤其是對於施惠於人的造物者的義務——尚未能以最神聖權威的名義加以指敎以前，凡是聰明之人，在他尚未處於能夠生活的環境下，决不可結婚：凡是為父者，在他不能適當養育子女時，决不可生兒長女。」(Nouveaux Principes, Livre II, Chap. V.)

（註六）見：Gide et Rist, Histoire des Doctrines économiques, Ch. III, pp. 153–160 (5e edition).

（註七）參看：H. Cox 着，武堉幹譯，人口問題第一章——人口問題底算術方面。

（註八）見：資本論（Das Kapital）第一卷。

（註九）見：Une nouvelle loi de Population, Revue d'Economie politique, 1903.

第二十四章　十九世紀以來的人口統計學

人口統計學的定義

正當經濟學者社會學者與哲學家討論馬爾塞斯主義的時候，若干學者開闢一條新的途徑，經果年努力的結果，創立另一種科學出來，名之為『人口統計學』。人口統計學（démographie, demography）一詞，或簡稱為人口學，意為基於統計的人口研究；換言之，用統計的方法研究人口現象（生殖，死亡，結婚，移民…………），求出其中的規律。

蓋特雷的『社會物理概論』

人口統計學經過德人徐士密叙及法人穆歐之手已具雛形。至十九世紀，比人蓋特雷（Quetelet）在一八三五年發表『社會物理概論』（Essai de physique sociale）更堅定的說明人口學法則的存在，相信人口現象間有它不變的關係。後來蓋特雷的書於一八六九年發行再版，分為二冊，改名為『社會物理或人類智能發展概論』（physique sociale ou Essai de développement des facultés de l'homme）。蓋特雷以為人口的科學的對象為探討：

（1）人類本何種法則以蕃殖，本何種法則以增長（身長或智力及善惡傾向等），及本何種法則以發展其意向，本何種法則以死亡…………？

（2）自然對於人類發生的作用是什麼？

（3）人的力量能否妨害社會制度的安定？

蓋氏以為本此研究，可以找到智、德、體三方面都平均的『標準人』，又能得到關於地球上人口狀態的共同措置方式。蓋氏之企圖範圍過大，即假以悠長之時日亦難完成，而其『標準人』也許是無法找到的。但是由統計材料的助力及若干人群中標準性的計算，蓋氏曾指出在道德與體格上有許多人口學的法則存在，同時指出人群中有許多個性的區別，人之道德與體格之特徵皆在一標準之左右存在着。一八四六年蓋氏指導下之比國人口調查，便是根據這種理論所完成的典型工作。

與蓋特雷同時及稍後幾年中，又有 Villermé (Tableau de l'état physique et moral des ouvriers, 1840)，Guerry (Essai sur la Statistique morale de la France, 1834)，Schnitzler (Statistique générale de la France，1846)，Moheau (Eléments de Statistique，1847)，Dufau (Traité de statistique, 1860) 諸人出，皆應用統計研究關於人口的各種問題。

人口統計學的眞正創造者——顧亞

最後到了一八五五年，法人顧亞(Guillard)發表一本著作，題名爲『人類統計或比較人口統計學大綱』(Eléments de Statistique humaine cu démographie Comparée)：這是應用『人口統計學』一詞到學術上的第一次。顧亞以爲人口統計學即是『人類的自然史與社會史』——不消說，這條定義失之太泛，我們自難贊成。最適當的，要算拉瓦舍(Levasseur)的定義：

顧亞及拉瓦舍的定義

『人口統計學是一種科學，以統計的助力，探討人類生命的各方面，主要的是關於出生、結婚、死亡等，得到此等現象所發生的關係及爲其總結果之人口的一般狀態。』

人口統計學以其方法觀之，有數學的性質；以其結果觀之，是社會科學之一。人口統計學研究人類的福利，國家的力量與擴張，由過去及現在的研究，得着若干有用的歸納，以探求將來的趨勢與應有的措置。

人口統計

人口統計學所以能組成一種科學的，全在人口統計的進步。所以人口統計學的歷史大致與人口

的進步

統計的歷史合而爲一。在遠古時代，國君即設官統計其臣民的人數，可是這種統計既不完全，又無定期，只可算人口統計的發端。此後漸次發展，然其進行遲慢，直到十九世紀才算眞正進入一個新的階段。英法二國在一八〇一年首次舉辦全國人口調查；此端一開，統計材料與統計家相繼增加。我們知道當馬爾塞斯發表第一版人口論時（一七九八年），統計材料仍不充分，至其書第二版出世時，統計材料已有顯著的增加了。馬氏以後，到了十九世紀的下半期，從事於斯道者，已不乏人；今僅舉出其中重要人物如下：在法國有 Dr. Bertillon（曾發表許多關於統計與人口學的著作）；Maurice Block; de Foville; Cheysson; 拉瓦舍（拉瓦舍著述頗豐，其中最有名的著作爲其巨著『法蘭西人口論』一書）；Paul Meuriot, Faure. ——在比國有蓋特雷，哥德黎（Cauderlier）——在德奧有 Knies, Konak, Rümelin, Engel, Mayr, Becker, Meitzen, Haushofer——在意大利有 Maestri, Messadaglia, Bodio, Del Vecchio. ——在英國有 Farr, Jevons, Leone Levi, Giffen——此外在瑞典有 Berg；挪威有 Kiaer——以上諸人，或集成材料或尋求法則，皆直接間接對於人口統計學予以充實。

拉瓦舍的成績

拉瓦舍爲人口學之大師，他由人口統計上面歸納許多人口法則出來。他相信人口法則不只一個，人口法則應當有許多個：他舉出十七個最重要的。不過他所舉的人口法則，自認在實際上不過是『觀察的規則』或事實的左証而已。其中有些是說明簡單的可能性的：在某種情形時，人口可能更庶——在其他情形時，人口可能迅速增加——在另一情形時，人口增加應當遲慢…………。其中也有些是說明因果關係的，可是只及於部分的說明。此外，另一些是總論人口現象的單純的分析。這固然不是一種法則或一系法則，然而是非常有意思的，也是很有用的。拉瓦舍對於某地域能容納若干居民一問題，有整個的答案；他以爲人口容納量之大小，依照：

(1)土地及氣候的品質；

(2)資本的數量，工業科學的狀況及居民的活動力；

(3)市場的範圍；

(4)個人消費的平均額。

這當然是很正確的說明。但是關於人口增減趨勢的問題，拉瓦舍並未能提出切實的答案。

哥德黎的成績

比人哥德黎(Cauderlier)作成較比拉瓦舍更切實的結論，其書曰：『人口法則及其對於比國的應用』(Les Lois de la population et leur application à la Belgique)。他所確定的人口之一般法則爲：滿足生活慾望的必要與技能決定人口全體及其主要元素的變動。哥氏同意於馬爾塞斯者有兩點：(一)人口必爲生活資料所限制；(二)凡生活資料增加時，人口必隨之增加。他贊同馬爾塞斯所舉出之人口自然增加的妨碍，他以爲結婚數及生殖力的減低，以及向外移民亦皆爲人口的妨礙。哥氏找到人口增加的直接妨碍，但仍不能算是問題的解決，因爲他未能求得科學的或因果的法則。

人口統計學的功能

總之，人口統計學以事實爲出發點，然後就事論事，它所研究的範圍極廣泛，所以很有可觀的貢獻。人口統計學者很可以說出人口的變動情形，例如出生及死亡如何減低等；然而若問何以出生降低？最好還是求敎於經濟學者與社會學者。人口統計學認識現象中的各項元素，不能充分知道它們的原因。人口統計學對於答覆『怎麼樣』一問題是再好沒有的了，可是對於『爲什麼』的問題不是它單獨可以闡明的。有了人口統計學者的努力，我們得到較比切實的學術原料，在使我們的研

究有得到更正確結論之可能的一點，其功用是無可懷疑的。(註)

(註)關於人口統計學的發展史及其評價，參看：法國大辭典(La grande Encyclepadie) "Dêmographie"目(拉瓦舍著)；英文社會科學大辭典"Demography"目；Gonnard, op. Cit. pp, 333—340。

第二十五章　社會毛細管說及人口海棉說

這是近代人口思想中二個俏皮的名詞：社會毛細管說(loi de Capillarité sociale)代表法國社會學家杜曼(Arsène Dumont)的人口理論；人口海棉說(Sponge theory of population)則爲美國生物學者剖爾(Raymond Pearl)所創建。

法國現代人口論的權威者

依甘納教授所言(註一)，十九世紀末年，人口思想有一種趨勢，多數思想家所得到的共同結論有三項：(一)人口法則，不但是一種生理學的、心理學的、或經濟學的法則，並且是一種社會學的法則；(二)說明人口法則之方式常隨社會環境的不同而變化不定；(三)時至今日，人口法則所依據的因素中，最主要的要算『文化』了。最能代表這種趨勢的人，便是杜曼。

杜曼及其著作

杜曼在一八九〇年發表『人口減少與文化』(Dépopulation et Civilisation)，一八九八年發表『出生率與德謨克拉西』(Natalité et Démocratie)——『這是用獨有的、熱中的天才所寫的著作，在這些著作中所用的口調，有時在政治及宗教方面涉乎冒險與舖張，可是未嘗因此而稍減它的實在的價值』(註二)。這也許由於愛之甚，而過獎了！雖然，杜曼的學說總是值得我們特別注意的。杜曼的學說爲法國著名經濟學者標力葉(P.L.Beaulieu)完全接受，甘納教授也是擁護者之一，意大利人口專家尼提至少可以算做一位同情者。

斯賓塞生物說的發揮及修正

斯賓塞既提出個體發展與延種相反的學說(註三)，杜曼在原則上接受，並以此說爲出發點。但是杜曼提出一個重要的修正，也可以說，他在此說的人類學與社會學兩方面加入一種有力的發揮。

杜曼指出了個體發展與延種之成反比例的原因：斯賓塞以爲是不知不覺間或全由生理上而發生的；他却認爲，在人類中二者的相反乃由於有意的，自願的與深思的行爲所發生，由於生殖能力降低所生的不如由於生殖願志降低之大。今日所謂文明國家的出生率爲什麼已有逐漸減少的趨勢呢？這不是因爲國民的生殖能力眞個比以前小了，却是因爲今人的生殖志願不如古人之强烈罷了：換言之，今人並不是不能多生孩子，只是不願意多生孩子罷了。爲什麼不願意多生孩子呢？就是因爲『社會毛細管』的作用——試看杜曼如何說明他的學說。

社會毛細管說的內容

考察個人那有限的收入，可以有四種不同的支用法：(一)個人享樂的消費，(二)復生產或實業的消費，(三)無所收獲的消費，(四)爲育養後裔人的消費。如果把首三種視爲一類，那末這三種消費的相對增加，必使第四種相對的減少。尤有顯著的是：個人享樂的消費，差不多惟在育養子女的消費減少時，始能增加，所以二者處在相反的地位。更哲學的一點說：族類的發展與個人的發展洽成反比例關係。何以故呢？大凡每個人要想提高自己的身份、智能、享受……必須自己消費較多的收入；而個人爲提高自己所消費的愈多，留下爲育養子女的費用必愈少。譬如，我每月有一百元進欵，我自己豐衣足食，還要購買圖書雜誌，並且要每禮拜聽一次戲看一次電影，甚至每季要出外旅行，結果平均每月用掉八十元，那就只有二十元的餘剩了；假設我已經有了一個孩子，每月恰好要用二十元，結果無論對自己和孩子都適合了。但是我的歧途到了！我是否還要生第二個孩子？實有考慮的必要：收入不能因再生孩子而加增，如果再有一個孩子每月又需二十元，這時怎麼辦呢？唯一的辦法是節省自己的費用，例如從此不聽戲了，從此不買書了……然而成了習慣的慾望，一旦强迫撤銷往往痛苦非常，假使我不能或不願這樣做，只好設法不再生孩子了。我所以不願意自奉克儉的，也許因爲要發展我自己，爲了發展自己，就顧不得多生子女了。要想果樹長的高壯，在它的四周就要少種植物了，深耕與擴耕每每是相反的。

個人發展既與延種相反，而『文化』進展使個人提高自己的要求加强，因爲文化進展不斷的產生新的慾望、新的享樂和新的活動，其結果在在增加個人的消費。文化愈高，社會等級愈繁，毛細管作用亦愈加大。知識高了，上進的需求就越强：好似在物理方面，加大壓力到液體上面，那邊細管的水就要上升。

這種毛細管作用，在所謂現代社會的文化下，特別顯著有力。『現代社會』係指德謨克拉西的與個人主義的社會，它的特徵有二：(一)政治平等，(二)經濟不平等，這兩個原則或事實又是合在一起的。經濟不平等是社會毛細管作用的必要條件，因爲要使上升，必須存在許多階級。但是，如果沒有政治平等(例如階級間限制嚴明，不准超越)，上升的可能性在事實上就不能存在，毛細管作用也就沒有了。所以政治平等也是社會毛細管作用的要件。由此觀之，大凡一種社會，政治平等愈完全，經濟不平等的階級愈複雜，社會毛細管作用必愈强烈——這就是歐美現代社會的情形：在這種社會裏，一方面億萬富翁與無產者有同等的政治權(至少在原則上)，另一方面在最富與最貧之間存在無數的中間等級。(註四)

此所以歐美現代國家出生率逐漸降低，而以法國爲尤甚的原因。社會毛細管作用必要產生過當的結果，因爲個人主義的靈魂統治一切：『現在社會原子把他自己當做他的目的，他必要向上升，不管是好意是壞意』(註五)。杜曼堅決的說：在個人主義的德謨克拉西制度下，不能存在很高的出生率。

社會傾向的提倡

杜曼認為今日『文明國家』有人口過稀的危險，必須設法補救，於是牽涉所及，論到歐洲現代文化的問題。可是他還沒有根本反對歐洲現代文化的勇氣，他以為在它的本質上還是好的，不過發生了流弊能了。補救的方法是發展社會的傾向，詳言之，就是使個人主義的傾向和社會的傾向相併而行，以妨止個人主義的過當。此處要注意，所謂社會的傾向並不是社會主義的傾向，只是使個人不要完全以自己為目的，更要視自己為社會的一份子。不生或少生子女，對於你自己雖然是有益的，對於社會國家也許是有害的，你要權其輕重，不要任意而為呀！

以上是杜曼『社會毛細管說』的大意。後來尼提也注意在社會文化的方面，他說：『在一切社會中，大凡個體要特別發達，而社會化的進展又不能破壞一切的個人行為，大凡由於一種高度的合作，而使財富細密分劃，不平等的社會原因行將銷除，那末，出生率將要與生活資料趨於平衡，並且人口前進中之節奏的變遷對於人類將無威脅之可言了』(註六)。尼提沒有杜曼心目中的恐懼。

× × × × ×

剖爾研究人類蕃殖的方法

剖爾應用生物學的實驗來研究人口蕃殖的現象。他是歐戰後最著名的生物學派人口思想家，在以生物現象比擬人口現象這一點，他和斯賓塞一樣，但在理論的內容方面，則不能併為一談。剖爾的人口學說見他所著的『一條測驗美國人口的公式』(A Formula for predicting the population of U.S.,1920)，『人類生物學研究』(Studies in Human Biology, 1924)，『人口蕃殖的生物學』(Biology of population growth, 1925)及『成活率』(Rate of Living, 1928)等書。

人口海棉說的內容

他認爲人口數量的增加是按數學定律的，而人類的蕃殖與下等動物一樣，都是按照定律進行。所以要想知道人口增加的定律，只要研究下等動物就行了。對於下等動物可以應用實驗方法：剖爾實驗菓蠅的結果，發現一條法則，即菓蠅增殖的數目有一定的限度，達到此限制以後就不能再行增殖了。人口的增殖亦然。猶如海棉之吸水一般，海棉吸水量有一定的，在吸收達到飽和點以後，就再不能使水上升了——因爲有了這個比喻，剖爾的人口論遂名爲『人口海棉說』。

『對數曲線』

生物或人類的增殖情形，好像英文字母S一樣，不過要把S拉長並斜立起來(如∫)，其增殖率，始而慢，繼而快終而又慢，到了極點就不再增加了。此種人口增殖的曲線叫做『對數曲線』(Logistic Curve)，根據它便能預測將來的人口蕃殖情形，所以剖爾的人口論是公式化的學說。此處須注意，剖爾並不認爲『對數曲線』是不變的，新發明與新技術的使用，新政治經濟的發展，其結果使生產或增或減，因之人口的增加率亦要加快或減慢，於是曲線的形狀就要改變，就要有突凸或突凹的複雜曲折發生，此時新曲線的採用就會成爲必要。

根據剖爾的『人口海棉說』，自然發生一個比較樂觀的結論：即是地球上不會有人滿之患，因爲到了最後，人口增加必要停止的。剖爾還有另外兩種意見：(一)出生數與人口密度成反比例，(二)出生率與富裕成反比例或與貧窮成正比例。若然，人數一多了，隨時間的前進就要少了，人口不會過剩的；社會的貧富階級人數本如圓錐形，貧人數如錐之底，富人數如錐之尖，今貧人出生既高，足使人口增加率變大，那末人口過剩的危險豈不又有幾分可怕嗎？然而，即是貧人也逃不了海棉法則，究竟還不必過慮。

剖爾的貢獻

按關於生物增殖的法則，生物學者早已先剖爾研究過了，不過剖爾的貢獻則在：(一)用統計法來研究，(二)用曲線來描寫，(三)用這種生物研究的結果來解釋人口現象，並(四)首用實驗方法研究人口現象(註六)。

剖爾的人口學說傳誦極廣，常常有人引用，爲近十數年來最風行的學說之一。剖爾之學說所以能風行一時的，誠如烏爾夫(Wolf)或馬松玲先生所言：第一，剖爾是現代生物學界的威權，他的學說，一般人往往相信有科學的根據，而生物學者既不免左袒，又可引以爲榮；第二，現代學術界有一種愛好統計的心理，以爲學說根據統計才算有了堅固的基礎，今剖爾洽能與此心理投契，以過去的統計數字預測將來，因此他的學說又特別在統計學界得到多數的信仰；第三，最後而最重要的原因，是『對數曲線』的推論，一面能消釋馬爾塞斯主義的憂慮，一面能解決有些歐洲人士對於出生率降低的隱憂。『他以一般人最信任的方法，解答一般人最焦心的問題……』，所以他的成名不是無因的(註八)！

(註一)見 Gonnard, op. cit. pp. 341-342.

(註二)見 ibid. pp. 342-343.

(註三)看：本書第二十章：馬爾塞斯人口論的批評家述斯賓塞的一段。

(註四)『社會毛細管』的現象，馬爾塞斯也曾稍稍注意到。他在第一版人口論第四章有以下的觀察：

「豫防的妨礙，對於英吉利社會一切階級，都有某程度的作用。有些最上等級階的人，因豫想他們結婚後，有一家庭，就須節省費用；幻想他們的快樂，結婚後，有一家庭，就會被剝奪，遂不結婚。這種顧慮，雖不重要，但我們所考察的階級愈低下，這種豫防的先見，亦就是越加值得考慮的重要問題。

「一個受了高等教育而其收入僅足使其列爲紳士階級的男子，一定會有這樣的感覺，倘若結婚後有一個家庭，他就必致於要與中等的農民及下級的商人爲伍，…………如果結婚後，他的地位必致降落，…………社會地位必落二三步——如原位已在知識及蒙昧的鄰界上，尤其如此——在一般人看來，決不祇是想像的空洞的痛苦，而且是眞實的本質的痛苦。…

「這種考慮，無疑會防止這階級大多數人，使不遵從早婚的自然趨向。」

（見：人口論郭大力譯本第三十一至第三十二頁）。

(註五)見：Dumont, Dépopulation et Civilisation, p. 362; Gonnard op. cit. p. 346

(註六)見：Nitti, La population et le Systéme social.

(註七)以上關於剖爾之說，多參照陳達著人口問題第四二至四四頁述剖爾人口理論之一段。

(註八)此末段多根據馬松玲著近代人口論的趨勢，文載民族第二卷第十一期。

第二十六章　時中人口說

『時中』的語源

『時中人口說』一詞譯自英文之"Theory of Optimum population"。按 Optimum 本爲拉丁字，是『良好』、『完善』、『理想』的意思，今譯爲『時中』，乃一面使切近原意，一面求合乎學說的內容。『時中』二字本爲現成語詞，意謂『得時宜而無過不及也』，實與此學說的主旨相符。有人亦謂爲『適度』者，自無不可，惟稍不如『時中』的自然罷了(註一)。

『時中人口』一詞的來源不甚明瞭。據羅賓士(Lionel Robbins)所言，最先應用此詞的人是德儒威克舍爾(Nicksell: Vorlesungen, Bd. i, p. 51,1913)，他不但用了這個名詞，並且也有一種人口學說類似時中說，可惜後來沒有繼承之人，以致被人忘却了(註二)。至於首用『時中人口說』一詞的人，則爲碩德士敎授(Carr-Saunders)。

康灡被稱爲時中人口說的建樹人

今日學者幾乎一致認康灡敎授(Edwin Cannan)爲時中人口說的建樹者，然經他的學生達爾通(H.Dalton)及羅賓士諸敎授發輝光大後，始聞名於世。到了現在，時中說的解釋雖然不一，但在原則上似乎爲一般人所贊成，尤以在職業經濟學者中爲最普遍(註三)。

康灡的著作

康灡既爲時中說的建樹者，在我們講思想史的人自然要特別注意了。康灡在一八八八年發表『經濟學綱要』(Elementary political Economy)，一八九三年發表『英國經濟學生產分配學說史』(History of the Theories of Production and Distribution in the English Political Economy from 1767 to 1848)，一九一四年發表富的研究(Wealth，有中文譯本)，對於人口理論有一貫的硏究。他的人口學說集中在第一本書的第一部，第二本書的第五章，和第三本書的第四章。

以前我們已經說過，馬爾塞斯以後的新興人口理論多半由批評『人口論』得來，馬爾塞斯的批評家同時又是近代重要的人口思想家。康瀾之說，亦以批評『人口論』為起點。

對於馬爾塞斯人口論的批評

康瀾在『英國經濟學生產分配學說史』一書中，對於馬爾塞斯所用的名詞提出一種小小的修改。馬爾塞斯謂人口增加依幾何級數，即：一，二，四，八，……二五六，其實是說倍加；生活資料增加依算術級數，即：一，二，三，……九，其實倒不如說是依次增加原數或依次加一。康瀾認為人口增加的級數大概是不差的，雖然倍加不一定每二十五年實現，但還不大差，因為北美的事實足以證明。但是馬爾塞斯『人口增加的實例，雖取於美國，而食料增加的實例，欲撇開美國。美國的人口既照幾何的比例增加，這些新添的多數人口所須的生活品，若比少數的祖先惡劣些，那固當別論，如其不然，那生活資料的增加，當然也是照幾何比例的，不然那些新添的人口如何能得衣食，如何能生活呢？他把美國撇開，却對讀者說：隨便擇一地方，譬如我們英國，生活資料的增加率是怎樣呢？』（註四）馬爾塞斯說五十年中生活資料不能增加成四倍，百年中不能增加成八倍，並沒有說出確實的道理來。馬爾塞斯想不到他的學說和經濟學的『報酬遞減法則』（Law of diminishing return）結了不解之緣。『人口論』經過穆勒之手，找到了一個新的根據——報酬遞減法則——改變了它的本來面目——『如果認為人口論一向是建設在報酬遞減法則上面的，便是把馬爾塞斯本人詮釋的馬爾塞斯主義和穆勒詮釋的馬爾塞斯主義混為一談』（註五）。可是不解之緣既經結上，那末，欲評價『人口論』的人，就不得不研究這條法則了。

康瀾時中人口說的演進

等到依次講完了康瀾的人口學說以後，就會知道他的學說是建設在報酬遞減法則的修正論上！

在『經濟學綱要』中，開明宗義的一段話是：『人口增加一定永遠能減少實業的生產力，或者說人口減少一定永遠能增加實業的生產力，都不是正確的。人口增加一定永遠能增加實業的生產力，或者說人口減少一定永遠能減少實業的生產力，也一樣是不正確的。眞理是這樣：實業的生產力有時候因人口增加而增進，有時候因人口減少而增進』(註六)。於是他結論說：

『唯一實在的「人口法則」就是這樣：在任何一個時期，在一定面積土地行使而能適合於獲得實業的最大生產力的勞力量，是一定的。假設(這種假設在短期間幾乎完全正確)在一定區域行使的勞力總量之增減一視此區域人口之增減而定，那末這條法則可以說明如次——在任何一個時期，在一定面積土地存在而能適合於獲得實業的最大生產力的人口數，是一定的。』

("The only real "Law of population" is simply this: At any given time the amount of labour which can be exerted on a given extent of land, consistently with the attainement of the greatest productiveness of industry at that time, is definite. Assuming (what within short periods is almost exactly true) that the total amount of labour exerted on a given territory increases and diminishes as the population of that territory increases or diminishes, We may word the law thus—at any given time the population which can exist on a given extent of land, consistently with the attainement of the greatest productiveness of industry possible at the time, is definite)（註七）。

這就是時中人口說的原始公式了。

到了『英國經濟學生產分配學說史』，康瀾進入一種更深刻的研究：他開始確定對於報酬遞減法則的認識。康瀾相信托爾果的說法，認爲產業有一個最大收獲點存在，超過這點以後，才有遞減現象發生（這是一般經濟學者一致承認的。到了最近才有人懷疑這最大收獲點的存在）。他相信，這一點固然存在，但不是固定的，是時時移動的：

『現在要明明白白的記憶，實業的報償（或收獲）自此即停止增加而開始減少的那一點——此點可名爲最大生產力之點——是不斷的因爲知識進步及其他變化而遷移不定，並且這種遷移普遍向着這種方面，即是增加適合於當時可能的最大生產力的人口』（註八）。

誠如羅賓士所言，在富之研究中，這個新的人口說得到了最透澈最清楚的說明。所以我們從這本書裏，細心找出康瀾的理論，給讀者一種概念。他首先說明報酬遞減法則能影響人生到何等程度：

『人口的增加，究竟還是不是一個良好的現象？』一問題，決不可全看那農業收獲所受的影響去決定。人的生活不是全靠麵包，此外還須種種貨物。收獲遞減法則，只適用於農業採礦業——那些直接依靠土質肥瘠的產業。至於別的實業，那就不適用這個法則，工人越多，越可以增加生產量的時候，那分功便能促進收獲的增加。其在工業尤然』（註九）。

自然啦，在實際上，因技術進步，收獲可以遞增，但在理論上，遞減法則當然是普遍適用的。康瀾相信托爾果的說法，認為產業有一『最大收獲點』，超過這一點後，才有遞減現象發生，已如上述。於是他進一步說：

『此地須注意！那最大收獲點不管在產業的一種或其全體都不是永久不變的。此點的位置或因知識的進步或因其他變化，常常遷移不定。輪栽法的發見，火車的發明，和那些必要的設施合攏起來，不但能使人口增而收獲—富—不減，並且能使人口的增加變為一種可喜可慶的現象。這些『進步』『變化』能變更最大收獲點的位置，使他向着利於人口增加的方向進行。從前地球上的人口不及現在十分之一，那時已感覺人口過多，現在反不感覺(?)，這是因為那最大收獲點移動了的緣故呵』(註十)。

但是康瀾並不是傳統的衆民主義者，他主張時中的人口，他有一段話說的最簡明：

『若採用協作制度……人數越多，由協作所生的利益就會越大。然而都有一定的限度，有一個標準點，正當這個點的時候，那損益便是各半，洽好可以相償而無餘，若過了這點的時候，那就害多利少了』(註十一)。

康瀾之說在實際上固然是現代時中人口說的基石，但是他在以上三部書中並沒有提出『時中人口說』的名稱，到了一九二二年碩德士發表他的『人口問題』，這個名詞才出現的，後來康瀾的高足把他的學說系統化起來，一方面把時中說的勢力增大，他方面造成了康瀾為此說鼻祖的榮譽。

× × × × ×

一九二七年倫敦經濟學雜誌發行康瀾教授特刊（London essays in Economics: in honour o

羅賓士的工作

Edwin Cannan)，內載羅賓士的論文『時中人口說』(Optimum theory of population by Robbins)，說明康瀾的正統理論：此文經康瀾校讀過，認爲是講人口原理中最好的著作。羅賓士對於康瀾之說發揮光大的地方，第一是確定人口法則的範圍；第二是加入現代經濟學中平均每人所得（return per head）的觀念；第三是應用康瀾的報酬遞減理論，確正一種新的人口過剩或過稀的意義。

羅賓士說：『人口問題上的經濟法則——或者至少在人口問題的數量方面——包括二個清析分劃的部分。這個法則討論那些決定人口體積的原因，並且討論人口體積對於勞動生產力所發生的影響——它討論使人口多或少的東西是什麼，並且討論人口多寡之影響經濟福利由那種途徑進行』。馬爾塞斯的『人口論』不是完善的，因爲他僅僅說明前一半，忽視了後一半。

羅賓士說：『他（馬爾塞斯）並未能常常憶念現代意義下的每人平均所得。他只曾繫念着食料或更好一點注意着「生活資料」。每人平均所得的觀念，包括一切經濟福利的前題要件，有時候對於理論是很有價值的，可是距離馬爾塞斯的思路似乎很遠呢……』。人的福利由他的所得多寡而決定，所以當判斷人口數之是否時中，要看個人的所得是否達到可能的最高額。

羅賓士參考德儒密澤司（Prof. Mises）的意見說：『人口過剩中，所謂「絕對的」人口過剩，我們以爲是，在整個世界中或在一孤立社會（Community）中，最大報償點已經超過了；所謂「相對的」人口過剩，我們以爲是，在地球面上某一部分，工作在一些較比其他各地都不利的條件下進行，那末，如果其他事物相等，此處每一單位勞力所能生產的較其他地方爲少』。最大報償點的地位常常遷移不定，昔日的過剩人口也許是今日的適度人口或過稀人口；今日的過剩人口，到了將來

，也許變成適度的或過少的。其中所牽連的現象很多，而以生產技術的進步爲最重要。後來，經過

逢爾通的公式

逢爾通之手，更有了公式化的傾向。逢爾通謂現實人口（往往不是時中的）與時中人口（理想的）是兩個函數(fonction)，設以A代表現實人口數，以O代表時中人口數，M代表人口失調的程度，那末：

$$M=(A-O)\div O$$

如果M爲正數，則人口爲過剩；M爲負數，則人口爲過稀。而且A與O的關係不只代表人口的數量，而且同時顧到人口的品質(註十二)。

× × × × ×

除上舉之羅賓士，逢爾通及碩德士三人外，主張時中說的，還有非耳柴德(Fairchild, 其說見：Proceedings of world population, 1927)，虎佛 (G. H. Hoover, The quantitative optium of population, Ann. of the Amer. Acad. of pol. & Soc. Science, July, 193?)，馬克騏 (Mukerjee, The Criterium of Optimum population, Amer. Jour. of Sociology, March, 1933)，烏爾夫 (Wolf, The optimum size of population, in "Population problem in U.S. & Canada, 1924)，杜蒲利爾 (Dupreel, L'Optimum de population et ses critiques, Revue de l'Institut de Sociologie, 1928) ………諸人。

時中人口如何確定

到了最近，時中人口說的主要問題，最耐人尋思的問題，是時中人口如何確定？或用什麼做它確定的標準？在這一點，諸家主張不一，又因此分了許多派別(註十三)。

各家的答

非耳柴德以生活程度做時中人口的標準。爲什麼呢？因爲生活程度是唯一的客觀而科學的觀念

案

，它的內容又限於物質的可實驗的東西，既能觀察，又可度量，所以可以當做一個具體的標準。

達爾通與虎佛提出廣泛的經濟福利說。經濟福利包括：㈠人口，㈡自然資料的供給，㈢資本設備量，㈣生產組織，㈤金錢所得的分配。以上五項互相作用並反作用，因此人口時中點的位置要遷移不定的，甚至無法嚴格確定。傾德上以資本與勞動的經濟生產力為標準，人口在某種數量而能善用資本勞動，使個人得到最高的收入時，即為時中人口（註十四）。

馬克濮被人分到人壽論派。他說：『各種動物都有一種適當的時中密度。決定此密度的，大致是個體的多少，食物的習慣，與仇敵的出現等等……『由最高的平均的壽命希望，我們可以判斷時中的人口』。這是本着生物學和環境學的觀點，與康瀾傳下來之經濟的時中說相距較遠。

烏爾夫把生活程度說加以具體化及統計化，進而主張『物質繁榮的一般水準說』（General level of material prosperity）。他又舉出一件客觀而比較能度量的標準，和一件能實際拿來作標準的東西：前者是『最後消費財的收入』（income of ultimate consumer's goods），後者是每年的『消費財的物單指數』（index of the inventory of Consumer's goods），後者又是前者的代表。

湯姆生的批評

以上各派關於如何確定時中人口的主張，已盡複雜之能事。現代美國人口理論家湯姆生（W.S. Thompson）則認為社會生產的原素太複雜，不易分析，因此不能確定人口的時中點。此外，湯姆生以為經濟的時中說，其意義太窄，除經濟時中點外，尚有政治的、宗教的、乃至教育的等等時中點；於是他主張時中人口說必須有一種廣泛的定義，內中必須包含人事的智力的及道德的價值，不可僅僅限於經濟的價值。以上是一位有力者對於時中人口說的批評。

最後，時中人口說無論如何是現代最有勢力的人口學說，該說影響於中國現代人口思想者，亦非淺鮮。

(註 一)馬松玲先生譯爲「時中」，王正平先生譯爲『適度』。

(註 二)看：L. Robbins, Optium theory of population, (in London essays in Econo·nics: in Honour of Edwin Cannan, 1927.)。

(註 三)羅賓士說：“It is fairly safe to say that nowadays this theory is pretty generally accepted ...... ‘‘In the main, professional economists, at any rate, accept the theory which Prof. Carr-Saunders has called the Optimum theory of Population.’’ (ibid)

(註 四)見：富之研究中譯本第四十八頁。

(註 五)見：Cannan, Theories of production and distribution etc. p.144.

(註 六)見：Cannan, Elementary Political Economics, p. 22.

(註 七)見：Cannan, ibid. p.22.

(註 八)見：Cannan, Theories etc. 3rd ed. p.397.

(註 九)見：富之研究，第五十六至五十七頁。

(註 十)見：同上，第五十九頁。

(註十一)見：同上，第四十三至四十四頁。

（註十二）見：Dalton, Theory of population, Economica, March, 1928.

（註十三）以下參考：馬松玲，近代人口論的趨勢，載民族第二卷第十一期。

（註十四）關於碩德士的主張，著者與馬松玲氏有見仁見智之別，馬松玲氏以碩德士（或譯卡桑德）為「一般福利派」的代表，並註明根據Population problem, P.176, 1922。著者之見係根據同書第二十六頁中一段話（已為羅賓士所引舉）：“There is for any piece of land, when a certain amount of skellis available, a point where by the application of a definite amount of Capital and labour the maximum return per her is reached……”。

第二十七章　日本現代人口思想

日本的人口問題與人口思想

明治維新以前的日本文化大都導源於中國，維新以後乃開始接受西洋文化。復因明治維新以前日本實行閉關自守，工商業亦一向守舊，人口密度尚不甚稠密，所以在人口思想方面上未嘗發生特異的思潮，間有論及者亦絲毫不能逃出中國思想的範圍。維新以後，日本漸漸邁上國際舞台，又因工商的發展，人口於六十年間增加一倍，於是乎日本人口問題不但惹起社會人士的注意，並且喧嚷於全世界了。這時候，日本人以歐西人口理論為工具，進行本國的人口調查和研究，『日本人口問題』六字亦因多數人（包含歐美人）的討論而深印於日人腦海之中。

日本人口思想的派別

然日本人之有具體而成系統的人口思想，又僅為近二十年事。日本的人口思想可分五派，其勢力十分懸殊：（一）節制主義派，（二）社會經濟派，（三）產業立國派，（四）移民政策派，（五）武力侵略派。五派之中，（一）（二）兩派在日本的勢力遠不及後三派，而尤以第五派深合日本民族之『大和魂』，在軍人統治之下，最屬有勢。今首先將以上五派之說畧加介紹，然後再稍稍加以批評，但是我們不願十分拿出主觀的見解。

節制主義派：安部磯雄以次

節制主義派的首領為早稻田大學教授安部磯雄，他的主要著作名為產兒限制論（有李達的中譯本）。序文中說明該書的內容和宗旨：

『我這部書，對於凡有從倫理和宗教的見地來反對產兒制限的應有的意見，我都詳細說明了，同時又曾從許多方面研究了這問題。這個問題，在歐美各國已是討論很多的問題，在我們日本不是也有愼重研究的必要嗎？這部小著，不過是把原案提出於國民之前罷了。』於是他從倫理、宗教、優生、生活、勞動、國際、婦女、性愛等方面，證明節制生育的必要。對於他的祖國——日本，他主張不要制定限禁節育的法律，主張平凡的宣傳，希望警察幫忙把宣傳品分配到貧民窟裏。他最後說：『我們希望始終要爲人類幸福宣傳這種主義（新馬爾塞斯主義），同時要無報酬的宣傳這種主義！』

安部磯雄與石本惠吉夫婦及小林郁四郎等人皆爲日本熱心的節育運動者，他們的理論都屬於新馬爾塞斯主義。但是節育運動殊爲日本政府——尤其是軍部——所不喜，故當山額夫人東渡過日時，日政府禁止她公開講演，不許她散發宣傳品，夫人在日較之在華，其所受的招待實有天壤之別。由於山額夫人東渡的情形已可見中日兩國人士對於節育運動觀感的一般了。莊心在先生於介紹安部磯雄的努力以後說道：

『但此主張（節育）與日本自古以來之道義觀念及侵略政策相反，因日本素以產兒限制爲違反天理之大罪惡，而況近來日本野心勃勃，極力想擴張大和民族，故節制生育之論，與此實相抵觸，故在沒有幾年以前，還被認爲一種危險思想，禁遏防阻，其嚴厲與今日對待共產黨相若，現雖經學者及報章之鼓吹提倡，但仍未能得大多數的同情…………』（註一）

莊先生之言可謂明確透澈了。

社會經濟派：河上

第二派名爲社會經濟派，即馬克斯主義派。此派大師爲河上肇教授，氏著有人口問題批評（有丁振一的中譯本），完全依據馬克斯的理論，認爲『人口過剩論乃是資本主義末期之一種病狀的呻

馨以次

吟。以人口過剩爲絕對的，實爲常識之誤謬』。於是他批評日本各派的人口過剩對策論，而一一加以駁辨（註二）。

他認爲，今世人口過剩問題起源於資本主義制度，其根本治療法爲資本主義制度的燬滅——『既已明瞭過剩人口之發生乃資本主義末期之疾病，且知其根本之病源即在資本主義構造之內部，則其根本療法之所在亦自明矣。而且對於以現在之資本主義爲前提，立脚於此種基礎之上而研究一切姑息療法，其不得不使國民永遠徬徨於『煩惱與迷惘』之中者，亦可知矣。』（註三）

此外，如長谷川如是閑亦以馬克斯的理論爲工具，痛詆日本武力侵略派人口說的不當。他認爲日本的資本主義者和一切的資本主義者一樣，不顧向外移民而使國內工資提高，並且不斷的製造過剩人口。他名武力侵略派之說爲『法西斯蒂的盲目人口論』（註四）。

還派中的人物大都是社會主義者，與當今日本政府當然處在反對的地位，甚且都是叛逆；他們的學說，除少數左傾智識份子信仰外，在日本社會中沒有多大的勢力，並且是日本今日『國策』下所不容的邪調！

產業立國派：神川彥松以次

產業立國派的主張是：發展工商業以解決日本人口過剩問題。此派人物可舉神川彥松教授，前日本首相若槻，農相町田等人。神川爲著名的日本人口理論家，於一九二五年發表一重要論文，提名爲由人口問題之見地論我外交政策之基調（載大正十四年四月號中央公論），內中有言：

『……則吾國（日本）人口問題最有力且最有望之解決方法，結局除工商業獎勵發展之政策卽產業立國策外，無他途矣。』

若槻及町田皆贊同此說。然而，以上諸人未嘗以發展工商爲已足，並認向外移民爲救濟人口過剩的重要方法，而且有時亦微露黷武主義的思想，如神川於同文中亦云：

『大洋洲及南北亞美利加洲，既皆爲歐洲人所領有，對有色人類嚴固閉鎖其門戶，或正擬閉鎖之。如此吾國人欲自由的移入此等大陸，則强制的使此等大陸門戶開放，乃爲捷徑，此固不俟論者也。恰如歐洲人以劍征服四方掠奪四方之故事，蓋以劍而戰，實達到此目的之最的確之方策也。』

上田貞次郎

現代日本著名人口理論家上田貞次郎把日本的人口問題看做失業問題，而基於人口的年齡分配加以檢討。他一面盛倡日本人口問題的嚴重性和急待解決，一面反對生育節制的方法，以爲緩不濟急。他說：

『此後二十年內，工作人口必迅速增加，每年至少增加二〇〇，〇〇〇以及二五〇，〇〇〇人。生育節制等消極方法，不足以解决此嚴重問題，因爲這些人口，現在業已出生』。（註五）

上田主張兼採移民政策及工業立國策——所謂工業立國即以國外貿易的方法而求工業的發展。但是日本向外移民既受歐美人的排斥，國外貿易亦因各國制抵而不容樂觀，於是不知不覺中又流入武力侵略派的思想。上田深慶日本侵佔中國東四省，認爲對於日本人口問題之解决有較大的貢獻：

『由于日本的援助而成立之滿洲國，對于日本國民的職業問題究有何等影響？目前已成人人的問題。且任何人亦不能答覆。因此，中日的國交將發生何等變化？中國國內的紛糾將受到如

武力侵略派：以人口問題為對外侵略的理由

何的影響？滿洲國的治安可以趕快恢復起來？此等政治的關係至今尚未分明。幸喜東洋之和平得以維持，滿洲的治安得以恢復，發起道路、鐵路、港灣的改進事業，進行墾殖，那末，一旦人口增加時，勿論日本的農業移民之成功或失敗，然日本商品却開拓了一安全的大銷路，反乎此，則無有成功。』(註六)

神川上田等人之說，其武力侵略主義固未嘗不現於字裏行間，可是還不免帶些書生氣質；至於日本軍閥及右派政客則以露骨之言詞以明其說了。田中義一在『日本對滿蒙積極政策』之上天皇奏章，初則曰：『支那人民……每年往東三省者，勢如萬馬奔騰……甚至威迫我滿蒙之既得權，使我每年剩餘之八十萬民無處安身，此為我人口及食料之調節政策計，誠不勝遺憾者也。』繼則曰：『……我對滿蒙之利權如以積極政策而擴張之，可以解決此種種大國之要素者則勿論矣，而我年年餘剩之七(八)十萬人口，亦可以同時解決矣。』

最澈底的武力侵略派人口論者殆為日本對外同志會會長佐藤中將。佐藤著有滿蒙問題與日本之大陸政策（有傅无退的中譯本），以人口問題的見地，說明日本應積極侵略滿蒙的必要、的正當與合法。他說：『日本之歷史為大和民族發展之歷史，為國土擴張之歷史。』但常沿島嶼既屬遺憾，而今日(按在『九一八』以前)所有的屬地又已不足供大和民族的發展，所以非登大陸不可！大和民族生殖既繁，已有人滿之患，又不得不設法解決，『其最後之解決方法，惟有求耕地於他處。所謂他處者，即離島國而往大陸之謂也』(以上參看該書第三章)。佐藤又轉眼於日本人口與食糧的問題。他說：『日本食糧問題實為日本之死活問題，而日本對外政策亦須由此問題出發也。』此問題的解决法固多，但多半沒有何等效果。佐藤以爲：

(一)產兒限制，絕對不可實行，恐蹈今日法國的覆轍。

(二)向巴西等地移民，既不易，又恐損其國威。

(三)獎勵朝鮮及台灣之米產，不過只在十年內有效。

(四)實行耕地整理與集約農法，現已達頂點，不能再使加强。

(五)開懇北海道及奥羽之山林原野，亦只在十年內有效。

(六)塡平湖沿或海灘，增加水田面積，費多效少，毫無價值。

以上六法既皆不可行或行而無效，那末只好侵略他國土地了！他說：

『故以我人之所見，則我國（指日本）周圍既有千古以來未加斧鉞之未開原野，廣大無邊之沃土，正待人之開發，我等何不自己進取而移住於此沃土原野，以求我食糧哉。』

隨着，佐藤更申明一番。以下是足以代表標準日本人口吻的一段妙文：

『然我日本所倡之大陸政策與歐美諸國之政策則不同，乃由日本人生存上之死活問題而出發。……日本人棲息於島國者，三千年矣，蕃殖已達六千萬人，多山嶽而少平原之島國，已盡耕種，國內已無供給六千萬衣食之面積，故非爲我日本人求得衣食之地不可，此乃日本大陸政策之出發點可也。我日本之大陸政策，非如歐美人之滿足其權勢慾與領土慾之奢侈物，實關係於我日本人之生死存亡者也。』（以上參看該書第六章）。

苟誠如佐藤之言，則日本侵佔他國領土又有什麼不正當，不合法呢？於是，松岡洋右大聲疾呼曰

（見：東亞全局之動搖）：

『滿蒙爲我國之生命線！』

『大和民族之要求爲最低之生存權！』

至此，已無庸再多加敍述，即可窺見日本今日的人口思想之一般了。總之，除馬克斯主義派者外，日人無不認爲（或寧願認爲！）日本的人口已經過剩，並思設法解決。其解決之法，或振興實業，或主獎勵移民，或主節制生育，或主武力擴張領土，而尤以後一法爲最得素以愛國心大和魂自勵之日本人民的贊揚，於是以人口壓迫非出于武力侵略不可之說，遂成日本帝國主義侵略他國之理論根據(註七)。

然而，日本是否眞正人口過剩，是否眞正食糧絕對不足？並且日本的人口壓迫是否大於其侵略對象的中國？殊爲一大疑問！著者嘗著文討論，不敢以日本流行的人口說爲然(註八)。歐戰前在德意志人的著作中，已有類似的武力侵略主義的人口說，今已如曇花之消逝，徒留餘腥於人間罷了！而日人之說反正方興未艾，以加强他們的黷武主義。然而，

『凡一國自信可以征服世界，世界不得已必强制它歸返和順的路途。朝夕早晚，它試驗驕侈的運命，而馬克敗斯的女巫早經播下它的禍害種子了！』(註九)。

(註一)見：日本的人口問題，文載日本評論第一卷第四期。

(註二)看：人口問題批評中譯本第十六至二十五頁。

(註三)見：同書第三十二頁。

（註四）長谷川如是閑的論文題名爲『實踐的日本法西斯蒂的盲目人口論』，中譯載國防論壇第二卷第六期。

（註五）見：日本人口之將來，譯文載日本評論第四卷第二期。

（註六）見：我國現下之失業或人口問題，輯入上田主編之日本人口問題研究。

（註七）參看：莊心在著日本的人口問題，文載日本評論第一卷第四期。

（註八）看：拙著太平洋西部的人口壓迫與和平危機（載外交月報二十三年七月『日本宣言與太平洋霸權專號』）及中日兩國人口過剩的壓迫孰甚（載黑白半月刊第二卷第四期）。

（註九）見：Muret, L'Orgueil allemande, Préface.

第二十八章　中國現代人口思想

西方理論和中國現象的結晶

自從歐美近代人口理論傳入中國以後，中國的人口學者用他們的理論爲工具來觀察本國的人口現象，所得到的結論的總和便是中國現代的人口思想。所以，中國現代人口思想是西方理論與東方事實的結晶品，純理論方面還沒有何等創建，但是在主張方面却有注意的價值。中國往昔不是沒有人口理論，也不是沒有有價值的人口思想，可惜我們的前輩和同輩未能繼承發揮光大，以致古今不能接氣，以致現代的人口思想可以說與中國歷代人口思想不生關係。在現時中國學者的人口著作中，固然有時舉引本國先哲的主張或學說，但還不過是一種偶然罷了，其實他們之中沒有一位的理論是從本國先哲之說演化來的。他們事先知道了馬爾塞斯的人口論，然後才發現洪亮吉的價值！

在以上所述的認識下，然後考諸事實，可知中國現代人口思想自發軔至今不過二十年左右，『人口問題』的大多數中國研究者皆仍健在，將來向前進展，尚不可限量，似乎尚無記於思想史中的必要。然即在今日，已有少數幾位，將來必在中國人口思想史中佔一地位，早無疑意，今不顧言非其時之嫌，大略加以叙述，一面至少可給將來中國人口思想史的研究者一點參考資料，同時予初入人口問題領域的人約略指出一條道路。

尤其是近十年以來，中國研究人口問題的人，在數目上很快的加多了；關於人口方面的書籍論文也時有出版；清華大學社會學系於民國十五年將人口問題另立一課，最近該校考遣留美公費生，亦新立『人口問題』一門，可見國人對於人口問題研究的熱烈了。民國二十三年陳達教授發表他的人口問題，該書參考文獻，除歐美人的著作外，有陳長蘅，翁文灝，許仕廉，陳華寅，陳正謨，黎世衡，王士達，李景漢，章元善，喬啓明，張心一，方顯廷，潘光旦，吳景超等人所發表的書籍及論文，諸人都是中國現代研究人口問題的——有的是專於此道，有的以本系學識爲基礎研究人口——並且都多少有所貢獻。

中國現代人口思想的三大派別

然當以思想史的立場研究中國現代人口思想時，殊無一一介紹的必要，即諸人的著作亦可從略，讀者欲知，可翻查陳長蘅先生所著三民主義與人口政策的『參考書籍及論文要目』及上舉陳達先所著人口問題的『參考文獻撮要』，即能一一認識而無遺。此處的工作，著者以爲有兩點：(一)確定一種標準，將中國現代人口學者的派別予以分劃，使有線索可尋；(二)再將其中可成一家言的學說加以簡要的介紹，做爲各派的代表言論，於是可以舉一推十，知其概要了。

按自古至今的人口思潮，在原則上，不屬於衆民主義即屬於節制主義，這點本書各章早已屢次道及。中國現代各家人口學說亦不能逃此公例，所以如此分割派別當然極爲合理。不過爲更切合實際起見，可分爲三派：㈠衆民主義派，㈡樂觀主義派及㈢節制主義派——在大體上，㈠㈡兩派皆屬於衆民主義派。民族主義派以孫文先生爲代表，大部分國民黨人宗述其說。樂觀主義派即以陳長蘅先生在三民主義與人口政策第二章第二節中所舉諸人爲代表。節制主義派可以陳長蘅、許仕廉、陳達三先生爲代表。

× × × × ×

中山先生遺著（統搜入中山全集）中，討論中國人口問題的文字究竟有多少，很難確定：如將

民族主義派的首領：孫文

陳長蘅的『中山先生人口理論的總分析』

稍有關係的文字皆一併計算，可得一萬三四千字；如嚴格選擇，只有五六千字可取。中山先生雖曾時時注意到中國人口問題，但是系統討論的只有民族主義中『就中國的民族說……』一大段文字，其他都只是零碎的提及罷了。中山先生在民族主義中的主張是很顯明的，若把他在各處發表的言論通統收在一起，然後加以比較，那末即能發現若干前後矛盾的地方。據著者所知，述中山先生人口思想而以民族主義之講演詞為根據的人，為數最多；以全部有關人口的言論為根據的，只有陳長蘅先生一人而已。當民族主義講演詞公表以後，節制主義派作家中多有提出反對意見的，而六年以後，陳長蘅先生却將中山先生的人口思想與節制主義聯成一氣。陳先生『仔細瀏覽中山全集，便知中山先生並未無條件的提倡增加人口，而且為憂慮中國人口過庶的最先知最先覺』(註一)。為什麼說中山先生是『憂慮中國人口過庶的最先知最先覺』呢？因為他說過：『蓋今日之中國，已大有人滿之患矣。其勢岌岌不可終日』(上李傅相書)；『我們中國人現在的痛苦，每日生活，至少總有三萬萬人，朝不保夕，愁了早餐愁晚餐。』(學生要立志做大事不可做大官)；……照這幾句話，不能不說他已經看到中國人口過剩的現象了。但是按諸實際，所謂『已有人滿之患』，『岌岌不可終日』等語，為近數十年來中國文人的慣用語，常常見於文字，本平淡無奇，似不應以此等語而斷定一人的思想。因此，陳先生對於『中山先生人口理論的總分析』，不免有牽強附會的嫌疑。

讀陳先生之書，可知他所以如此解釋中山先生人口思想的，其用意至深，其用心良苦，其愛護國家民族的熱忱充滿全書，令人欽佩無任。陳先生自己說的真切：

『有些愛我的朋友聽見我寫這個題目(三民主義與人口政策)，都為我担憂，並勸我「小心一點」。但是我鑒於這個問題關係國人的福樂憂戚，國家的治亂安危，和種族的强弱盛衰；並且鑒於自我有生以來所耳聞目覩的禍患災難和內亂外憂，已不知道有多少；直到如今，中國仍然是世界上一個最爲貧弱紛亂和最爲水深火烈的國家。種種現象都使我感覺良心不安，不忍擱筆。』（註二）

這是何等愛國憂民的態度！我們不能同意於陳先生的『中山先生人口理論的總分析』的結論，但是不忍抹煞他的苦心——他愛國憂民的苦心。以下就著者所見，將中山先生的人口思想畧述於次：

民族主義中的人口思想

中山先生在民族主義講演中，很明顯的提出帝國主義國家對中國的人口壓迫，就是說：『中國人口總是不加多，外國人口總是日日加多，』要照近百年內各國人口增加率計算，那末百年以後『美國人口可加多到十萬萬，多過我們人口兩倍半。如果美國人來征服中國，那麼百年之後，十個美國人中，只參雜四個中國人，中國人便要被美國人所同化。』可見以人口數目方面推測，中華民族的將來是萬分危險的。中山先生又以顯明的語調申述此意：

『一百年之後，全世界人口，一定要增加好幾倍。就現在全世界的土地與人口比較，已經有了人滿之患。像這次歐洲大戰，便有人說是「打太陽的地位」。中國是全世界氣候最溫和的地方，物產頂豐富的地方。各國人所以一時不能來吞併的原因，是由他們的人口和中國的人口比較，還是太少。到一百年以後，如果我們的人口不增加，他們的人口增加得很多，他們便用多數來征服少數，一定要併吞中國。到了那個時候，中國不但是失去主權，要亡國，中國人並且被他們民族所消化，還要滅種。』

同樣的言論本可舉出很多，好在中山先生的遺著已成人人皆讀之書，不必一一枚舉了。總之，中山先生的意思是：(一)民數是一種絕大的力量，關係國家民族的存亡；(二)中國人口不增加，而列强人口增加很速，將來有亡國滅種之患；(三)爲民族計，中國人口必須與列國人口同等增加。中山先生是一位政治家，又生有貧弱的中國，提出中國受列强的人口壓迫以警惕國人，也是由於政治的動機，與人口學者的理論不能一概並論，若從人口原理方面加以批評，其說不科學之點固多，例如他以近百年來的各國人口增加率來推測將來的增加是很顯明的不合理，但如以此估計中山先生人口說的値償，不免流於苛求，便不是公正的態度。

樂觀主義派的人口說

其次是樂觀主義派。樂觀主義派或認爲以中國之地大物博足能供養四萬萬人口而有餘，或認爲中國經濟發展與經濟制度改良即足以解決人口問題，或竟認爲中國人口問題尙未發生。樂觀主義派思想的來源有三：(一)受中山先生的影響，因而不注意中國人口過剩的現象；(二)受馬克斯人口學說的影響，因而將中國人口過剩歸咎於經濟制度的不良；(三)受五十年前中國富源估計報告的影響，因而過分相信中國的『地大物博』。

民生主義與人口問題的著者王警濤先生以爲『人口過庶與否，在現代既未成爲問題，當然不必去管他』，因爲『民生主義的目的，在使人人有便宜飯吃，人口問題便已圓滿解決。所以我說民生主義實現以後，在中國便無所謂人口問題了。』這就是說，中國人口問題在它的本身上不成問題，成問題的只是『民生』，有了民生主義就够了。李海士先生和王警濤先生的意見一致，他說：『到了大同世界(按即指三民主義實現後的世界)，就是老有所終，壯有所用，幼有所長，鰥寡孤獨癈疾者皆有所養，男有分，女有歸，還有什麼人口問題呢？』他又說：『所以就民生的意義說，解決人口問題，是在增加生產，公平分配，使各個人都有便宜飯吃，得以安樂的生存繁殖，絕對不應主張減少人口，實行人類的自殺』』（見，三民主義的人口論，文載現代中國第二卷第一第二兩期）。中國人口問題的著者文直公先生的結論是：『欲中華民族永適存於世界，欲無滅種之患，則不能不急謀人口之增加。』又說：『吾國之人口，百年之後必可增加至十萬萬以上。且人口決無過剩之憂。物質亦決無窮乏之患。國計民生亦不至如今日之艱難。人類平等的「大同之治」可基於斯而漸期於實現』。楊效春先生說：『以中國的土地，養中國的人民，好好的生產起來，並且好好的爲之分配，中國人難道終不能得到安定幸福的生活嗎？』（見：對於時論「中國人口問題」的總答辨，文載東方雜誌第二十四卷第二十二號』）。蔡步青先生的言論與楊效春先生完全相同：『地大物博的中國，當致力研究食物之所以增加，而惡貨棄於地，才是正理。人口增加未發現若何過庶的狀態，可以不必憂慮……人口過庶與否在現在中國既不成爲問題，我們不必去管他。不過許多人誤會貧困就是人口過庶所產生的現象。如果放下冷靜的頭腦來考慮一番，却其中大大的有一個致貧困的總因。這個總因就是經濟制度不好……中國現在民生問題的發生，不在人口問題，而在數千年相沿下來的經濟制度之改良。』（見：馬爾塞斯人口論與民生主義，文載指導第二十三四五等期）。

以上都是陳長蘅先生所舉過的，並曾一一加以反詰，讀者可參考陳先生的著作好了。此外，如最近胡封先生的獎勵生育論（見：人口問題與中國一文）及甘雨紋先生的樂觀論（見：我國今日的人口問題一文）都屬於此派。讀了以上諸人的言論，可知他們都算中山先生的正統派信徒，他們同時又接受馬克斯以次社會主義者的人口學說，他們否認馬爾塞斯的人口原理，他們相信中國土地富源的生產力可以進展無限，他們對於中國人口的前途總算是十分樂觀了。

× × × ×

節制主義派的人口說

最後，說到節制主義派。

節制主義派因爲看到中國人口過剩的現象，主張節制生育．所以也叫『人口過剩派』(註三)。曾在中國觀察過人口現象的外國學者都屬於此派：如 A. Ross (the changing Chinese)；Mallory (China, Land of Famine，有吳鵬飛譯本，名爲飢荒的中國)；Ellsworth Huntington (Civilization and Climat)；W. W. Rockbill (An Inquiry into the population of China, in the Annual Report of the Board of Regents of the Smithonian Institute, 1903-1904)………諸人之著作在中國人口學界無不發生相當影響，然此處專以介紹中國學者的思想爲務，似無敍述的必要。中國人屬於節制主義派的，爲數很多，其中有一貫理論而於人口學界有威權者殆爲陳長衡、許仕廉、及陳達三先生。此外，醫生如楊崇瑞女士，方頤積先生，袁貽瑾先生；平民教育家如晏陽初先生，李景漢先生；學者如張鴻鈞先生，陳華寅先生，吳景超先生，或從事節制生育運動，或兼做理論的探討，皆屬於此派。

陳長蘅的人口學說

陳長蘅先生不但是中國人口學界的先進，他的著作也較比豐富，更是一位頗符衆望的學者。他在民國七年發表他的處女作中國人口論，民國十九年發表三民主義與人口政策，這是兩部成形的著作；至於論文方面，有洪亮吉之人口論及物競論（中國人口論補遺），中國近百八十餘年人口增加之徐速及今後之調劑方法（東方雜誌第二十四卷第十八期），關於中國人口問題答潘光旦先生（現代評論第七卷第一六八期），我國人口的三種壓迫與其解救方法（申報月刊第一卷第四號），中國人口問題之幾方面觀察（Some phases of China's Population problem 的修正譯本），研究中國人口問題應行注意的幾點（社會學社輯中國人口問題）。陳先生的來日方長，將來著述等身，實不可限量，即就現已發表者而論，已足成一家言而流芳後世了。著者綜合各書文的大旨，將陳先生的人口學說分析於次，以就正於陳先生，以介紹於國人。陳先生的人口學說可分以下五項論述：

（一）時中論——中國人口論第五章中已經很顯明的表示：人口不可過稀或過庶。該章細目即曰：『民數爲强國保種之最要原素…………——人口太稠生育太繁恆與人民個人發展成反比例——人口已稠之國其人民財富之增加與人口密度之增加成反比例——一國人口與其土地富源當有適當比例…………——一國人口孳生不可太緩亦不可太速。』該章結論則謂：

『綜觀以上所述，足見人口疏密，孳生徐速，關於國家强弱，種族貧富，文化高低，莫不至大且巨。一國人口太疏，或太密，生產率太高，或太低，皆不利於國家之富强，種族之昌大，個人之健康，與文明之嬗進。必折衷於二者之間，而後國家與人民最適於生存發展。吾故曰：人口孳生之道，猶農夫之播穀焉，選擇固宜得法，布種亦貴有方，太疏則收獲不豐，太密則擁簇以死，必也折衷於疏密之間，然後嘉禾可得焉。明夫此則於人口疏密兒女多寡問題，思過半矣』（註四）。

在中國人口論一書出版的時候，時中人口說固已萌芽，然而尚未能形成一種著名學說，時中（

Optimum）一詞尚未如今日之流行，所以陳先生雖有此意，尚未能廣採他人之說以充實自己的主張。後來在三民主義與人口政策中，則旁採 Carr-Saunders，Wolfe 等人之新說，提出『時中的人口密度』（Optimum density of Population）而加以發揮光大，以『最高生活的最大民數』為理想，又特別聲述『最低生活的最大民數』為不足取。

（二）生育革命——陳先生根據他的中國人口的推測和中國社會經濟生活的觀察，認為中國人口已經超過了時中密度。為解救這種弊病，必須實行生育革命：所謂生育革命包含節育和優生兩種運動。在歐美所實行的節育優生運動屬於特殊階級，『他們的大毛病在於不澈底，不公開，不普遍，不以民福為前題，而以特殊階級的利益為前題，和過於重視個人主義而蔑視社會主義。』（註五），我們不要再蹈歐美的覆轍，要一反他們的態度。要澈底要健全要大公無私。生育革命是減免人口壓迫的最要法門，對於中國固然極為需要，對於世界各國亦皆需要，因為人口的自然增加過速，最易發生過庶或超過時中密度的危險，由此所生出的人口壓迫是世界和平的最大威脅，是達到『大同之路』的最大阻障。普遍的生育革命即是不分貧富階級及能免除斬輕生產率的生育革命，它能『促進世界的大同』，它能『增高人生的價值和人類的幸福』，它能『維持兩性的數量平衡及增進兩性的共同幸福』。生育革命是最基本的最重要的：『沒有生育革命，則無論物質革命或教育革命，皆永不會成功，永遠無實現之可能，這是我們可以斷言的。』

（三）自然節育法——無論是中國人口論或三民主義與人口政策都偏重『自然節育法』，不過在後一部著作中，自然節育法的主張已經緩和多了。『理想的節育方法應具備幾個條件：一須不悖人道，二須不傷身體，三須普遍實用，四須無由濫用。……………著者(陳長蘅先生)亦以爲自然的節育方法最能適合上列四項理想條件……』(註六)。所謂『自然的節育方法』就是自己節制，不用機械等方法。

(四)「一枝花」至「兩枝花」制——節育既能普遍實行以後，爲父母者便可自由控制自己的產兒，使達到一定數目而止。陳先生窺察人情，主張實行「一枝花」至「兩枝花」制。什麼叫「一枝花」至「兩枝花」制呢？就是健全的夫婦至少應有兩個孩子(二枝花)，至多可有四個，不要再超過此數。俗諺說的好：『一個兒子提心吊膽；兩個兒子，錦上添花；三個兒子，到老變成四家；多男多女多冤家；一男一女一枝花，無男無女賽仙家。』除世人不能做仙家外，這條俗諺大致可以代表一般人的思想，由這條俗諺，陳先生發明了他的「一枝花」至「兩枝花」制，並相信頗能不背一般的心理，簡而易行。

(五)干涉主義——自古人口思想向有干涉與放任之別，陳先生處在今日，參考先進國家關於人口方面的措施，主張以政府爲主要訓導保育機關。全國各地由政府設立「保育院」，以爲保護產婦嬰兒之場所，並爲節育知識的訓導機關，實行以節育優生爲內容的生育革命。

以上五項爲陳長蘅先生人口學說的要旨。此外，陳先生對於中國人口總數的估計亦有獨到之處，認爲中國人約有四萬五千餘萬，亦爲多數人所遵從。他的學說固亦持之有故，後來與三民主義發生姻緣，又爲當今要人所稱許，似有將其所學的心得貢獻國家以爲救亡大計之意，然三民主義與人口政策出版已經四五年了，不知政府能否採納他的主張？

許仕廉的人口學說

許仕廉先生對於人口的研究也有較大的貢獻。他在民國十九年發表中國人口問題，二十三年發表人口論綱要（或名現在人口問題與中國），除介紹豐富的理論和材料外，對於中國人口問題也有獨到的見地。許先生認為，如果人口的品質、生活狀況及環境等都相等時，人口愈多，力量就要愈大。他把中國現代的人口思想分為民族主義派及馬爾塞斯派，他以為應該把兩派的主義綜合起來：『人為最重要之勞動力，「設諸事相當」(Ceteries Paribus)，人口愈衆，其國力必愈强。『若諸事不相當』，則將適得其反。蓋人口少而財富之分配得法，社會組織完善，實優於人口多，分配不得法，社會組織不完善的國家。故民族主義派與馬爾塞斯派，兩派意見，表面上雖直接衝突，實則互相表裏。……中國人為抵制外患，保全自己生命起見，恐將寡不敵衆，不得不主張加多人口。但若「諸事不相當」，人口衆多亦無用，衆反不能敵寡。民族主義派注重團體實力，馬爾塞斯派注重個人價值。苟個人價值低微，團體實力必不充足。團體實力不充足，個人亦不能圖存。所以謀社會建設，二派學說，不可不融會貫通………』(註七)

這種中和的意見，頗有近乎時中說的地方，不過較比含混一點能了。以上是許先生在中國人口問題中的意見。到了人口論綱要，他的態度頗有變化，變成一位節制主義者了。第一，他聲明，認為中國的貧窮是人口總額超過時中點的現象，與陳長蘅先生的意見一致。

關於中國人口過剩的問題，他認為發展實業和殖邊不足以澈底解決，他說：『許多樂觀者，以為中國人口問題與貧窮問題，在發展農業及開墾邊地後，可以自然地解決了。此項議論，作者（許仕廉）深為懷疑。』但『作者並不反對殖邊與科學農業之提倡，更認此二者雖不能解決中國人口過剩問題，却可以增進民生現狀』（註八）他又說：『作者認工業化及科學農業的發展，可以提高中國人口的生活程度，可以稍稍糾正中國人口分布之不平均，可以增進中國人口之流動，可以減除局部的人口過剩及人口過稀；總括的說，可以改良人口現狀。』（註九）但是要澈底解决中國人口問題，又必提倡生育節制。』許先生是今日中國節育運動者之一，已經步入實行的路上了。

最後，許先生在人口論綱要中，已經聲明將來要修改他的中國人口問題，大概經修改後，二書的主張必能一致，必能一致的主張生育節育。

陳達的人口學說

陳達先生在中國現代人口學界貢獻很大：他在民國十五年於清華大學將人口問題設一專課，在二十一年創辦人口副刊（在北平晨報出版），在二十三年發表他的名著人口問題。在人口問題沒有發表以前，也曾發表過關於人口方面的論文，但皆已併入人口問題之中，此將及十年努力所成之書，爲陳達先生至今唯一的代表作。誠如吳文藻先生所言：『這書出世以後，立時提高了國內學術界討論人口問題的水平線，在這一點上，有劃時代的影響：一方可使以前的人口論者不得不加倍努力，一方使後來的人不敢輕易著書立說。』（註十）這本書已有爲大教課本及一般參考書的趨勢，所以頗堪注意。

陳達先生是中國現代最澈底的節制主義者，並且言行一致，一方做理論的討論，一方做實際的運動。他所提出的口號是：

『限制人口的數量，改善人口的品質。』

改善人口的品質又必以限制人口的數量爲前題要件。影響人口品質的要素，主要的是遺傳和環境。遺傳是先天的，環境是後天的，後天的影響又主要在乎教育（環境）。學者之中，有的偏重遺傳，有的偏重環境，這種爭執無法裁判，只好假設二者有同等的重要性（註十一）。今以一家爲例，如果減低他們的子女數，他們全家人的品質就會改善：『父親對於兒女負經濟的責任，兒女少則經濟的負擔減輕。少生兒女則母親的健康當然較好。一家之中兒女不多，則各個兒女當然充分享受各種權利。如此，這些兒女長成以後必爲優良的公民，便是社會之福。』（註十二）快愉而健康的父母所生下的兒女當然較好，兒女能因數少而多分入款，當然能較充分的受教育。陳達先生又以中國教育情形爲例，據分析的結果，證明未受教育者所以如此之多，主要因爲下層階級的入款太少，而兒女過多。再普遍一點說：『社會進步應以增加成績競爭爲出發點，但成績競爭與生存競爭成反比例；所以增加成績競爭，必須同時減少生存競爭的痛苦，其主要辦法是人口數量的減少，因人數減少之後，謀生較易，閒暇較多，才智之士對於文化努力易於入手。所以，『生存競爭與成績競爭成反比例，人口數量與人口品質處於反對地位』（註十三）。可見欲改善人口品質非先限制人口數量不可。陳達先生大體接受了新馬爾塞斯主義的理論，其書意見一貫，由各方面加以論斷，此處不能一一枚舉，讀者可自閱讀。

陳達先生確認生育節制爲解決中國人口問題的主要方法：改善中國人口品質的方法，『大致有三條大路：（1）免費教育的推廣，（2）人民入款的增加，（3）生育節制。我們以爲上述三種辦法，俱宜採用，但節育是比較最直接最有效的』（註十四）。時人所提出解決中國人口過剩的方案，不外

(一)移民，(二)工業化，(三)生育節育。陳達先生逐一加以討論，認為(一)(二)兩法都是不容易有效的，惟有第三法是最適宜最當採用的。他在『九一八』以前就是這樣主張，其說見他的生育節制與我國人口問題(載社會學社中國人口問題第四十三至六十二頁)；人口問題一書出版於『九一八』以後，他的主張更加堅決了。現在我們把他的主張前後加以比較，益覺一貫：

(一)移民——移民可分為國外移民和邊疆移民兩種，對於減免人口壓迫都沒有多大效力。考諸歷史，『世界上沒有那一國靠移民來減輕人口壓迫力的……加以近年來歐美各國多有移民律，禁止我國移民入境。大規模的移民運動，事實上已辦不到了。』至於向東北和西北的移民，『充其量只能當作暫時的救濟，並且是關於少數人的救濟』(註十五)。

『九一八』以後的情形又怎麼樣呢？『九一八』以後宣布了內地向東北移民的破產，內地的過剩人口愈法沒有出路了(註十六)！

(二)工業化——工業化能使國民經濟發達，使許多人得到職業，對於解決人口問題一定要有較大的貢獻。中國工業化的前途如何呢？陳達先生認為工業化是不能在短期間奏效的，到了『九一八』以後，中國工業化的前途越法暗淡了。『中國最可憂慮的是鐵的缺乏……不特如此，大部份的鐵，產於東三省鞍山鐵鑛及漢冶萍公司，前者已為日本武力佔據；後者向來因外交及經濟關係，受日人的控制與威脅』(註十七)。鐵的缺乏便成了中國工業化的一大障礙。況且只以工業化解決人口問題，亦非久遠萬全之道(註十八)。

(三)生育節制——以上兩條既是不易走通的路，那末自然歸到生育節制了。節育是陳達先生一貫的主張：節育是達到『限制人口的數量，改善人口的品質』的唯一方法，節育也就是解決中國人口問題的唯一方法（幾乎是唯一的方法！）。關於節育的優點，在生育節制與我國人口問題一文中，已分四項說明過了；後來在人口問題一書中，更以詳盡的文字說明此義。他又堅決的說：

『爲求東四省的恢復，我國必需要有軍事的準備，這是無疑的；但比較根本的問題恐怕還不是軍備而是人口的減縮。人口的數量務求減少，人民的知識務求提高，人民的體力務求强健。易辭言之，我國立國的基礎，要建設在有職業，有教育，有愛國心的民衆之上，那必須要改良人口的品質。目下國土日蹙，外患日急，我國應該減少人口的數量，提高人民的知識，然後可以實行鞏固國防的工作。……

『……人口的限制當然要靠生育率的減低。最有效的辦法，實恃節育的推廣。』（註十九）

這就是人口問題一書的結論。陳達先生頗重視國難與人口問題的關係：國難並沒有打破他主張節育的信心，反到加强了他的信心——不知認節育爲民族自殺的人，對之有何感想？

（註一）見：三民主義與人口政策，第六頁。
（註二）見：同書同頁。
（註三）許仕廉先生在他的中國人口問題一書中，名此派爲「人口過剩派」。
（註四）見：中國人口論第一百十九至一百二十頁。
（註五）見：三民主義與人口政策第一百五十二頁。

(註六)見：同書第三百十一至三百十二頁。

(註七)見：中國人口問題第七頁。

(註八)見：人口論綱要第二五〇至二五一頁。

(註九)見：同書第一二二頁。

(註十)見：吳文藻著陳達教授的人口問題，文載民國二十三年十二月二日之「人口副刊」。此文評陳達先生的人口問題頗詳，可以參考。

(註十一)看：人口問題第二三五至二三七頁。

(註十二)見：同書第二六七頁。

(註十三)見：同書第三〇七及三〇八頁。

(註十四)見：同書第四二六至四二七頁。

(註十五)見：生育節制與我國人口問題。

(註十六)看：人口問題　三六三頁。拙著「九一八」前後的東北人口與移民(載黑白半月刊第一卷第十三期)及不容漠視的華工出關問題(載正論旬刊第五期)二文可供參考。

(註十七)見：人口問題第四〇六頁。

(註十八)看：同書第四〇七頁。

(註十九)見：同書第四三〇至四三一頁。

結論

在耶蘇紀元前二千年以前，古代民族已經有了他們的人口觀念。無論是東方古民族或是神話時代的希臘，都一般的獎勵多子：認為多子是一種幸福，一種收獲。他們的動機多半是宗教的。

中國自有史以來，在思想方面，差不多都是衆民主義的。在春秋戰國時代，儒墨諸家在政治和道德方面的主張本係對立，但在人口方面的主張却是殊途而同歸。儒家獎勵生殖的思想對於後世的影響極大，直到今日，還沒有完全停止。至於中國歷代的人口政策也是一貫的保有衆民主義的精神，其獎勵人口，或以積極的保育，或以消極的課罰。自唐宋以後，屬於人口統計家的，有三通的著者；注意到人口分佈不均的，有蘇軾及葉適；而首先指出人口過剩之危險的，則為清初的洪亮吉。以上中國的人口思想，其中不少精確獨到的地方，但除儒家的傳統思想自古流傳外，其他多湮沒不彰，其結果使中國的人口思想未能順序發展，只知固守傳統，缺乏創造性，很覺可惜。今日中國研究人口問題的人，完全以歐美的人口理論為基礎，即有稍稍注意固有思想者，亦只能引為旁證罷了：實則中國固有的人口學說殊難與歐西近代及現代的理論並駕齊驅。

希臘的理想，與其說要求衆庶的人口，毋寧說要求優良的人口，其重質尤甚於重量；但於戰爭之後，亦每有獎勵結婚及生殖的措施。總之，希臘的人口理論以國家利益為前題，往往把人民觀為Menschemmaterial。柏拉圖與亞里斯多德特別注重人口的品質和比例。後期希臘哲學派認為結婚及家庭之累乃大多數人所必有的罪惡。羅馬的思想及立法皆勵獎人口，還是一國在好大喜功的主義支配下所必有的。到了中世紀，基督教變成歐洲最大的宗教與道德的勢力，於是人口思想也就在基督教的思想之下成立起來。這時候，視人口爲一件小事。人生的理想在天上，地下的生活只是一種預備工作，因此又發生了禁慾主義。結婚與延種每被教士視爲不可免的罪惡，男女之事又常被視爲不潔，結婚還不如守貞獨身的高貴。

馬丁路德的宗教改革及重商主義的興起，可視爲中世紀的反動。自此以後，中世紀的思想幾乎全變，人口思想又沉入衆民主義的深淵：自十五世紀中葉起一直到十八世紀中葉，把衆民主義發揮到了頂點。在十七世紀以前，人口的增加蕃衍是絕對的可欲，當時的思想屬於無限制的衆民主義。自十七世紀末葉至十八世紀中葉，人口思想進入了合理發展的道路：仍舊是重商主義的理論，但是並非傳統理論的重述，而是對於傳統理論的修正。這時候，衆庶的人口仍然是可欲的，可是要以民族的生計安適、有職業、有康健爲其條件。『人口爲生活資料所限制』的一義，業已略行提出；因此凡欲增加人口的，必首先主張發展工商或農業，如此始能一面使人口增加而不使貧困增加。

自十八世紀中葉至馬爾塞斯發表人口論（十八世紀末），成爲馬爾塞斯主義的基本原理之『人口增加有速於生活資料增加的趨勢』一義，已爲一般所相信——在法國的作家中，有孟德斯鳩，布呂克諾……等人；在英國，有福蘭克林，休謨，華勒斯，斯條亞特，亞丹斯密，蒲賴士，謙莫斯……等人；在德國，有黑蘭須完德，斯羅彩，牟所等人；至於意大利的作家多半曾經提出此義。

復次，『人口依幾何級數增加，而生活資料的增加較慢』的一義，已見於哥勞特，配第，布呂克諾，徐士密叙，倭爾夫……等人的著作之中，諸人對於此項原則的提出，又多半根據各城市的出生表與死亡表，然後加以比較的研究而發現的。人口增加之積極的及預防的妨礙亦經許多學者提出，但彼等每每相信其中多數妨礙可因政治的智慧措施得以減免。

最後，在這半世紀中，時有反對政府濫用職權及特許權，乃至反對富人貴族窮奢極慾的呼聲，指謫他們不顧多數人——農人——的利益及幸福。於是發生了平等分配財富及改良國庫行政的要求。

總而言之，到了十八世紀末葉，馬爾塞斯的路綫已經準備好了。馬爾塞斯的著作至少可算集了這五十年人口理論的大成，其說明的完善，體系的分明，實屬空前。

馬爾塞斯以後，人口思想大致成立五條主要戰綫：

(一)擁護馬爾塞斯學說：如『馬爾塞斯主義的經濟學者』與新馬爾塞斯主義派。

(二)馬克斯以次的社會主義派，或可名為『人口相對過剩派』，或『社會經濟派』。

(三)斯賓塞以次的生物學派。

(四)康瀾以次的時中人口派。

(五)杜曼以次的心理學派，或名為『文化心理學派』，其主張即所謂『社會毛細管說』。

人口理論的研究，範圍越法擴大了，所用的工具越法加多了，不但於經濟學、政治學及社會學發生了密切關係，並且與生物學、心理學、地理學、史學……結了不解之緣。各國的人口統計及人口統計學隨時間而進步，供給了人口理論的研究者不少有價值的原料。

至於東方的中國和日本，在理論方面，還沒有特殊的貢獻，但是兩國的學者却能根據所處的環境，經過相當的觀察與分析，提出獨有的意見。不幸，今日的日本每喜用人口過剩的詞令掩飾它侵略行爲的非法，對於遠東、太平洋、乃至全世界，投下一朶不能消散的暗雲！中國現今民族主義派與節育主義派之爭似乎有停止的趨勢，人口品質之爲人重視，尤甚於人口數量。

人口思想史詳目

正誤表

頁次	行次	字次	誤	正
八	一	一〇	亦	即
一六	四	一—七	以原們越老過聃	以我們越過老聃
一六	五—六	頂目	儒家的獎人口勵論	儒家的人口獎勵論
一八	四	一三	cne	que
一八	一五	一—六	『……則下天	『……則天下
二六	七	一〇	浙	研
二八	九	一〇—一一	著所	著者所
三〇	一	一—三	分田制	分田制
三九	五	一四	詞	祠
四八	六	二	臟	臟
五〇	七	九	Puid	quid
五二	八	一七	通	逼
五四	一六	二一—二二	當適	適當
六二	三	四一	約	要

正誤表

七三	三	三〇	Do	De
八〇	一五	一五	Chrstopher	Chrstopher
八三	頁末章名	四—五	商業	重商
八四		項目	獎勵結婚(二)直接	(二)直接獎勵結婚
八五	頁末章名	四—五	商業	重商
八七	同		〜	上
八九	同			上
九一	九	六	Betero	Botero
九一	一四		在「研究」二字之下，加入：	「而不以二人之說爲然」
九六	四	最末三字	146	164
一〇〇	四	四—五	後來	二字取消
一〇〇	四	二六—二七	，採	，即採
一〇一	頁末章名	一—三	第六章	第十二章
一〇二	一三	二三—二四	献頁	頁献
一一〇	一一	七	Leviafhan	Leviathau
一一一	八		Prerogatve	Prerogative

正誤表

一一三	一〇	一八—二〇	摩理斯	摩爾
一一四	一三	一	狀	況
一一五	一五	一五—一七	查理孫	理查孫
一二四	九	一四—一五	哈雷	配第
一二四	九	三三—三六	一六九三	一六八三
一四一	一六	一一—一二	主者	主義者
一四四	一七	四—五	超過	達到
一五四	一五	六—九	斯坦蘭德	斯坦格蘭
一六一	六		斯吐亞特	斯條亞特
一七〇	二	三六	呢	得
一七〇	三	三八	得	呢
一七〇	一〇	一六	間	接
一七一	一〇	六	有	在
一七五	三	一六—一九	人口大師	人口論大師
一七七	六	四	在	有
一八一	一三	三六	的	於
一八九	二	頂目	成猛大	成極大

正誤表

頁	行	字	誤	正
一九五	一〇	三	饉	僅
二〇〇	一	三一	然	要
二〇〇	一七	九—一〇	候塞	候塞
二二一	一〇	二四—二八	『人口論』	人口論
二二三	一二	一〇—一三	無慮過多	無過多之虞
二三六	一三	三二	廢	廣
二三九	三	九—一〇	願志	志願
二四二	一六	四一—四三	出生既	出生率既
二五〇	四	二六	正	定
二六五	一四	最末二格	無字	但細
二七二	一三	二八	客	容
二七三	一七	最末二字	中	中國
二七四	六	最末一字	育	制
二七九	八	一	吉	吉

敬啟

『民國專題史』叢書，乃民國時期出版的著名學者、專家在某一專題領域的學術成果。所收圖書絕大部分著作權已進入公有領域，但仍有極少圖書著作權還在保護期内，需按相關要求支付著作權人或繼承人報酬。因未能全部聯系到相關著作權人，請見到此説明者及時與河南人民出版社聯系。

聯系人 楊光
聯系電話 0371-65788063
2016年3月28日